U0575080

本书系 2023 年度山东省社科规划项目研究成果
"汉代石祠的叙事性研究"
（项目批准号：23CWYJ16）

诸神的时代

汉代石祠画像叙事

张露胜 著

山东人民出版社·济南
国家一级出版社 全国百佳图书出版单位

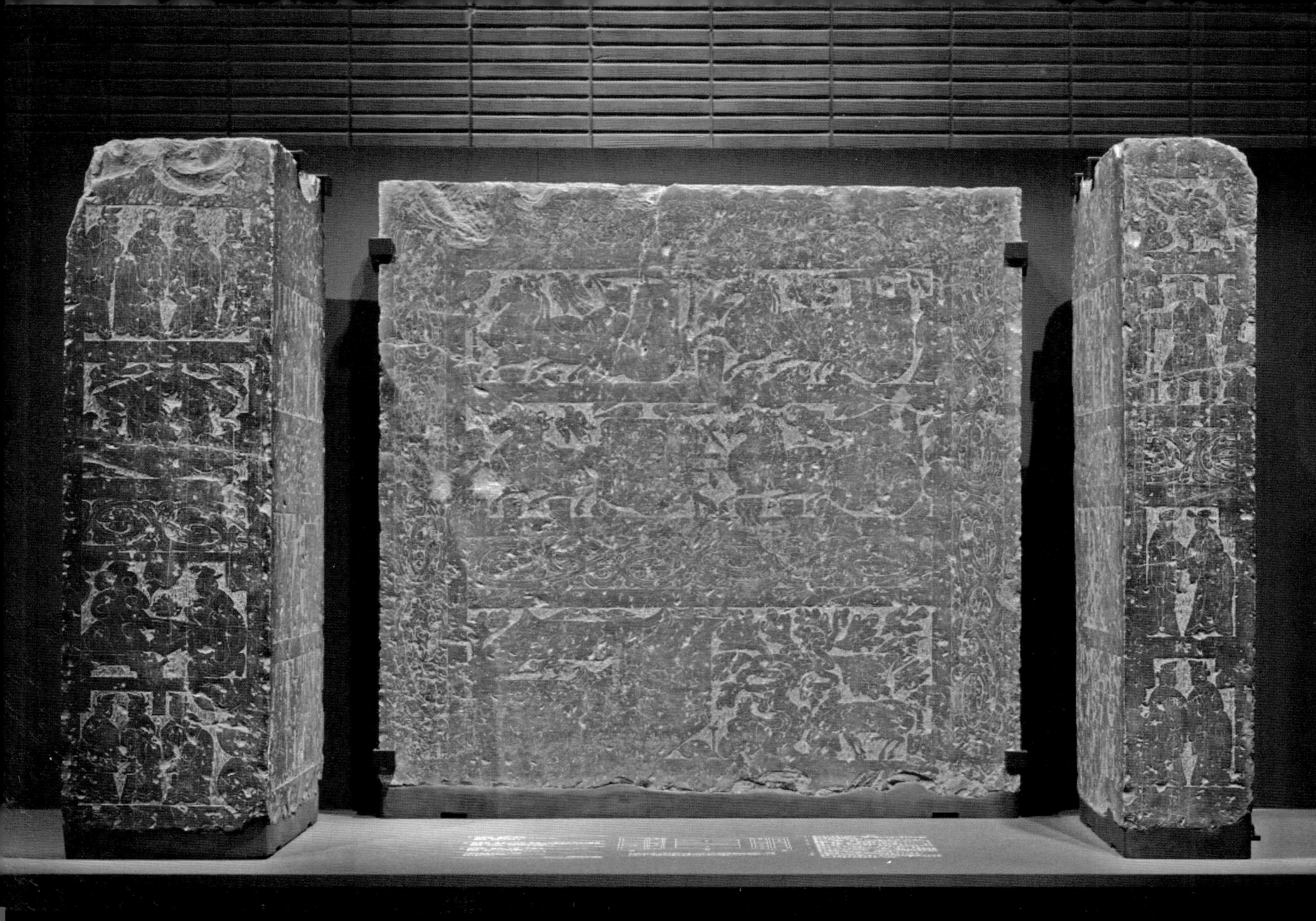

日本东京国立博物馆藏平顶式石祠

临淄金岭镇东汉墓出土陶质享堂

米脂官庄 M2 汉墓墓门及立柱石

嘉祥宋山再建墓第二批画像石第二石

自序

神话是原始氏族社会的精神产物。每个古老文明都有自己的神话时代，七千年前仰韶文化的陶器上就绘有早期神祇祭祀的纹样；有文字可考的历史始于商代，甲骨文中记载大量占卜、祭祀等与神祇相关的事件；春秋战国是文学著作的大爆发期，最早的史书《尚书》、最早的经书《易经》、最早的神话地理志《山海经》、最早的历史小说《穆天子传》、最早的诗歌总集《诗经》均出自这一时期，历史与神话的杂糅给这一时期带来了一丝神秘色彩；秦汉思想是对春秋战国诸子百家的继承和发展，此时出现的谶纬思想让整个汉代弥漫着一种迷幻的神仙氛围，"不死"与"升仙"似乎成为汉代艺术挥之不去的两个主题。在汉代的神仙观中，除了众多天神、地祇、山川、河流等自然之神，帝王、名士、贤人、列女皆列仙班，修炼、服食的生者以及逝去之人都可以成仙，汉代似乎是一个人人皆可为仙的"诸神的时代"。汉代没有遗存下来纸质绘画作品，而已发掘的大量石祠、墓葬上刻画有丰富的画像和壁画，尤其是具备祭祀功能的石祠，以丰富的画像揭示了汉代社会中流行的神仙信仰，我们可以通过石祠的研究一窥古人的精神世界。

汉画像的研究对象包括中国汉代遗留下来的画像石、画像砖、壁画、帛画及具有图像的器物等。汉代石祠是汉画像研究的一个重要对象，在相关著作和文章中常与墓室画像石混为一谈，但它们对于丧葬的功能与意义却绝然不同，如果不加以区分，以墓室画像石的视角去看待祠堂画像，有可能会曲解画像原本的含义。目前保存下来的画像石很大一部分属于祠堂画像石的范畴，山东省的济宁市、滕州市等地保有大量的祠堂画像石构件。对于这样一个数量巨大、种类庞杂的研究对象，起始确实比较困惑该如何着手研究，是从建筑本身谈起？还是从画像内容延伸开来？这些似乎都无法揭示汉代人在祠堂中雕刻的根本意义。

近乎海量的汉画像案例以及数千量级的墓葬发掘报告吸引了当代越来越多的学者关注汉画像研究，他们从历史学、考古学、艺术学等不同领域去阐释画像的内容和意义。有的学者关注于社会文化和宗教思想，探索汉代丧葬建筑及画像本身所蕴含的意义，但研究深入一定阶段都不可避免地要解决"生""仙""信仰"这几个同样困扰汉代人的哲学问题。后现代史学的叙事学（Narratology）理论能够有效建立汉画像故事与建筑意义之间的联系，通过当代叙事学的分析方法去揭示不同祠堂表象下的汉代人对升仙的信仰。当研究证据遇到哲学问题时，有些实用功能的宗教制品便被赋予了更多超越那个时代的内涵。从褚兰镇画像中的"纺织图"推论汉代苏北地区桑麻产业的繁盛；从龙阳店镇画像石上的"冶铁图"推论汉代滕州地区冶炼在全国的中心地位；从"孔子见老子"推论墓主人的儒生及官宦的身份，甚至儒学在地区的影响力；从题记中造祠、建阙的花费推算汉代的物价水平以及不同时期的通货膨胀问题。学者们也热衷于探索画像石中大量有榜无题人物的身份，为了观点而在古代文献中寻找证据。祠堂画像在汉代原本就是一种宗教文化世俗化和流行化的产物，以老百姓耳熟能详的故事去教化和传播，而那些文献中的"证据"在汉代能有多少普及性？"赋予"性的研究确实让汉代文化有了超脱时代的"先进性"，但汉代祠堂雕琢这些画像的原本意义又是什么？

不久前参加了亲属在鲁东农村的葬礼，令我真切感受到祠堂之于墓葬、之于祭祀的意义。整个葬仪过程如春秋战国时代的《仪礼》记载的一样，包括招魂、沐浴、饭含、入殓、路祭、送葬、择茔、穿圹、置椁、祭祀等全过程，其中置椁之前，长子持斧头在墓圹中除疫的过程竟然与东汉石椁画像"除疫图"刻画的场景一模一样。《孝经纬·援神契》引《书钞·兜鍪》曰："欲去恶鬼，需具五刑。五人持大斧，著铁兜鍪驱之，常使去四十步，不可令近人。"[1]很难想象二千余年前的丧葬礼仪竟然在山东农村保存得如此完好，我意识到可能整个丧葬流程中大部分程式与墓主人及其家族并不相关，是一套不容变更的标准流程。那么可以想象汉代的石祠建造以及祭祀流程也均是一套不容变更的标准流程，因为这事关祭"神"之事。作为祭"神"之祠也没必要在有限的空间刻画与之无关的画像，而应该有数套源自王侯建筑的标准画像粉本，财力丰厚的家族可以在这个标准粉本上增配，如长清孝堂山石祠[2]和武氏三祠，普通官宦家族也可以在此粉本上减配，如宋山小石祠及淮北石鼓形祠堂。

在同期推进的展览工作中也面临一个棘手的问题，如何依靠《鲁灵光殿赋》去复原鲁恭王的宫殿？如果通过艺术化的文本去想象当时殿中"煌煌儒儒"的盛况，尚可；如果要科学复原一个历史建筑，仅依靠芒砀山梁孝王陵、海昏侯刘贺墓等诸侯王陵园的遗迹类推，那么灵光殿的开间规模、有无重檐、是否为庑殿顶等细节问题缺乏依据，甚至连灵光殿在鲁故城中的作用也搞不清楚。在缺乏客观证据，靠主观性想象出来的复原，其科学性在哪里？我也不禁反思，我们在进行汉画像研究时是否也掺杂了太多的主观性因素，我们对汉代历史认识的客观性标准在哪里？历史可以称得上是一种文本，我们对历史的了解源自对历史文本的阅读，我们在历史认知过程中的研究对象并非曾经发生过的客观的历史事件本身，而是记录和叙述历史事件的文本，我们只有借助历史叙述者的文本这一中介，才有可能触及历史的本体。我们也可以这样认为，人们对历史进程的认知是对历史叙述结果的研究，研究的是一种叙述的活动，不仅包括研究叙述的内容，而且包括研究叙述的活动本身。既然我们无法获取历史真实，那么我们研究的基础是建立在历史本体上的历史叙述的"真"，历史研究的目的是无限接近历史本源。那么问题来了，诚如大儒司马迁所著的《史记》，里面"选择（Choose）"和"编排（Arrangement）"的历史有多大程度反映了历史真实而没有受到亲历者、转述者、记录着、审稿者的主观意见，里面引用的故事、传说，在当时多大程度能够被证实和验证。作为了解先秦历史最权威的文献尚且如此，那我们在进行汉画研究利用材料时是

[1]［清］赵在翰：《七纬》，中华书局 2012 年版，第 708 页。

[2] 因为济南市长清孝堂山附近发现有多座汉代祠堂，本书中"孝堂山石祠"专指位于山顶的双开间石制建筑。

否应该更仔细地甄别？

　　同时，我们也发现历史并非一条井然有序的知识流，而更像是一个爆发期的元宇宙。历史本就是由一个个杂乱无章的事件组成的，事件与事件之间没有因果、没有先后、没有清晰的逻辑关系，而历史文本逻辑之清晰除了能够让人们快速的接受历史，反而遮蔽了历史的本来面目。历史文本强调历史发展的一般性规律，然后再以必然性规律解释历史事件。历史文本中的故事似乎冥冥之中一定会发生，这条一般规律左右着历史的进程，也指明了历史发展的方向。但假如真的有这样一条规律，历史上无数个即将消逝的民族、国家面临生死抉择时就不会这么悲壮和不幸。显然，我们混淆了历史与历史文本的关系，因果逻辑的文本代表不了历史的无序性与残酷性，历史学家"选择"了最能体现因果规律的事件放入他的文本中，而忽略了大部分与之无关甚至相反的事件，这些被"选择"的事件以某种因果逻辑进行"排列"，塑造成了历史文本今天的样子。这些事件原本是什么样子可能没人知道，但被"阐释"后的样子可以被我们查阅。因为事件的阐释具有明显的主观选择性，可以是悲剧性结局，也可以是喜剧性结局，但没有哪个历史事件本质上就是悲剧或喜剧，只有从某个特定角度或将其置于由一系列事件建构的语境中，才能看出在这个语境中的悲喜剧因素。在历史上某一事件从一个角度看是悲剧事件，而从另一角度看反而是喜剧事件，而我们对这一事件的态度并非取决于历史真实本身或我们自身，而是冥冥之中的那条"规律"。

　　想到这里，我忽然也无所适从了。当然，历史文本不应该是历史虚无主义的。虽然我们研究汉代历史面临着诸多"被当代性"和"主观性"的问题，但更多的考古材料出土也逐步证实了很多学术上的推测，很多主观性的论述被赋予了客观性的意义。

　　回到文中提出的问题，"历史是什么样子？"人们总是热衷于寻找各种事物的规律，但有些事物更合适用"熵"来描述。同样，"历史的样子"也不该被定义，一旦被描述，历史又变成了文本，但每个人心中都有自己对历史的定义，也许历史应该有不同的样子。

二〇二三年一月五日于济南家中

目录

导　言

　　汉朝是继秦始皇统一六国以来又一个大一统的国家，将东夷文化、华夏文化、楚越文化兼容并收，开创了中国古代历史文化之先河，在中国传统文化中具有重要地位。汉朝文化和礼仪的根源上承夏商周三代，与春秋战国时期"百家争鸣"的思想一脉相承，而汉代的祭祀传统是当时神学思想的体现，集儒家与道教等理念于一体，展现了"天人合一"的思想。汉代具有修筑石祠传统的区域主要分布于山东省及周边地区，这一地区既是"百家争鸣"思想的发源地，也是稷下学派的所在地，儒家的"礼""孝"之道、道家的"黄老"思想、阴阳家的"五德终始说"以及在此基础上发展而来的谶纬神学相互杂糅，一直交错影响着汉朝的文化和宗教信仰。一方面盛于齐鲁之地的儒学从汉朝官学发展为完整的宗教神学体系，它推崇孔氏之学达到汉王朝的统治目的，强调政治上实施"德主刑辅"、呼唤"以民为本"，道德上倡导"三纲五常"说教，突出"仁义忠信"，强调"立公去私"与"义者为万利之本"；一方面崇尚"黄老之治"，借助道教实现自身长生愿望，哲理上宣扬"天人相感"论，提出"道莫大于无为"的命题，强调"道之大原出于天，天不变，道亦不变"[1]的观念，信奉"元气生万物"的世界观；另一方面将"阴阳五行"贯穿于生活礼俗的各个方面，以"阴阳五行"解释事物运动变化的普遍规律，提出"对立、

---

[1]　［汉］班固：《汉书》，中华书局 2015 年版，第 2190 页。

互根、消长、转化"的观念。儒学与众多学说的兼容并包是汉代人的智慧创造，反映了汉代人在探索"人""世界""宇宙"之间关系的尝试，这种"天人"思想与东汉时期广泛流行的谶纬思想杂糅，强调万事万物皆有神灵，神鬼之事皆可占验。正如《文心雕龙·正纬》所言："荣河温洛，是孕图纬。神宝藏用，理隐文贵。世历二汉，朱紫腾沸。芟夷谲诡，糅其雕蔚。"[1] 其思想既广泛流行于汉王朝高层，也在民间以画像石建筑的形式展现出来，并将抽象化的"祥瑞""占望""升仙"理念以图形化、世俗化的方式刻绘在墓室和祠堂的墙壁上，将原本私人属性的家族祠堂塑造为神圣的宗教场所，将祠堂内部描绘成一个"诸神的世界"，展现了汉人宏大的宇宙观。

两汉时期的文化繁荣建立在强盛的国力以及长期的和平稳定基础之上，发达的手工业使得汉代文化能够通过墓葬建筑这种物质形式保存下来，通过对墓葬空间和画像叙事的研究可以追溯汉代的祭祀传统和丧葬礼仪。汉代石祠的分布地集中于鲁西南、苏北及皖北地区绝不是偶然的，除了前文讲述此地是儒家文化及谶纬神学的发源地及繁荣区，也与此地汉代繁荣的经济和发达的手工业分不开。汉朝是当时世界最富庶、强盛的国家，西汉平帝时期的全国人口达到了 6000 万，占当时世界人口的三分之一，兖州刺史部的临淄、徐州刺史部的徐州都是当时世界最繁荣的都市之一。《史记·苏秦列传》记载："临淄甚富而实，其民无不吹竽、鼓瑟、击筑、弹琴、斗鸡、走犬、六博、踏鞠者。临淄之途，车毂击，人肩摩……挥汗成雨，家殷人足，趾高气扬。"[2]《汉书·食货志》亦记载："至武帝之初，七十年间，国家亡事。非遇水旱，则民人给家足。都鄙廪庾尽满，而府库馀财。京师之钱累百钜万，贯朽而不可校。太仓之粟陈陈相因，充溢露积于外，腐败不可食。众庶街巷有马，仟伯之间成群。"[3] 城市的繁荣体现在纺织、制车、冶铁、造纸、制盐等经济领域的发展，亦见证汉朝之强盛。齐鲁之地素为"通鱼盐之利，而人物辐辏"[4] 的富庶区域，青州刺史部、兖州刺史部在冶铁、制盐、丝织三大官营手工业中，占比均为全国

---

[1]［梁］刘勰：《文心雕龙全译》，贵州人民出版社 1992 年版，第 39 页。

[2]［汉］司马迁：《史记全本》，北京联合出版社 2015 年版，第 1303 页。

[3]［汉］班固：《汉书》，中华书局 2015 年版，第 1040 页。

[4]［汉］班固：《汉书》，中华书局 2015 年版，第 1481 页。

首位。西汉时期全国四十九处铁官中，设在山东的就有十二处；在全国三十八处盐官当中，设在山东地区的就有十一处；兖州和徐州地区的桑蚕丝织产业占据全国的一半以上。这些官营产业给此地带来源源不断的财富，一大批经营此类产业的地主豪强、世家大族获得了惊人的财富。自西汉中期兴起的土地私有制进一步确立，到东汉时期土地兼并愈加严重，地主豪强阶层财富的增长及社会地位的兴起，进一步为汉代民间兴建大型丧葬建筑提供经济基础。"豪人之室，连栋数百，膏田满野，奴婢千群，徒附万计。船车贾贩，周于四方，废居积贮，满于都城。琦赂宝货，巨室不能容，马牛羊豕，山谷不能受。"[1]此时修筑丧葬建筑之风席卷全国，更进一步推动了汉代厚葬传统。此外，以徐州为中心的广大区域自汉兴以来就是楚国和彭城国的政治中心，两汉十八代诸侯王及其世袭的子孙以及浓厚的儒学传统培养出来的大量官吏推动了此地建造豪华墓葬及祠堂的习俗，尤其在东汉中晚期厚葬盛行，使此地建造石祠等地上丧葬设施建筑的风俗愈演愈烈。

　　繁荣的经济也增强了综合国力。西汉时期，汉军数次击退匈奴进犯，稳定了北方边境，打通了连接西域的河套地区，为两汉文化与西方文化的交融奠定了基础。汉代石祠中丰富的"胡汉战争图""狩猎图""献俘图"等画像暗喻汉军对匈奴军队的节节胜利。由于北方匈奴势力的南下，永和五年（140 年）西河郡治所由内蒙古的平定迁至山西省的离石地区，上郡治所由陕西省榆林地区迁至陕西省韩城，中原地区的汉画像丧葬建筑传统也随着戍边官兵被带到两地，形成了山西离石地区和陕西榆林地区丰富的画像石墓葬资源。随着东汉国力的衰弱，北方边境再度沦为南匈奴之地，此地的画像石墓建造传统就此结束，最晚的纪年汉墓为桓帝延熹四年（161 年）。开始于汉灵帝光和七年(184 年)的黄巾军起义以及随之而起的军阀混战彻底击溃了东汉王朝的统治，中原地区的经济明显衰退，人民流离失所，修筑汉画像丧葬建筑之风就此戛然而止。目前发现的最后一座纪年石祠就是光和六年（183 年）的王阿命石祠，制作于黄巾起义的前一年。此后人们再也无力兴建豪华的丧葬建筑，而那些建好的石祠被废弃拆毁，其构石被后人再利用修筑墓室，这也是魏晋以后大量墓室中出现汉代

[1]［宋］范晔撰、［唐］李贤等注：《后汉书》，中华书局 1999 年版，第 1112 页。

石祠构石的原因之一。汉代石祠兴于东汉早期，繁盛于中晚期，结束于黄巾起义，共延续 150 余年，而这短短百余年的厚葬习俗达到了我国古代民间墓葬艺术的高峰。

历史上，我们对汉画像的认识是从汉代石祠开始的，中国古代金石学对于汉画像的研究史几乎等于汉代石祠的研究史。随着金石学的兴起，原本立于墓园的汉代祠堂建筑得到了越来越多金石学家的关注，而埋藏于地下的墓室则无人知晓，我们所了解的早期金石学著作均是对石祠画像及题记的描述。北魏郦道元的《水经注》在记录地势水道时最早记载了周边的汉代石祠，如巫山的孝堂山石祠、金乡的朱鲔石室、荆州刺史李刚的石庙石阙石碑、司隶校尉鲁峻的石庙、宏农太守张伯雅的石庙石阙石兽、安邑长尹俭的石庙石阙等几十处汉代地上丧葬建筑，很多记载的汉代遗迹一直保存至今。北宋的沈括在《梦溪笔谈》中从服饰角度详细描述了朱鲔石室的人物画像风格，这表明北宋早期朱鲔石室的阴线刻画像依然保存好。北宋末年赵明诚的《金石录》是第一部系统的金石学著作，最早著录了武氏祠的榜题和画像，并对主要构石进行了文字性描述，但缺少石祠画像的拓片摹本。南宋洪适的《隶释》和《隶续》收录了山东和四川地区多处石祠、石阙、石碑上的榜题和图像，尤其摹绘了武氏祠大量的画像内容。由于武梁祠屋顶石残泐严重，我们对于内面的祥瑞画像和榜题的认知完全依赖洪适的摹本。此时的金石学著作更关注榜题和题记中的文字，对于图像的研究处于从属地位。元明时期是金石学的蛰伏期，到了清代金石学开始复兴。乾隆年间时任济宁运河同知的著名金石学家黄易在翻阅《嘉祥县志》时，发现了东汉时期山阳郡的武氏家族墓地，其将淤积于地下的祠堂构石发掘出来，并在原址建立保护室，陈列和保护武氏祠构石，并著有《小蓬莱阁金石文字》一书。黄易的《修武氏祠堂记略》记录了寻访构石的经历："九月亲履武宅山，历代河徙填淤，石室零落。次第剔出武梁祠堂画像三石，久碎为五：'孔子见老子'一石；双阙南北对峙，出土三尺，掘深八九尺始见根脚；'武斑碑'横阙北道旁，土人云数十年前从坑中拽出。武梁石室后东北一石，计七石，画像怪异，无题字；有断石柱，正书曰'武家林'。其前又一石室，画像十四石；祥瑞图石一。复于武梁石室北剔得祥瑞图残石三。此三种前人载籍未有，因名之曰'武氏前石室画像''武氏后石室画像''武氏祠祥瑞图'。又距此一二里，画像二石，无题字，莫辨为何室者。"[1]清末是金石学著作涌现的时期，王昶的《金石萃编》、翁方纲的《两汉金石记》、毕沅和阮玉的《山左金石志》、冯云鹏和冯云鹤的《金石索》、端方的《陶斋藏石记》、王懿荣的《汉石存目》等全面著录了两汉石祠的画像内容，形成了近代汉画像研究的基础和方法。翟中溶的《汉武梁祠堂画像考》是第一部对一个墓园地上建筑的专题性研究著作，开近代汉画研究之先河。

科学运用考古学和历史学的方法发掘和研究汉画像石是最近一百多年的事情。清末民国时期，随着清朝对欧洲国家开放领域的增加，一大批域外的汉学家深入我国内地考察，对汉代的石刻、雕塑进行了西方式的科学研究，并发表了诸多成果。1907 年，法国汉学家沙畹（Emmanuel-èdouard Chavannes）一行短短数月间，遍历我国河南省、四川省、山西省、山东省、陕西省、辽宁省、河北省等地的汉代遗迹，采集了珍贵的一手图文资料，包括祠堂、石阙、石兽、石窟造像的照片及大量金石拓片。于 1909 年将这次考古资料编撰成《Mission archéologique dans la Chine septentrionale》（《北中国考古图录》）公开出版，这本书中的资料对于当代的汉学研究者仍极具参考价值。1907 年，日本学者关野贞（Sekino Tei）也来到山东省、河南省等地进行石刻遗迹调查，尤其对孝堂山石祠及武氏祠进行了详细的测绘及调查，回国后出版了《之那の建筑と艺术》一书。1909 年至 1917 年间，法国汉学家谢阁兰（Victor Segalen）三度来华，先后考察了山东省、河南省、四川省、浙江省的古代石刻，保留了大量珍贵的照片及金石拓片，并出版了《谢阁兰的中国考古摄影集》。1942 年美国学者费慰梅（Wilma Canon Fairbank）考察了山东地区的朱鲔石室、武氏祠等多处汉代石祠建筑，发表了《汉武梁祠建筑原形考》一文，第一次系统复原了武氏祠三座石室。此外，1921 年日本学者大村西崖（おおむら せいがい）的《支那美术史·雕塑篇》出版，首次系统介绍了中国的汉代石祠建筑，后期还有奥托·菲舍的《汉代中国绘画》和追克的《汉代画像石》等著作问世。这一时期，我国的金石学家、历史学家在清代学者研究的基础上，初步结合西方历史学、考古学的研究方法，进一步推动了汉画研究的发展，尤其关于山东地区及河南南阳地区汉画像的研究成果居

---

[1] ［清］翁方纲：《两汉金石记·卷十五》，乾隆五十四年刻本，第 45 页。

多。荣庚先生重新梳理了武梁祠画像、榜题，出版了大型图录《汉武梁祠画像录》和专著《汉武梁祠画像考释》，着重比较武梁祠汉画与同时期欧洲绘画的异同，将汉代石祠画像专项研究推进了一步。1933 年，当时的中央研究院历史语言研究所和山东古迹研究会等单位联合发掘了藤县曹王墓，这是我国学者首次运用近代考古学的方法对汉墓进行科学发掘，当时在中央史语所工作的董作宾参与整理了藤县曹王墓资料以及搜集整理了山东汉画像资源，于 60 年代发表了《山东藤县曹王墓汉画像残石》一文。孙文青 1933 年在南阳开始从事汉画像的调查及发掘工作，发现了南阳魏公桥、七孔桥大批画像石，于 1936 年开始出版《南阳汉画像汇存》一书，至 1944 年共出版五集，在此之后利用已发现的画像石营建了南阳汉画像石馆。

　　1950 年和 1951 年傅惜华在巴黎大学北京汉学研究所出版了《汉代画象全集·初编》和《汉代画象全集·二编》，其中的画像内容大部分以石祠画像为主，还有部分零散出土的墓室画像石，这套书的出版揭开了新中国成立之后汉代石祠研究的序幕。这一时期我们对汉代祠堂的认识主要来源于大量的考古发掘，近六十年来进行了大量的汉墓科学发掘，取得了丰硕的成果。20 世纪 50 年代初发掘了湖南省长沙西汉墓和河南省洛阳烧沟汉武帝至汉末墓葬，60 年代发掘了甘肃省武威滕家庄汉墓，时至今日全国各地积累的汉代墓葬相关资料已达万座以上。[1] 依据已有资料统计，汉画像石基本分布于四大区域，一个是以鲁西南的济宁市、临沂市和苏北的徐州市以及皖北的淮北市为中心，覆盖山东、江苏、安徽、河南的大部分地区；二是以河南省南阳市为中心，覆盖河南省和湖北省北部的广大区域；三是以绥德市、米脂县、榆林市、神木县等地区为核心，覆盖陕西省和山西省的广大地区；四是囊括四川省、重庆市的绝大部分区域。此外，在河北省、甘肃省、浙江省、内蒙古自治区也有不同数量的汉墓发现。其中在第一区域发掘的汉代石祠遗迹以及再建墓中发现的石祠构件最多，其他地区偶有石祠构件发现，但没有可复原的整体性建筑。1952 年，中央文化部文物局、中国科学院考古研究所等单位对徐州茅村汉画像墓进行了发掘，出版了《江苏徐州汉画像石》一书，这是新中国第一次对汉画像墓

---

[1] 李如森：《汉代丧葬礼俗》，沈阳出版社 2003 年版，第 1 页。

的科学发掘，由此揭开了汉墓及汉代石祠发掘研究的序幕。1954 年，南京博物院、华东文物工作队、山东文管会发掘清理了沂南北寨汉画像石墓。1956 年，山东省肥城市西南王庄公社栾镇村的石室墓中发现"建初八年张文思为父造"祠堂后壁。1956 年春，安徽省宿县褚兰镇发掘出两座汉画像石墓及地上设施，M1 为"九女坟"石祠，M2 为建宁四年"辟阳胡元壬祠"。1956 年，江苏省徐州市铜山县洪楼村发现一座东汉墓葬，地表祠堂画像石散落于墓西 4.5 米处，属双开间悬山顶建筑。1965 年冬，江苏省徐州市铜山县青山泉公社白集村发现了一处东汉墓园遗址，残存地上祠堂建筑构件五块，属单开间悬山顶式建筑。1978 年秋，山东省嘉祥县满洞公社宋山大队村北宋山的斜坡上发现一座墓葬，墓室共清理出九块画像石，八块属祠堂侧壁，一块属祠堂后壁。1979 年冬，山东省嘉祥县满铜公社宋山大队村北山坡发现两座石室墓，共出土画像石二十一块，多为祠堂的后壁、基石及顶盖石。两批构石可复原为多座平顶式祠堂。1986 年，江苏省徐州市东沿村北山丘南侧的石室墓中出土画像石十块，属平顶式石祠的构件，九块属祠堂侧壁，一块属祠堂后壁。1990 年，安徽省宿县褚北乡发现"宝光寺熹平三年邓季皇祠"，周边有墓垣痕迹。1992 年，江苏省徐州市东沿村东侧一公里的石室墓中出土祠堂画像石构件六块，属平顶式祠堂建筑构件。1992 年，江苏省徐州市汉王镇与淮北市交界处征集到一座形制完整的平顶式祠堂，称为汉王镇无纪年小祠堂。1995 年，江苏省徐州市铜山县大庙镇大庙村的晋墓中发现多块祠堂汉画像石，可复原为单开间悬山顶石祠。2005 年，江苏省徐州市汉王镇发现二块石祠构石，其中一块题记刻有"延平元年"。2006 年 12 月，安徽省淮北市原"上海餐厅"建筑工地发现一处东汉墓，出土画像石九块，其中四块可复原为单开间平顶祠堂。2013 年 4 月，山东省邹城市峄山镇北龙河村出土东汉"文通祠堂"后壁石。2019 年 1 月，安徽省淮北市相山区淮北大唐发电厂西侧发现几块裸露的画像石建筑构件，清理出两座汉代石鼓形祠堂，后壁开有一龛，为单开间平顶式建筑。2020 年 5 月，安徽省淮北动物园相山主峰东南山坡发现一"永元八年"石鼓型祠堂，保存有祠堂构件四块和墓垣构石二块。山东地区的著名石祠被历朝历代的金石学家所著录，通过考古发掘出的祠堂构石很多属于再建墓，而苏北和皖北地区的地上丧葬设施很多都保存完好，考古发掘为我们揭示了这一地区汉代家族墓园的原始面貌。

这些考古发现拓展了我们对祠堂及地上丧葬建筑体系的认识。整个丧葬建筑体系实际上体现了地上及地下建筑对于"魂""魄"的归属关系，祠堂与墓室的画像石从功能和意义上具有明显的区别，表达了对于"神鬼"差别性信仰。前者祭祀的对象是"魂"，即"神"，画像的目的是沟通天地、祭祀先祖、教化后人；后者深藏的对象是"魄"，即"鬼"，画像的目的是藏尸幽冥、解注辟邪。

本书聚焦于汉代墓葬之地上建筑设施——祠堂，所研究的祠堂不包括两汉帝王、诸侯王等规模庞大的地上陵园遗迹，着重关注汉代社会中小型墓葬所配套的石制祠堂，但关于诸侯王、列侯的寝殿、宗庙等地上建筑的研究成果可用于佐证上层社会丧葬礼俗的下沉过程。通过对这类石祠建筑的类型、空间、配置、图像、叙事等方面的研究，揭示了汉代民众普遍接受的丧葬礼仪和叙事逻辑。这类石祠中的画像体现出一定格套规律，"拜谒图""射鹊图""庖厨图""乐舞图"等都是祠堂画像石的典型图像，国内外学者对这些画像进行了深入的个案研究，但祠堂中的这些画像之间有何关联？为什么要在如此狭小的空间刻绘这些貌似与亡者无关的画面？它们对于祠堂建筑以及对于汉代人又讲述了怎么样的故事？就画像本体而言，并不存在内容的拓展和意义的延伸，而画像之间的关系以及画像与建筑整体的意义却反映出社会中下阶层的意识形态，体现出汉代人的精神状态和神鬼信仰，这种关系体现了一种规律性。而对这种规律性的研究显然属于叙事学擅长的范畴。早在 18 世纪早期欧洲的文学家就开始注意到"叙事视角"对于文本规律性的意义，李斯特 (Thomas Lister) 和亨利·詹姆斯 (Henry James) 等文学家开始从"叙述"维度进行文学批评。到了 1969 年"叙事学"开始作为专用词汇出现于托多罗夫（T.Todorov）的《〈十日谈〉语法》中。现代叙事学在 20 世纪结构主义（Structuralism）与俄国形式主义（Formalism）双重影响下产生，其研究"所有形式叙事中的共同叙事特征和个体差异特征，旨在描述控制叙事（及叙事过程）中与叙事相关的规则系统"[1]，核心是对叙述文本及其规律性的研究。自此以后，叙事学从文学批评领域扩展至历史学、建筑学、艺术学等领域；尤其是后现

---

[1] [USA] Gerald Prince：《*A Dictionary of Narratology*》，Nebraska：University of Nebraska Press, 1987。

代史学与图像学的叙事理论结合为汉画像研究提供了新思路。在美国学者海登·怀特（Hayden White）和罗伯特·斯科尔斯 (Robert Scholes) 系统化后现代叙事理论之后，20 世纪八九十年代我国的先锋学者开始尝试将西方叙事理论本土化，杨义的《中国叙事学》、龙迪勇的《空间叙事研究》、耿占春的《叙事美学》等著作开始在世界文学的范畴内讨论中国的文学叙事传统，将熟悉的文学材料进行嵌套、分层等叙事逻辑分析，令人耳目一新。近些年，汉画研究不再局限于图史互证的考释层面，开始转向画像所蕴含的象征意义以及所反映的社会意识、宗教形态等领域，以姜生的《汉帝国的遗产：汉鬼考》[1]和缪哲的《从灵光殿到武梁祠：两汉之交帝国艺术的遗影》[2]为代表的一系列著作揭开了汉画研究的新篇章。本书提及的叙事学是后现代史学的一部分，是对传统"直线性历史"叙事的怀疑与超越，"并行"与"发散"的历史观有助于我们摒弃"被给予"的固有思维，进而探索汉代社会的真实面貌。汉画原从一种民间的墓葬装饰，转变为体现两汉时代精神的艺术品，蕴含着深刻的历史背景。虽然工匠对粉本的摹刻体现出一定的创造性，但社会上流行的汉画摹本却出自汉代文人阶层之手，体现了社会中下阶层的精神追求及神鬼信仰；在原始宗教并起的时代背景下，自上而下的升仙愿望又赋予了汉画以宫廷气韵。因此，汉画叙事研究就是以汉代士大夫的精神世界为母题，从石祠画像的本意、画像之间关系，画像在建筑空间中的意义等内容中抽取一丝有意义"碎片"，用叙事学中"选择"与"阐释"的工具将这些"碎片"串联成符合时代精神与信仰的逻辑线索，这些逻辑线索经得起史学、宗教、文学以及叙事分析法的验证。

帝王、先贤、名士、列女等丰富多彩的画像是汉代人对外部世界的观察，是他们精神活动的总结，反映了汉代人关于"神鬼"的观念，这既是对于谶纬依附于儒教的叙事，又是对生与死中间转换的体验、理解和解释。本书在梳理汉代石祠建筑的基础上，以典型的祠堂画像石为研究

---

[1]《汉帝国的遗产：汉鬼考》一书显然超越了以图正史或以史释图的阶段，它以汉代早期宗教信仰为核心，以传世的道教文献为依据，对诸如六博、仙谱、太阴炼形等常见但费解的汉代丧葬文化给予了合理的解释，重塑了汉代民间的升仙仪轨。

[2]《从灵光殿到武梁祠：两汉之交帝国艺术的遗影》一书撷取山东平民墓葬画像中的"皇家因素"，以画像石中几幅典型的格套为引子，梳理了画像背后的历史因素和社会因素，讲述了两汉中国早期绘画的诞生及发展，勾勒出汉代艺术的基本轮廓。

对象，运用叙事学、考古学、图像学的研究方法，综合利用文献及汉代遗存的壁画、帛书、随葬品等不同类型的图像资料，对汉代画像石祠堂进行了全面、深入的研究，重释了不同格套石祠画像的意义，揭示了石祠构件与画像内容的空间关联，阐明了各类榜题的早期叙事性文本特征，建立了画像之间的叙事逻辑关系，总结出民间墓葬建筑的双重空间体系。本书将汉画像的研究范畴拓展至汉代社会的意识形态、自上而下的祭祀礼仪、汉代人"天人合一"的神鬼信仰以及本土宗教与域外信仰的融合等领域，描绘出汉代人理想中的"诸神的时代"。

第一章

汉代祠堂的叙事本质

　　石制祠堂是汉代墓葬的地上建筑设施，位于墓垣前方，是祭祀逝者或先祖的享堂，在遗留下来的祠堂画像石题记中称为"食堂""斋堂""石室"等。早在商代我国就有在墓室之上建造固定祭祀场所的习俗，安阳市妇好墓的封土中就发掘出一处夯土房基，这座建筑就是在甲骨卜辞中称为"母辛宗"的享堂。河北省满城区西汉中山靖王刘胜及其妻窦绾之墓、河南省永城市芒砀山西汉梁孝王刘武之家族墓等诸侯陵墓周边都发现有房基、构石、瓦当等祭祀建筑的遗迹。民间的中小型家族墓园诸如济南市长清孝堂山家族墓地、嘉祥县武氏墓地、铜山县洪楼家族墓地、淮北市洪山家族墓地等保留了大量石制祠堂建筑或建筑构石，形成了从王侯贵族至官吏百姓一系列完整的地上祭祀建筑规制。汉代石祠形式上脱胎于木质祠堂建筑，刻画的内容是对宫殿装饰绘画的浓缩与再创作，是汉代人表达"天人观念"的载体。从当前考古发掘成果来看，王侯陵园及列侯墓园大多具有明确祭祀性质的建筑群，拥有规模宏大的屋基、回廊、柱础、散水等遗迹。两千年来，木质的建筑构件都已腐朽损毁，而中原地区中小型墓葬的地上祭祀建筑因为使用相对廉价的石质材料反而得以保存至今。鲁西南、苏北、皖北一带盛产优质石材，也有石料开采、加工的手工业传统，这一地区发现的汉代石祠遗迹较多。石料取材的经济性及石材本身所蕴含的坚固性符合汉代民众以较低的成本去追求永恒的生命观及升仙信仰的要求。石祠祠主身份多为俸禄两千石以下的地方官员或地主豪强阶层。这些石祠中的画像也反映了这一社会阶层所信奉的宗教信仰，描绘了祠主成"神"后与神仙羽人、名士、先贤为伍的理想世界。

汉代石祠的分布具有典型的区域性特征。已发现的及可复原的汉代石制祠堂大多分布于鲁西南、苏北及皖北等地区。与画像石墓的四大地理分区不同，汉代石祠分布较为集中，主要集中于兖州刺史部、徐州刺史部及豫州刺史部的接合区域。如果以当前行政区域来划分汉代石祠画像的艺术风格，并不合适，似乎刻意将汉代的石祠传统区域划分为三个部分，而这三个部分有着密切的联系。如果从地理地貌的角度来看，汉代石祠主要分布于燕山、太行山、嵩山、大别山、天目山所环绕的广大华北平原丘陵地区，这一地区人口密集、经济发达、文化繁荣，也是汉画像石墓的主要分布区。这一区域的石祠画像存在多种雕刻技法及画像风格的混杂现象，如徐州地区发现的石祠画像既有滕州西户口风格的平面阴线刻，也有南阳地区剔地竖凿纹浅浮雕，还有临沂吴白庄风格的深浮雕和透雕，甚至一块画像石上可以综合运用多种雕刻技法。虽然不同雕刻风格的石工队伍的流动给这一区域留下了诸多风格的石祠建筑，但某种雕刻技法和风格在某时期及地区仍具备一定的优势及代表性。整体而言，三省交界处的石祠画像风格的杂糅现象十分明显。就祠堂建筑类型而言，这一区域除了皖北的石鼓形石祠具有典型的区域特征，其他类型的平顶式石祠及悬山顶石祠在这一区域均有分布，所以本书对于汉代石祠的研究不再强调地域特征，而是以石祠的建筑类型进行划分。石祠主要的分布区域几乎覆盖汉画像石的主要发源地及分布区，而河南省、陕西省、山西省、四川省等地虽然有丰富的画像石墓资源，但完整或可复原的汉代石祠却没有发现，仅在河南省的再建墓中偶有石祠构件发现。

从王侯陵园到中小型墓园形成了模式化的祭祀风俗和建筑传统，考古发现的各类祭祀建筑遗存以及丰富的文献著录让我们得以一窥汉代祭祀传统和丧葬文化。西汉十一座帝陵、东汉十二座帝陵（西汉帝陵大多位置明确，并进行了地上陵园的勘测以及祔葬、陪葬墓的发掘；东汉帝陵大多位置不明，在《后汉书·帝王世纪》中有记载，均未发掘）以及众多诸侯王墓形制多样，有的墓室穿山为陵，有的墓室开凿于山崖，有的墓室平地起坟且筑有高大的坟丘。无论哪种丧葬形制，陵园附近都发现有寝殿、宗庙、便殿等祭祀类建筑遗迹。王侯墓葬以封土或山陵为中心建立陵园，周围筑夯土墙垣，每面墙垣中央各辟一司马门做出入口，神道外设立双阙及双表。汉代列侯以及地方官员的墓园大多依照帝陵规制进行简配修建，并形成了封土、石碑、祠堂、墓阙、神道、石像、石柱等诸多汉代起成型的墓外建筑设施体系。从 20 世纪初法国汉学家沙畹拍摄的照片中可以看到嘉祥武氏祠家族墓地入口便有一对双阙，阙身应该连接墓园墙垣形成分割阴阳的封闭空间，双阙内部有神道、石碑、石祠和坟丘。很早就有文献记载汉代墓园建筑的布局配置，《汉书·董贤传》记载："令将作为贤起冢茔义陵旁……外为徼道，周垣数里，门阙罘罳甚盛。"[1]北魏郦道元的《水经注·卷八》中记载"菏水又东与钜野黄水合"[2]之处，今山东省曹州巨野县城的西面有荆州刺史李刚之墓，详细描绘了石祠三开间的结构及阴线雕刻的画像内容，"……水南有汉荆州刺史李刚墓。刚字叔毅，山阳高平人，熹平元年卒。见其碑。有石阙、祠堂、石室三间，橼架高丈馀，镂石作橼，瓦屋施平天造，方井侧荷梁柱，四壁隐起，雕刻为君臣、官属、龟龙、凤麟之文，飞禽走兽之像。作制工丽，不甚伤毁"[3]。南宋洪释的《隶续》里也描述了李刚石祠中的横檐枋的画像："所图车马之上，横刻数字云：君为荆州刺史时，前后导从，有骑骑，有步卒，标榜皆湮没。在后一车，碑失其半，止存东郡二字。向前一车，车前有榜，惟郡太守三字可认。前后亦有骑骑、步卒，及没字榜。又一车仅存马足泰半无碑少。前六骑，形状结束胡人也，其上亦刻数字，惟乌桓二字可认。汉长水校尉主乌桓骑，又有护乌桓校尉，此以乌桓为导骑，必二校中，李君尝历其一……"[4]《水经注·卷八》记载了今山东省巨野县以西金乡县以北的汉司隶校尉鲁峻的石祠画像内容，"焦氏山北数里，汉司隶校尉鲁峻冢，穿山得白蛇、白兔，不葬，更葬山南，凿而得金，故曰金乡山。山形峻峭，冢前有石祠、石庙，四壁皆青石隐起，自书契以来，忠臣、孝子、贞妇、孔子及弟子七十二人形像，像边皆刻石记之，文字分明"[5]。《水经注·卷二十二》记录了今河南省密县汉代宏农太守张伯雅的石祠、石阙、神兽、

[1]［汉］班固：《汉书》，中华书局 2015 年版，第 3207 页。

[2]［北魏］郦道元著、陈桥驿校证：《水经注校证》，中华书局 2017 年版，第 205 页。

[3]［北魏］郦道元著、陈桥驿校证：《水经注校证》，中华书局 2017 年版，第 206 页。

[4]［南宋］洪适撰：《隶续》（卷十八），清乾隆四十二年汪氏楼松书屋刊本，第二、三页。

[5]［北魏］郦道元著、陈桥驿校证：《水经注校证》，中华书局 2017 年版，第 206 页。

池沼的墓园地上设施布局，"迳汉宏农太守张伯雅墓，茔域四周，垒石为垣，隅阿相降，列于绥水之阴，庚门表二石阙，夹对石兽于阙下。冢前有石庙，列植三碑，碑云：德字伯雅，河南密人也。碑侧树两石人，有数石柱及诸石兽矣。旧引绥水南入茔域，而为池沼，沼在丑地，皆蟾蜍吐水，石陛承溜。池之南，又建石楼、石庙，前又翼列诸兽"[1]。《水经注·卷二十九》记载今河南省唐县以南八十里有汉代日南太守胡著的石祠，"庙堂皆以青石为阶陛，庙北有石堂。珍之玄孙桂阳太守场，以延熹四年遭母忧，于墓次立石祠，勒铭于梁，石宇倾颓，而梁字无毁"[2]。《水经注·卷三十一》记载今河南省汝州鲁山县汉安邑长尹俭的墓园设施情况，"冢西有石庙，庙前有两石阙，阙东有碑，阙南有二狮子相对，南有石碣二枚，石柱西南有两石羊"[3]。可见，对于刺史、校尉、太守一级官奉二千石的官员墓葬，石祠、石阙、石碑、石人、石兽等均是墓园的基本组成部分，更豪华的墓园会有沟池、台榭等其他建筑设施，而简陋的墓地会依此制而减配。汉代兴起的墓园地上建筑体系逐步固定，在后世历朝王侯、士大夫阶层均遵循此制（图 1-1）。现存的孔氏家族墓地——孔林完整保存了宋元明清以来的不同时期的墓园地上设施，其石人、石阙、神道、石祠的配置方式与一千多年前的汉朝丧葬礼制保持一致，这种礼制一直保存至今，当地民间修建墓园依然遵循古制。

在整个地上建筑体系中祠堂是祭祀的核心，为祭拜亡者、供灵魂起居饮食、升仙所建，既是祭祀之所，也是与先祖对话的场域。"古礼庙祭，今俗墓祀。"[4]先秦祭祀位于都城的宗庙和社庙，没有墓祀，秦朝则开始重墓祀，汉承秦制。《后汉书·明帝纪》记载："古不墓祭，秦始皇起寝于墓侧，汉因而不改。诸陵寝皆以晦望、二十四气、三伏、社、腊及四时上饭。"[5]明代顾炎武亦在《日知录》中认为："汉人以宗庙之礼移于陵墓。有人臣而告事于陵者，苏武自匈奴还，诏奉一大牢谒武帝园庙是也。有上冢而会宗族故人者，有上冢而太官为之供具者，有赠谥而赐之于

[1] [北魏] 郦道元著、陈桥驿校证：《水经注校证》，中华书局 2017 年版，第 496 页。
[2] [北魏] 郦道元著、陈桥驿校证：《水经注校证》，中华书局 2017 年版，第 665 页。
[3] [北魏] 郦道元著、陈桥驿校证：《水经注校证》，中华书局 2017 年版，第 693 页。
[4] [东汉] 王充：《论衡》，上海人民出版社 1974 年版，第 357 页。
[5] [宋] 范晔撰、[唐] 李贤等注：《后汉书》，中华书局 1999 年版，第 67-68 页。

图 1-1　1909 年—1917 年法国人谢阁兰拍摄的明祖陵神道

墓者，有人主而临人臣之墓者，有庶民而祭古贤人之墓者。"[1]帝王祭祀之处称之为"庙"，而中小型墓葬的祠堂常称为"堂"或"室"，两个概念都用于描述空间，但两种空间的大小及功能有所差异，两者也存在着源头与继承的关系。"庙"字在西周金文中就已经出现，原本是先祖祭祀之所，从汉代起始又与天地山川神祇建立了关联。《后汉书·东海恭王疆传》中记载有"衣足敛形，茅车瓦器，物减于制，以彰王卓尔独行之志，将作大匠留起陵庙"[2]，记述了诸侯王一级的祠堂称为"陵庙"。《后汉书·安城孝侯赐传》记载"（光武）帝为营冢堂，起祠庙，置吏卒，如春陵孝侯"[3]，光武帝赐安城孝侯刘赐（属列侯）以地下之"冢堂"和地上之"祠庙"。《水经注·卷廿三》曰："获水又东径虞县故城北……城东有汉司徒盛允墓……延熹中立墓，中有石庙，庙宇倾颓，基构可寻。"[4]《水经注·卷卅一》曰："彭水径其西北，汉安邑长尹俭墓东，冢西有石庙，庙前有两石阙，阙东有碑，阙南有二狮子相对，南有石碣二枚，石柱西南有两石羊。"[5]《水经注》两处文称石祠为石庙。《汉书·文翁传》云："吏民为立祠堂，岁时祭祀不绝"[6]及《后汉书·马援传》云："乃更修封树，起祠堂"[7]，称呼与现今祠堂的用法相同。而已发掘的众多中小型石祠构件上常发现有描述石祠修建内容的题记，因内多陈设供"魂神"享用的祭品，故称祠堂为"食堂"。汉上天凤三年（16 年）路公食堂画像石左边有隶书

[1] ［清］顾炎武、［清］黄汝威集释：《日知录集释》，花山文艺出版社 1990 年版，第 681 页。
[2] ［宋］范晔撰、［唐］李贤等注：《后汉书》，中华书局 1999 年版，第 962 页。
[3] ［宋］范晔撰、［唐］李贤等注：《后汉书》，中华书局 1999 年版，第 376 页。
[4] ［北魏］郦道元著、陈桥驿校证：《水经注校证》，中华书局 2017 年版，第 536 页。
[5] ［北魏］郦道元著、陈桥驿校证：《水经注校证》，中华书局 2017 年版，第 693 页。
[6] ［汉］班固：《汉书》，中华书局 2015 年版，第 3120 页。
[7] ［宋］范晔撰、［唐］李贤等注：《后汉书》，中华书局 1999 年版，第 569 页。

题记两列，"天凤三年立食堂，路公治严氏春秋……"[1] 微山两城永和六年 (141 年) 桓孝祠堂后壁左右各有隶书题记一列，合为："永和四年四月丙申朔廿七日壬戌，桓孝终亡，二弟文山、叔山悲哀，治此食堂，到六年正月二五日毕成。自念悲痛，不受天祐，少终。有一子男伯志，年三岁，却到五年四月三日终，俱归黄泉，何时复会，慎勿相忘，传后世子孙，令知之。"[2] 山东省鱼台县健康元年（144 年）文叔阳祠堂刻有题记："健康元年八月乙丑朔十九日丁未寿，贵里文叔阳食堂，叔阳故曹史行亭市掾乡……"[3] 而《水经注·卷廿三》曰："城南有曹嵩冢，冢北有碑，碑北有庙堂，馀基尚存，柱础仍在"[4]，称石祠之为"庙堂"。徐州铜山汉王乡东沿村永平四年（61 年）祠堂画像石左边刻有隶书题记一列，称祠堂之为"石室"，"建武十八年腊月子日死，永平四年正月，石室直五千，泉二苣少郎所为，后子孙皆忌子"[5]。《汉书·张禹传》云："自治冢茔，起祠室"及《后汉书·清河孝王庆传》云："犹当应有祠室，庶母子并食，魂灵有所依庇，"[6] 其又有祠室的说法。

　　陵庙、祠庙、石庙、祠堂、食堂、庙堂、石室、祠室都是对此类祭祀建筑的称呼，由先祖之"庙"，到府宅之"堂"，再到民居之"室"，除了能体现逝者地位高低之外，还存在着祭祀空间使用功能的差异。帝王、诸侯的陵园及列侯的墓园里还有大量的陪葬坑和祔葬坑，其宗庙、寝殿除了祭祀逝者本人，还承担着家族宗祠的作用，在重要时间祭祀祖先或神灵。河南省保安山 M1 和 M2 墓之间的台地上有梁孝王墓寝的宫殿式建筑，发现有院落、回廊、殿堂、窖穴和排水沟等遗迹，此处除了祭祀梁孝王和李王后还包括家族中的嫔妃、官吏、守卫等，是一处诸侯王家族的祭祀陵园。徐州市楚王山汉墓发现的祭祀建筑遗迹位于王墓东侧偏北，其与北侧的王后墓共用祠堂，周边的陪葬墓为王室贵族成员及王的嫔妃等，也是具有家族宗庙性质的祭祀场所。徐州市楚王山汉墓的地上建筑设施早在《水经注·卷二十三》中就有记载："获水又东迳同孝山北，山阴有楚元王冢，

[1] 傅惜华、陈志农：《山东汉代画像石选编》，山东画报出版社 2012 年版，第 130 页。
[2] 马汉国主编：《微山汉画像石选集》，文物出版社 2003 年版，第 30 页。
[3] 傅惜华、陈志农：《山东汉代画像石选编》，山东画报出版社 2012 年版，第 201 页。
[4] [北魏] 郦道元著、陈桥驿校证：《水经注校证》，中华书局 2017 年版，第 530 页。
[5] 王黎琳、李银德：《徐州发现东汉画像石》，《文物》1996 年第 4 期，第 28—31 页。
[6] [宋] 范晔撰、[唐] 李贤等注：《后汉书》，中华书局 1999 年版，第 1217 页。

上圆下方，累石以之，高十余丈，广百许步，经十馀坟，悉结石也。"[1]像大型帝陵的宫殿建筑一样，很多中小型墓葬的祠堂也承担着家族祭祀的作用，如嘉祥县武翟山武氏祠墙垣内已发现了三座石室及两座多室墓，表明此地是一处武氏家族几代人的家族墓园。济南市长清区孝堂山石祠周边除了石祠后面的主墓之外，还发现多座汉代多室画像石墓，甚至在石祠陈列馆院墙外还发现有同时期的墓葬，这表明孝堂山顶也是一处家族墓园，孝堂山石祠是家族祭祀的祠堂建筑。汶上县天凤三年（16年）祠堂、汉王镇永平四年（61年）祠堂等众多小型祠堂题记中自称为"堂"或"室"，它们有些是单独发掘，有些位于家族墓区，但该建筑所祭祀对象具有唯一性，是专为某位逝者而建，不具有宗祠性质。同时，汉代还流行为生者兴建祠堂的传统，这种祠堂超越了丧葬建筑原始的意义成为某种权利与功绩的标识物，类似牌坊、石碑一样具有歌颂功德的作用。东汉九真太守任延地方治理有方，深得民众爱戴，离任时地方官员和百姓为"九真吏人生为立祠"[2]。安帝永初年间（107—113年），巴郡太守王堂任内平息暴乱、安定秩序，民众为感激王堂功绩而"吏民生为立祠"[3]。《后汉书·赵岐传》记载了东汉的赵岐"先自为寿藏，图季礼、子产、晏婴、叔向四像居宾位，又自画其像居主位，皆为赞颂"[4]，赵岐将吴王的弟弟季礼、郑国的公卿子产、齐国的政治家晏婴、晋国的政治家叔向四位不同时空的东周圣贤汇聚于自己的寿藏之中，彰显自己的功绩与地位，这里的"寿藏"并非深不见人的地下墓室，也可能是供人观赏、祭拜的地上祠堂。东汉的张衡在《冢赋》中详细描述了自己墓园地上建筑的规划，阐明了祭祀的意义，展现了汉代人的神鬼观念。"载舆载步，地势是观。隆此平土，陟彼景山。一升一降，乃心斯安。尔乃隳巍山，平险陆，刊藜林，凿盘石，起峻垄，构大椁。高冈冠其南，平原承其北，列石限其坛，罗竹藩其域。系以修遂，洽以沟渎。曲折相连，迤靡相属。乃树灵木，灵木戎戎。繁霜峨峨，匪雕匪琢。周旋顾盼，亦各有行。乃相厥宇，乃立厥堂。直之以绳，正之以日。有觉其材，以构玄室。奕奕将将，崇栋广宇。在冬不凉，在夏

[1] ［北魏］郦道元著、陈桥驿校证：《水经注校证》，中华书局2017年版，第538页。

[2] ［宋］范晔撰、［唐］李贤等注：《后汉书》，中华书局1999年版，第1665页。

[3] ［宋］范晔撰、［唐］李贤等注：《后汉书》，中华书局1999年版，第742页。

[4] ［宋］范晔撰、［唐］李贤等注：《后汉书》，中华书局1999年版，第1436页。

不暑。祭祀是居，神明是处。修遂之际，亦有掖门。掖门之西，十一余半，下有直渠，上有平岩，舟车之道，交通旧馆。寒渊虑弘，存不忘亡。恢厥广坛，祭我兮子孙。宅兆之形，规矩之制，希而望之方以丽，践而行之巧以广。幽墓既美，鬼神既宁，降之以福，如水之平。如春之卉，如日之升。"[1]张衡想象他的墓园应有曲折的沟渠，有巍峨的树木，有列石组成的祭坛，有崇栋的祠堂，同时也强调墓园规制的"堪舆"与"兆形"。虽然汉朝的文学作品对为生者所立之祠与兴建地下墓室的描绘存在一定的想象成分，但也基本反映了当时丧葬的传统，同样寄托了对死者逝后与神仙为伍的美好愿望。在观者心目中石祠的主人随着祭祀建筑的矗立而逐步神圣化。四川省都江堰旁发掘出一尊刻有"李冰"题记的石人，堆叠层中也有相应的建筑遗迹。东汉塑像时的李冰已不再是治水的蜀郡太守，而成为守护河水两岸百姓安宁的镇水之"神"。民间通过建造祭祀建筑创造新神，随着被祭祀者功绩的传递，建筑本身成为民众信奉的神的象征，反倒脱离了祠主本人成为可以一代代传承的依托。

研究汉代墓葬遗迹是我们认识汉代社会物质文化的基础，从中可以比较清晰地了解到汉代人的生产力、社会关系以及观念形态等历史问题，墓葬遗迹也体现了当时人们对死后魂魄生活环境的一种理想的规范化表现，主要反映了当时社会意识形态领域的内容。同时，汉画像内容及出土器物能够多大程度地反映当时社会生产力，像冶铁、纺织、战争等画像内容能否与汉代历史的真实等同，还需要更严谨地去审视现有的考古材料。笔者认为，以石祠为代表的汉画像除了在建筑规模、雕刻工艺等方面展现了当时社会的手工业发展程度，画像内容还体现了民间的丧葬礼仪、宗教信仰、艺术表现等意识形态方面的问题。在汉代画像中常用提喻 (Synecdoche) 的手法用具有故事情节的图像去指代某位人物，"制轮图"指代的是造车鼻祖奚仲，"胡汉战争"和"献俘图"指代的是以凿空西域的张骞和出使西域的班固为代表的人物以及对匈奴战事的胜利。就像杭州市西泠印社所藏的一方画像石，在"乐舞图"中端坐着两位寻常人物，若非榜题点出是"吴王"和"齐桓公"，我们也不会将手抚黄帝之琴的齐桓公、盗得禹书的吴王阖闾与祭祀西王母之礼建立联系。石祠画像中有大量

[1] 龚克昌：《全汉赋评注》，花山文艺出版社 2003 年版，第 559 页。

形象、神态相似的无名人物，实际上这些形象都是汉代人心目中的名士先贤，他们以类比的方式赋予了祠主相同的品德及评价。徐州市邳州占城祠堂侧壁的画像中有四栏二十八位站立人物，如绝大部分画像一样没有刻画环境和人物特征，大多被释读为头戴进贤冠的侍立人物，但这块侧壁上每位人物都有榜题，虽然文字磨泐无法辨识，但说明画像石中每一位人物都不是随意刻画，而是有确定的身份和意义。实际上，画像石中众多反映社会现实的图像往往与葬仪和升仙相关，由于汉代人认为石祠内部的场景暗喻（Metaphor）了画像人物早已位列仙班，在认读中反而会脱离画像场景，不会与汉代社会现实相混淆。石祠画像内容是汉代社会意识的集中反映，体现了生人对逝后世界的理想化认识，并不能将画像内容与历史真实画等号。我们对汉代石祠的空间认知和图像研究是基于对汉画图像关系的研究，而汉画是一种体现主观性意识的叙事，其"选择"与"编排"的特性决定了图像研究所体现的"故事"属性。石祠工匠从无数的汉代及先秦典故中"选择"最符合祭祀功能及墓主人家族意愿的故事在石面上表现，祠堂作为祭祀的宗教场所需要通过叙事的"编排"来表现场所的神圣性，以烘托祭祀、升仙的氛围。汉画像所体现出的"故事"属性就是汉代人的"叙事"，因为汉画像的本质就是对众所周知的"故事"的再叙述。

因为丧葬等级的规制、民间财力的限制以及石材加工的物理特性，使得已发现的汉代石祠大多体量狭小，绝大多数石祠如宋山小石祠一样无法容人进入，即便现存最大的汉代石祠——长清孝堂山石祠，其内部面阔也仅 3.09 米、进深 2.08 米，而在十几平方米甚至几平方米的面积内展现"拜谒图""庖厨图""乐舞图""日月天图"等众多祭祀主题的画像需要一个叙事逻辑贯穿整个祠堂空间。人们之所以要叙事，是因为想把某些发生在特定空间中的事件在"记忆"中保存下来，以抗拒遗忘并赋予存在意义，这就需要通过叙述活动赋予事件以一定的秩序和形式。我们无从了解汉代人对逝后理想世界的"记忆"，但是可以通过画像的内容、不同画像之间关系、画像与空间的线索去研究汉代祭祀活动的秩序和形式，进而不断地接近"记忆"。每个叙事都由故事和话语两部分组成，故事是叙事的对象，话语是不同叙事方式对故事的呈现。从宏观视角来看，包括地下墓室、祠堂、碑刻、石人、石阙、石柱等设施都是丧葬或升仙故事的组成部分，各个单体建筑画像的选择和表现就是叙事的话语；从微观视角来看，某一幅画像就是一个叙事故事，它在单体建筑中的位置、雕刻或绘画的技法以及展示的故事视角就是话语。无论哪种故事类型，祠堂画像所反映的故事本身来源于历史文献或民间的口口相传，而话语则揭示了汉代人对石祠画像的思考和认识。从历史的角度讲，汉画像是上古时期的一种艺术形式，集合了绘画和雕刻两种艺术特征，历代金石学家对拓片的关注度远超过原石。北宋晚期的赵明诚在《金石录》中著录了嘉祥武氏祠的大量画像及榜题，南宋洪释在《隶释》《隶续》中摹刻了部分武氏祠画像，清代翟中荣在《汉武梁祠画像考》中用榜题和画像证经补史，清朝黄易建室保护武氏祠原石。古代学者对拓片的重视使得汉画像常被认为是一种平面的艺术形式，像文本一样反映了历史叙事中的某个事件。就像"乐舞图"以图像形式反映了娱神的祭祀礼仪，通过杂技、长袖舞、吹奏、"漫衍鱼龙"等表演形式表达"神之徕，泛翊翊，甘露降，庆云集，神之揄，临坛宇，九疑宾，夔龙舞"[1]的一个事件。由于时间的延续特性，"乐舞图"选取了这个事件中的一个瞬间或者将几个瞬间的故事杂糅到一起进行呈现。这表明汉画像描绘的不是汉代历史或汉代生活中实实在在发生的"事件"，而是存在于某个粉本中或工匠头脑中的一个"故事"，画像石是通过图像的叙事方式对汉代众所周知的"故事"再一次叙述。这个叙事的粉本可能源自王侯陵园或列侯墓园中寝殿墙面的图案，就像金乡县朱鲔石室内壁流畅的线刻可能源自某幅宴享题材的壁画一样，甚至将实木枋柱结构都通过雕刻表现出来；可能源自墓主人家族借鉴王延寿的《鲁灵光殿赋》、杨雄的《甘泉赋》、班固的《两都赋》、张衡的《冢赋》一类文本的想象与呈现；也可能源自画匠或石匠对社会上口口相传故事的再创作。同时，画像叙事的粉本有可能像嘉祥县宋山四座小石祠一样源自某个手工作坊的批量制作，画像的形制和内容在时间上体现出来一定的延续性，在空间上对某些画像题材具备了一定的地域覆盖性，形成了某些地域风格。

汉画像题材"众所周知"的特性对于以面向生人的祠堂空间来说非常重要，与墓室空间面对鬼或魄不同，祠堂画像是为"人"的观看而制，画匠预设了绝大部分观者对画像内容和观看方式都非常了解。虽然这些预设对后人的研究带来许多困惑，但对于汉代人而言，祠堂中的祭祀画像即使

---

[1] [汉]班固：《汉书》，中华书局 2015 年版，第 982 页。

没有儒家经学背景的人仅凭借社会经验和长辈的口传心授也能够正常识读和理解，因为祠堂内部画像的故事和表现手法对于大部分汉代人来说是"众所周知"的。祠堂以最具代表性的画面直接表现主题，有的画像没有榜题和题记解释主题，甚至将典型画面都做了精简和抽象，但这并不影响汉代人对画像的识读，也不影响画像对于祠堂的象征意义。如果将某类画像抽象成一个符号，那么符号所指代的意义远比符号本身重要得多。嘉祥地区出土了多块祠堂侧壁画像石，常出现名为"升鼎图"的画像，像嘉祥县洪福寺出土的画像石将观者的神态、跃水而出的龙头、井架楼复杂的结构等都刻画的细致入微，而像嘉祥县五老洼出土的几块画像石，刻画了了几刀，仅能分辨井口与观者。无论雕刻的繁简，它们对于这个"故事"本身的再叙述是相同的，对墓主人灵魂升仙的寓意也是相同的，汉代人仅凭"升鼎图"特有的图像特征以及所在祠堂的空间位置就可以获得关于祠主"龙去鼎湖"的升仙意义。

第二章

石祠建筑的空间性

　　祠堂建筑空间的研究对象包括建筑整体、建筑构件、构件画面，地上建筑与地下墓葬建筑的关系，也包括相对观者而言的心理空间。所谓的建筑整体既包括长清孝堂山石祠、淮北洪山石祠等保存至今，建筑结构基本完整的汉代祠堂，也包括像宋山小石祠、嘉祥武氏三祠、铜山洪楼祠堂等经科学发掘、可以基本复原的祠堂。汉代中小型墓葬的石祠体量都不大，且造型大多为仿木质祠堂建筑形制，目前主要依据古代建筑的屋顶样式对汉代石祠进行类别划分。木构建筑"以立柱四根，上施梁、枋，牵制而成为一间"。通常石祠的大小取决于"间"的数量，两根立柱之间的空间称为一间，开间越多建筑的规模越大。如武梁祠属单开间建筑，铜山洪楼祠堂属双开间建筑，目前尚未见三开间及以上规模的石制祠堂，仅有郦道元对金乡李刚三开间石室的描述。而木质建筑可榫接的特性使得建造更多开间数成为可能，故宫太和殿就有十一开间之多。祠堂在立面上分为三部分，自上而下有屋顶、屋身和台基。早期建筑墙壁为夯土版筑，为保护墙壁和房基，屋顶造型硕大，具有出挑探远的特征，是石祠建筑最直观也是最重要的部分。根据王侯的建筑等级形成了由重檐庑殿顶、重檐歇山顶、单檐庑殿顶、单檐歇山顶、悬山顶、硬山顶从高到低的等级顺序，无"反宇"样式。汉代列侯及以上等级的陵园建筑多采用柱石结合的瓦顶结构，多为庑殿顶，而俸禄二千石以下官员及地方豪强的墓园建筑多使用悬山顶、硬山顶、平顶式、石鼓形等民间建筑样式。对于进深较大的建筑，屋顶会有一阶跌落，避免檐口低垂而造成采光不足和雨水侵蚀墙面，模仿木阙结构的沈府君阙的阙顶就有一阶跌落。

除此之外，帝王、诸侯、列侯的祭祀建筑与民间中小墓葬的石祠之间也有众多的差异和联系。《汉书·韦贤传》附子《韦玄成传》记载："而京师自高祖下至宣帝，与太上皇、悼皇考各自居陵旁立庙，园中各有寝、便殿。日祭于寝，月祭于庙，时祭于便殿。寝，日四上食；庙，岁二十五祠；便殿，岁四祠。"[1]西汉帝王的祭祀建筑建于陵旁，依据祭祀的对象和功能分为日祭的寝殿、月祭宗庙、时祭便殿三类建筑，每殿均有独立的院落和高礼制等级的主体建筑。河南省永城市芒砀山是西汉诸代梁王及王后的家族墓葬区，保安山 M1、M2 墓葬的陵园属诸侯王等级，陵园南北 900米、东西 750 米，内部除了刘武及后的墓葬还有大量陪葬墓、袝葬墓及地上建筑设施，其中刘武陵园的面积达 6600 平方米，包括南门、回廊、院落、寝殿、堂院等附属设施，主要祭祀建筑至少包括寝殿与宗庙。河南省安阳市有曹操高陵，曹操属东汉异性诸侯王，其高陵陵园院落南北 93.4米、东西 70 米，具有东北二门及神道，院内南侧有内部东西阔 18 米、南北进深 6 米，面阔 5 开间、进深 1 间的祭祀建筑。两汉已发现的列侯墓园数量众多，建造标准也差异较大，如南昌市西汉海昏侯刘贺墓园的建筑等级近似诸侯王，院墙有东西两面司马门，门外有阙，二号墓前有回廊、厢房和祠堂，一号墓前有高规格的寝殿，以及众多的陪葬坑和袝葬墓；也有像东汉晚期济南长清大觉寺济北国列侯家族墓园，墓室均为砖石混合构建，出土大量画像石，墓室结构简单空间狭小，但陪葬金银器、玉器、玉衣片数量众多，地上有木柱瓦顶型小型建筑遗迹，就墓园建筑规模而言甚至不及民间家族墓园的武氏墓地。而中小型墓园的祭祀建筑有些规模较大，但从礼制上和建筑规模上未有逾制之像，即便如徐州洪楼祠堂及长清孝堂山祠堂等规模较大的两开间建筑，依然采用悬山顶的民间建筑样式。因为京城对地方列侯丧葬礼制标准的管控，对诸侯、列侯丧葬逾制者的处理亦较为严苛。《汉书·景帝纪》就载有列侯去世时，朝廷派人吊祠，视丧事和立嗣等事宜，武原侯卫不害就因葬过律而被除国，家族也失去了王族特权，这使得从京城王室到地方大族都不敢在葬制上过逾半步，这也为

---

[1]　[汉]班固：《汉书》，中华书局 2015 年版，第 2692 页。

我们考察两汉墓葬地上设施提供了参考。

对于汉代祠堂建筑空间的复原，除了依据现存的石祠建筑样式，大量出土的陶楼、享堂等明器以及房屋类建筑的汉画像都可以为汉代不同种类祠堂的空间研究提供依据。山东临淄金岭镇一号东汉墓是齐地一座诸侯王墓，除了基石使用了两块再利用的画像石之外，还有出土了一座泥质灰陶的享堂（图2-1）值得关注。享堂面阔36厘米、进深28厘米、通高44厘米，为庑殿顶，顶上四面坡均密布瓦陇，有三面墙壁，檐下中间立有支撑柱，基座下有阶梯，且享堂周身施朱彩，有立柱和斗拱纹样。虽然庑殿顶用于宗教和宫廷建筑，与用于民间的悬山顶式建筑不同，但享堂三壁的结构、两开间中立柱的样式以及基座与地面的关系都给予民间的石祠建筑空间研究以帮助。

图2-1 淄博市临淄金岭镇东汉墓出土的陶质享堂

一、平顶式祠堂

平顶式祠堂一般体量较小，在鲁西南、苏北、皖北地区出现较普遍，大多属于低级官员和地主阶层的祭祀设施，不同地区此类祠堂的样式略有差别。平顶式祠堂未发现保存完整的，大多由再建墓的构石复原而来，包括蒋英炬先生复原的四座嘉祥宋山小石祠、刘尊志复原的汉王镇东沿村多座祠堂、邹城金斗山祠堂、滕州大郭祠堂、滕州西户口祠堂、微山两城祠堂等。在所有类型石祠中发现的平顶式石祠数量最多，山东地区博物馆收藏的画像石中很大一部分都是平顶式石祠的建筑构件，大多源自再建墓。石鼓形祠堂是平顶式祠堂的一种，以淮北市洪山石祠为代表，侧壁的石鼓造型具备明显的地域特征，与其他平顶式祠堂形成了不同的发展轨

图 2-2　郑岩绘制嘉祥县宋山小祠堂与封土关系示意图

迹，故给予单独分类阐述。平顶式祠堂的两侧山墙多为方形，小型祠堂多由整块石材雕琢，体量较大的祠堂可多石叠合，屋顶搭于两侧山墙之上，屋顶石可由一整块也可以由多块组成，屋顶石正面雕刻连檐瓦当，屋顶上方设屋脊石。为便于排水，屋顶石会雕刻有坡度，向一个方向排水称为"一出水"，向两个方向排水称为"两出水"。两山墙外侧连接墓垣，祠堂后部与封土连为一体（图 2-2）。

1. 嘉祥宋山平顶式祠堂

山东省嘉祥宋山四座平顶式祠堂（以下简称为宋山小石祠）是典型的平顶式房屋建筑，屋顶的瓦垄三面略低，形成四阿顶式的斜坡，郑岩先生依据祠堂与封土的位置关系绘制的关系图是我们认识这种平顶式祠堂在墓园中作用的重要依据。宋山平顶式祠堂是蒋英炬先生依据两次嘉祥满洞公社的汉墓发掘成果复原而来[1]，两墓属于再建墓，重复利用了多座地上祠堂构石，这些建筑构件原本属于某个家族墓园的四座小型祠堂。从保存下来的画像石来看，这些拆毁石祠的形制、体量、画面大多类似，一定程度上体现了嘉祥地区的石祠建造风格。相似的画像格套和雕刻技法表现出作坊式批量制作的特征。第一批构石出自同一座墓葬，1978 年秋季发现于嘉祥县满洞公社宋山大队村北宋山的斜坡上。墓室为石室墓，长 2.55 米、宽 1.1 米，墓顶叠涩六块长条石，两侧壁各竖置四块方形画像石块，画面用石灰覆盖，横向两头是两块方形石板，无画像。墓底铺七块石板基石，其中东壁下为几何纹饰的画像构石，西壁为雕刻有瓦垄的屋顶盖石倒置铺

[1] 蒋英炬：《汉代的小祠堂——嘉祥宋山汉画像石的建筑复原》，《考古》1983 年第 8 期，第 741-751 页。

设，其余石块无画像。墓室共清理出九块画像石，根据尺寸、雕刻技法和画像内容，这些画像石均为同一批祠堂建筑构件。第二批构石出自两座墓葬，于 1979 年冬在嘉祥县满铜公社宋山大队村北山坡发现。两座墓葬为石室墓，距发现的第一批墓室（编为一号墓)20 余米，两墓室（编为二号墓和三号墓）墓顶均已揭开，墓壁石块亦已部分移动，墓底、墓壁、墓顶都嵌着画像石，表面覆盖有石灰膏，与一号墓类似，墓室构石均为汉代祠堂构石拆除再利用。一号墓中八块构石尺寸接近，画面多以"西王母东王公""庖厨图""历史故事"等为主，属于四座小石祠的东西两壁。二号墓、三号墓共出土画像石二十一块，多为祠堂的后壁、基石及顶盖石（表 2-1）。

表 2-1　嘉祥县宋山大队村再建墓出土的二批画像石

序号	名称	尺寸	画像	属性	备注
1	第一石	纵73厘米、横68厘米	画分四层，第一层东王公及诸神，第二层乐舞，第三层庖厨，第四层车马出行	祠堂侧壁	宋山大队村再建墓M1第一批画像石
2	第二石	纵73-76厘米、横67厘米	画分四层，第一层西王母及诸神，第二层周公辅成王，第三层历史故事，第四层车马出行	祠堂侧壁	宋山大队村再建墓M1第一批画像石
3	第三石	纵69厘米、横64厘米	画分四层，第一层西王母及诸神，第二层季札挂剑，第三层二桃杀三士，第四层车马出行	祠堂侧壁	宋山大队村再建墓M1第一批画像石
4	第四石	纵69厘米、横67厘米	画分三层，第一层西王母及诸神，第二层历史故事，第三层车马出行	祠堂侧壁	宋山大队村再建墓M1第一批画像石
5	第五石	纵74厘米、横68厘米	画分四层，第一层为东王公及诸神，第二层为孔子见老子，第三层为庖厨，第四层为车马出行	祠堂侧壁	宋山大队村再建墓M1第一批画像石
6	第六石	纵60-70厘米、横64厘米	画分三层，第一层东王公及诸神，第二层庖厨，第三层车马出行	祠堂侧壁	宋山大队村再建墓M1第一批画像石
7	第七石	纵70厘米、横66厘米	画分四层，第一层西王母及诸神，第二层仙人六博，第三层孔子见老子，第四层车马出行	祠堂侧壁	宋山大队村再建墓M1第一批画像石

（续表）

序号	名称	尺寸	画像	属性	备注
8	第八石	纵73厘米、横67厘米	画分四层，第一层西王母及诸神，第二层历史故事，第三层历史故事，第四层车马出行	祠堂侧壁	宋山大队村再建墓M1第一批画像石
9	第九石	纵30厘米、横182厘米	垂幛纹、曲线纹、绳纹、斜线纹	前承檐枋石	宋山大队村再建墓M1第一批画像石
10	第一石	纵114厘米、横67厘米	画分四层，第一层一男子，第二层孔子见老子，第三层宰狗图，第四层车马出行	祠堂侧壁	宋山大队村再建墓M2第二批画像石
11	第二石	纵115厘米、横65厘米	画分两层，上层汉胡作战，下层斩蛇图	祠堂侧壁	宋山大队村再建墓M2第二批画像石
12	第三石	纵124厘米、横52厘米	画分五层，第一层施刑图，第二层孔子见老子，第三层乐舞，第四层车马出行，第五层斗虎图	祠堂侧壁	宋山大队村再建墓M2第二批画像石
13	第四石	纵111厘米、横56厘米	亭长捧盾	右墓门	宋山大队村再建墓M2第二批画像石
14	第五石	纵111厘米、横56厘米	辅首衔环	左墓门	宋山大队村再建墓M2第二批画像石
15	第六石	纵30厘米、横163厘米	云纹瓦当	檐脊石	宋山大队村再建墓M2第二批画像石
16	第七石	纵102厘米、横67厘米	柿蒂纹，叶间空隙处有八条鱼	屋顶盖石	宋山大队村再建墓M2第二批画像石
17	第八石	纵70厘米、横120厘米	柿蒂纹，八叶间有鱼四条，飞鱼两条，有翅似兔异兽一只，有翅似龙而仅长前足怪兽一只	屋顶盖石	宋山大队村再建墓M2第二批画像石
18	第九石	纵61厘米、横139厘米	柿蒂纹，八叶间隙饰鱼八条	屋顶盖石	宋山大队村再建墓M2第二批画像石
19	第十石	纵64厘米、横144厘米	柿蒂纹，八叶间饰鱼八条，其中三条为鲇鱼，五条为草鱼	屋顶盖石	宋山大队村再建墓M2第二批画像石
20	第十一石	纵65厘米、横122厘米	柿蒂纹，八叶间刻鹿头带翅奔兽一只，长尾鸟一只，鱼和飞鱼共六条	屋顶盖石	宋山大队村再建墓M2第二批画像石
21	第十二石	纵24厘米、横188厘米	羊头，羽人	基石	宋山大队村再建墓M2第二批画像石
22	第十三石	纵31厘米、横130厘米	垂幛纹、斜线纹、水波纹、绚纹	前承檐枋石	宋山大队村再建墓M2第二批画像石
23	第十四石	纵71厘米、横120厘米	拜谒射鹊图	祠堂后壁	宋山大队村再建墓M2第二批画像石

（续表）

序号	名称	尺寸	画像	属性	备注
24	第十五石	纵74厘米、横120厘米	拜谒射鹊图	祠堂后壁	宋山大队村再建墓M2第二批画像石
25	第十六石	纵70厘米、横120厘米	拜谒射鹊图	祠堂后壁	宋山大队村再建墓M2第二批画像石
26	第十七石	纵74厘米、横120厘米	拜谒射鹊图	祠堂后壁	宋山大队村再建墓M2第二批画像石
27	第十八石	纵27厘米、横187厘米	狩猎图	基石	宋山大队村再建墓M2第二批画像石
28	第十九石	纵26厘米、横134厘米	西王母、六博	基石	宋山大队村再建墓M2第二批画像石
29	第二十石	纵21厘米、横133厘米	兽首、人首	基石	宋山大队村再建墓M2第二批画像石
30	第二十二石	纵129厘米、横52厘米	画分三层，上层刻四个戴冠男子持牍而立，中层及下层为车马出行	祠堂侧壁	宋山大队村再建墓M3第二批画像石
31	第二十三石	纵43厘米、横165厘米	垂幛纹、菱纹	前承檐枋石	宋山大队村再建墓M3第二批画像石
32	第二十四石	纵31厘米、横188厘米	垂幛纹、绚纹、水波纹	前承檐枋石	宋山大队村再建墓M3第二批画像石
33	第二十八石	纵68厘米、横109厘米	柿蒂纹，间空隙处都刻双鱼，右边刻隶书一行："阳遂富贵，此中人马皆食太仓，饮其江海"	屋顶盖石	宋山大队村再建墓M3第二批画像石
34	第二十九石	纵68厘米、横107厘米	柿蒂纹，三边均刻鱼两条，另一边刻两个人首蛇身有翅的怪物，左方题刻"永寿三年"题记	屋顶盖石	宋山大队村再建墓M3第二批画像石
35	第三十石	纵81厘米、横187厘米	双龙盘缠，左方刻一条鱼上方有日轮月轮。	屋顶盖石	宋山大队村再建墓M3第二批画像石
36	第三十一石	纵68厘米、横109厘米	柿蒂纹，叶间所刻双鱼	屋顶盖石	宋山大队村再建墓M3第二批画像石

这四座石祠的三壁构石画面体现了一定的一致性。二号石祠复原最为完整，祠堂坐北朝南，西壁上层刻"西王母及诸神图"，中间两层为"乐舞图"和"庖厨图"，下层为贯穿三壁自东向西行进的车马队伍；东壁上层为"东王公及诸神图"，中间两层为"周公辅成王图"和"骊姬下毒"（图 2-3）。嘉祥县五老洼、纸坊镇、齐山等地也零散出土了许多石祠构件，东壁常常刻画有"周公辅成王""孔子见老子"和"升鼎图"等画面，有的东壁构石三图均有刻画，有的三者选二或一。祠堂中间的后壁上层

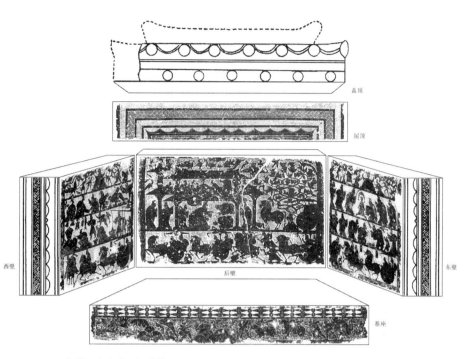

图 2-3　嘉祥县宋山小石祠结构图

是"楼阁拜谒图"，下层是贯穿三壁的"车马出行图"。这座祠堂的画像尺寸、内容、布局、雕刻技法与其他三座祠堂极为相似，其图像绘画与雕琢的工匠明显来自同一个石工团队，而宋山周边发现的祠堂画像石也基本体现了相似的图像格套和技法。这批建筑构石的一致性体现出手工作坊批量制作的特性，这也表明在汉代嘉祥地区有发达的石雕手工产业，有一个或数个辐射周边地区的石雕加工作坊，每个作坊会预先制作好结构、画像基本相同的一批墓葬建筑构件供用户选择和搭配，这使得发掘出来的这一时期的墓葬地上设施体现出一定的一致性。这种石雕加工的产业化模式也塑造了嘉祥地区汉画像的区域化传统，在嘉祥周边还同时存在着微山、滕州、邹城、诸城、临沂等众多特征鲜明的石雕加工作坊，形成了不同的汉画像的区域化传统。

　　需要指出的是，对于这一类石祠画像石的研究成果较为丰富，很多学者已经开始从汉代人丧葬的视角去审视这些耳熟能详的画面，像邢义田先生的专著《画外之意——汉画像孔子见老子研究》一书在图史互证的基础上指出了"孔子"和"老子"在葬仪中所指代的意义。宋山的四座石祠因为结构和画像的一致性及所体现出来的规模化加工的特点，其画像内容对于揭示汉代人的丧葬礼制具有一定的普遍意义。如果从汉代的葬仪和神鬼观来看，三壁最下方的"车马出行图"寓意自东向西护送墓主人灵魄进入阴间的宅邸，而行进的方位也指向了昆仑神山所代表的西方，北壁中心的楼阁是想象中墓主人的厅堂，墓主人在这里接受看守墓园的园寺舍吏的拜谒。《后汉书·安城孝侯赐传》记载：“帝为营冢堂，起祠庙，置吏卒，如春陵孝侯。”[1]《汉书·霍光传》记载：“光薨……起冢祠堂，置园邑三百家，长丞奉守如旧法……至成帝时，为光置守冢百家，吏卒奉祠焉。”[2]《文献通考》记载：“章帝敬陵……无周垣，为行马，四出司马门，石殿、钟虞在行马内，寝殿、园省在东，园寺吏舍在殿北。”[3]从西汉到东汉的帝陵和诸侯王陵园都有修建宗庙、寝殿、便殿的惯例，墙垣一侧或外侧会有园寺吏舍，即守陵吏卒的住所，墓主灵魄到达寝殿后会接受吏卒的迎接和拜谒，这也就是“拜谒图”的核心意义。当然，像宋山小石祠这种中小型墓葬祠堂的墓主并不具备逾礼制修建大型墓园、设置守陵吏卒的地位，但“拜谒图”的画像寄寓了墓主人逝后能够享受王侯般礼遇的愿望。墓主人在具备“王”的身份之后就可以像帝王先贤一样在仙人的指引下骑上扶桑树下的天马升天成“神”。而升仙之路需要的几个辅助程式通常体现在祠堂东西两壁的画像中，西壁有举办“娱西王母”的乐舞仪式和宴享诸神的盛宴；东壁有汉代丧葬礼俗中以“孔子见老子”“周公辅成王”“升鼎图”所暗喻的“孔子择日”“周公相地”“登龙升仙”的助葬过程。嘉祥地区的平顶式石祠画像主要反映了从世俗化的宗教视角向祭祀者展示墓主人的“魂”从进入阴间到上天升仙的全过程，寄托了生人对逝者未来美好生活的夙愿。

2. 邹县金斗山平顶式祠堂

山东省邹县西南高庄公社金斗山附近发现一座汉墓，出土画像石六石，画面五幅，浅浮雕，画像收录于《山东汉画像石选》。此墓属利用石祠构件的再建墓，其中五石属同一地上祠堂建筑，分别为三壁石及顶盖石，缺少底部基石，不确定是否有屋脊石，可复原为一座平顶式祠堂（图2-4）。第一石面纵106厘米、横165厘米，属祠堂后壁石。画面周圈有两层边栏，凿斜线纹，三圈实线分割；上方中心偏左有一人跽坐，手持一物，中有云气生出，两侧有五人持牍拜谒，右侧有一只大鳖，其左有一人

[1] ［宋］范晔撰、［唐］李贤等注：《后汉书》，中华书局1999年版，第376页。
[2] ［汉］班固：《汉书》，中华书局2015年版，第2553–2562页。
[3] ［元］马端临撰：《文献通考·王礼十九》，中华书局1986年版，第1119页。

持盾；下方中心是二兽驮建鼓，二人击鼓，上方羽葆飘扬，周边有羽人及瑞兽，下方左右两侧有二辆车相对驶来，右侧一人躬迎。第二石面纵104厘米、横95厘米，属祠堂西壁石。画面周圈有两层边栏，凿斜线纹，三圈实线分割；上方西王母头戴胜中间端坐，两侧有男女侍从手持便面坐于两侧，周边有鹊鸟环绕；下方有九尾狐、鹿，左行翼龙回首，上行的四足兽，下方左侧为巨大的翼虎，右侧为螺身人首神。第三石面纵104厘米、横101厘米，属祠堂东壁石。画面周圈有两层边栏，凿斜线纹，三圈实线分割；上方东王公头戴三山冠于中间端坐，两侧有四人持牍拜谒，两侧有鹊鸟环绕；中间为一巨大的翼虎，后方有鸵鸟；下方中心有翼虎回首，左侧有比肩兽和大象，右侧有狮子及四足兽。第六石面纵162厘米、横190厘米，属祠堂顶盖石，由左右两石组成，无边栏。中有一月轮，内有蟾蜍，周围有双龙、凤鸟、双鱼、翼虎、羽人戏兽及奇禽异兽所生活的神仙世界。

金斗山祠堂画像的布局特点明显，每一壁画面由几个具有统一主题的组画像构成，这些组画像未使用界格，通过之间的疏密布局自然分割画面，又彼此保持着联系。在苏北以及鲁南地区的祠堂及墓室画像常采用类似的布局方式。画像石有三种分割画面的方式：第一种包括邹城地区祠堂、微山地区祠堂、淮北石鼓形祠堂、南阳画像石墓、四川地区崖墓以及部分石椁等，每一石即为一幅画面，按照组画像的疏密布局来区分画面；第二种是以单线界格来分割画面，包括嘉祥地区祠堂、武氏家族祠堂等绝大部分祠堂及画像石墓；第三种是以边栏纹饰分割画面，如沂南北寨汉墓、济宁防山镇梁公林汉墓、曲阜西颜林汉墓以及鱼台武塘村石椁墓等。不同地区盛行不同的分割画像方

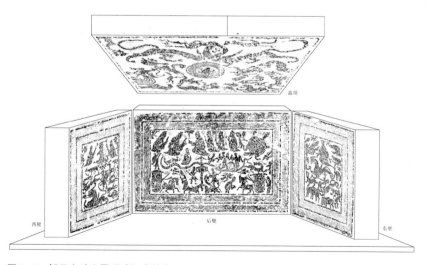

图2-4　邹县金斗山平顶式祠堂结构图

式，这也是汉画像区域性风格的特征之一。汉画中界格的作用是将复杂的画像内容条理化。绝大部分界格为横线，采用水平线以分层的方式划分画像内容，每一层的画像内容具有统一主题，层与层之间的画像也有密切的逻辑关系。有些如宋山再建墓出土的第二批后壁石，壁面的"拜谒图"以楼阁的楼层作为界格区分画像内容，构图巧妙自然。画像中的界格多为横线，极少使用竖线，在"拜谒图"中重楼建筑的外立面或两侧楼阙的外立面充当了竖界格的作用，将两侧的"射鹊图"与"拜谒图"分割开来。邹县师范学院汉墓中有一幅"乐舞图"，以建鼓上斜拉的两根绳索自然分割画面；沛县古泗水出土的石椁上有"田"字界格分割画像；朱鲔石室以枋柱的结构为界格自然分割画面，宴饮的画像内容与枋柱之间自然形成了远近的透视关系。此外，界格的使用方式不作为石椁墓、画像石墓及地上祠堂、墓阙的时代判断标准。西汉早期的石椁画像具有无界格与有边栏界格同时存在的状况，墓室和祠堂画像也是如此，例如无画像界格的微山两城镇永和元年祠堂的建造时期就晚于有画像界格的东沿村永初二年祠堂。

3. 徐州铜山县汉王镇东沿村平顶式祠堂

汉王镇东沿村平顶式祠堂由两座再建墓构石复原而成，建筑配件较为完整，类型与临近的嘉祥宋山石祠基本一致。两座墓葬均出自东沿村，第一座墓葬发现于1986年东沿村北山丘南侧，墓室埋藏较浅，部分墓室构石已经被破坏，其中出土画像石十块，大多属于地上石祠建筑构件，为再利用汉代祠堂构件的再建墓。第二座墓葬发现于1992年东沿村东侧1公里，共出土画像石构件六块，均为地上祠堂建筑构件（表2-2）。第一批出土的画像石中有九块尺寸接近，均在65—75厘米之间，画面为剔地浅浮雕，画像内容大多表现乐舞、庖厨、车马出行等内容，构石尺寸和画像内容与宋山小石祠接近，应为平顶式祠堂的左右侧壁。另一块画像石尺寸较宽，画像表现主题为楼阁拜谒，即为本次复原祠堂的北壁构石。这两批画像石的出土方式、画像内容及构石尺寸均与嘉祥宋山石祠极为相似，这表明济宁的嘉祥县与徐州的铜山县有相似的祠堂建筑传统，两地的画匠及工匠有明确的技艺传承或传播路径，这使得相隔几百里的地区出现了相近的石祠建筑。同时，两地也拥有发达的石材加工的手工业，像第一批画像石中的第七、八石画像均分三格，分别表现庖厨和车马出行的内容，甚至连食材悬挂的位置、餐具摆放的位置均一致；同样，第一批画像石中的第四、五石的画像分三格，两石表现的踞坐女眷、仙人六博、侍者的画像内容基本一致。一方面，说明铜山县的石材加工作坊批量制作了一批形制、画像一致的墓葬建筑成品供丧家采购，这导致了这一地区时代相近墓葬的地上石祠建筑形制基本一致；另一方面，东沿村有可能存在一处或几处规模巨大的家族性墓园（规模超过1公里），形制接近的地上石祠均来自同一石材加工作坊。

表2-2　铜山县汉王乡东沿村再建墓出土的两批画像石

序号	名称	尺寸	画像	属性	备注
1	第一石	纵72厘米、横72厘米、厚24厘米	画分四层，第一层羽人等仙界情景，第二层人物踞坐，第四层乐舞，外立面有三层画像	祠堂侧壁	1986年东沿村再建墓第一批画像石
2	第二石	纵78厘米、横75厘米、厚24厘米	画分四层，第一层有兽首人身神及容成公，第二层老莱子娱亲，第三层人物踞坐，第四层人物侍立，外立面有三层画像	祠堂侧壁	1986年东沿村再建墓第一批画像石
3	第三石	纵78厘米、横75厘米、厚26厘米	画分二层，第一层庖厨，第二层乐舞，外立面有楼阙	祠堂侧壁	1986年东沿村再建墓第一批画像石
4	第四石	纵79厘米、横74厘米、厚20厘米	画分三层，第一层人物踞坐，第二层乐舞，第三层庖厨，外立面有楼阙，下有执戟武士	祠堂侧壁	1986年东沿村再建墓第一批画像石
5	第五石	纵78厘米、横72厘米、厚21厘米	画分三层，第一层庖厨，第二层庖厨，第三层车马出行，外立面有楼阙，下有执戟武士	祠堂侧壁	1986年东沿村再建墓第一批画像石
6	第六石	纵77厘米、横71厘米、厚23厘米	画分三层，第一层人物踞坐，第二层仙人六博，第三层人物侍立，外立面有楼阙，上有二鹤	祠堂侧壁	1986年东沿村再建墓第一批画像石
7	第七石	纵75厘米、横65厘米、厚22厘米	画分三层，第一层人物踞坐，第二层仙人六博，第三层人物侍立，外立面有楼阙，上有二鹤	祠堂侧壁	1986年东沿村再建墓第一批画像石
8	第八石	纵75厘米、横65厘米	画分三层，第一层庖厨，第二层庖厨，第三层车马出行，外立面有楼阙，上有一鹤，下有执戟武士	祠堂侧壁	1986年东沿村再建墓第一批画像石

（续表）

序号	名称	尺寸	画像	属性	备注
9	第九石	纵74厘米、横94厘米	画面正中为一屋宇，屋顶立一凤凰，屋内宾主宴饮，二侍者立于门侧，屋外两侧有扶桑树	祠堂后壁	1986年东沿村再建墓第一批画像石
10	第十石	纵69厘米、横71厘米、厚20厘米	画分三层，第一层杂技，第二层乐舞，第三层庖厨，外立面有楼阙，上有二鹤，下有武士	祠堂侧壁	1986年东沿村再建墓第一批画像石
11	第一石	纵77厘米、横73厘米	画分二层，第一层宴饮，第二层乐舞	祠堂侧壁	1992年东沿村再建墓第二批画像石
12	第二石	纵100厘米、横83厘米	伏羲女娲，不分栏	屋顶石	1992年东沿村再建墓第二批画像石
13	第三石	纵100厘米、横42厘米	凤鸟、羽人、神树与瑞兽，不分栏	屋顶石	1992年东沿村再建墓第二批画像石
14	第四石	纵80厘米、横63厘米	画分二层，第一层楼阁会客，第二层车马出行	祠堂侧壁	1992年东沿村再建墓第二批画像石
15	第五石	纵70厘米、横63厘米	画分二层，第一层楼阁拜谒，第二层庖厨	祠堂侧壁	1992年东沿村再建墓第二批画像石
16	第六石	纵90厘米、横66厘米	画分二层，第一层楼阁宴饮，第二层人物踞坐	祠堂后壁	1992年东沿村再建墓第二批画像石

所复原的这座平顶式石祠推测为坐北朝南，由东西两壁及北壁组成（图2-5），按照淮北石鼓形祠堂和嘉祥宋山祠堂的建筑形制，该石祠还缺少底部供案基石和屋顶盖石，不确定是否还有屋脊石。西壁为第一批第五石，高78厘米、宽72厘米、厚21厘米，画面分三格，上层为七位女性观者踞坐；中间为二人六博对弈，左边有二位观者，后有一侍者手持便面；下层为四位体型巨大人物恭手而立，应为历史中的先贤名士，身后有四位身材矮小的侍者。东壁为第一批第八石，高74厘米、宽65厘米，画面分三格，前二层为"庖厨图"，上层为宰杀加工场景，下层为烹

图2-5 铜山县汉王镇东沿村平顶式祠堂结构图

饪场景；下层为"车马出行图"，右侧有官吏拱手恭迎。两壁侧面均有画面，每壁均有一重阙，阙檐立有一展翅凤鸟，阙下立有一持戟武士，两武士对面而站。两侧壁立面画像具有了门楣柱石的意向，石祠两壁立面象征着墓园的阙门。后壁为第一批第九石，高74厘米、宽94厘米，画面中心是四阿顶式建筑，屋内端坐二人，中间置樽、耳杯等，应为墓主夫妇，像龛位一样接受子孙祭祀，屋顶立有一展翅的鹊鸟，两旁各有一棵扶桑树，树上有二鸟盘旋。因为这些祠堂构石出自再建墓，无法确定石祠所对应的墓室位置，相关的其他地上设施也无从考证，但从仅存的石祠构件来看，相对武氏三祠这一类专门定制的祠堂，墓主人家族所购制的祠堂属批量制品，结构简单、尺寸较小，价格较低，墓主人或在地方为官或为地主豪强阶层。此外，第一批第十石刻有题记："元和三年三月七日三十示大人子（侯）世子豪（高）行三年如礼治冢石室直（值）□万五千"[1]。为了彰显后辈的孝心，石祠、石阙上的题记常会夸大建造价值，如微山两城永和二年祠堂题记"永和二年太岁在卯，九月二日，□乡广里浃□昆弟男女四人，少□□□，复失慈母，父年□时经有钱刀自足，思念父母，弟兄悲哀，乃治冢作小食堂传孙子，石工刑□□□□□财弗直万"[2]；莒南东兰墩元和二年孙氏阙刻有"元和二年正月六日，孙仲阳、仲升父物故，行丧如礼，刻作石阙，贾直万五千"[3]。题记中的作价切不可当作石室的真实价值或衡量汉代物价水平的标准。

汉王镇东沿村除了1986年、1992年这两批墓葬出土的十六件小石祠构件，还有1992年在汉王乡与淮北市交界处征集到的一座形制完整的小祠堂，无题记，称为汉王镇无纪年小祠堂；2005年又发现二块石祠建筑构件，其中题记刻有"延平元年"，所复原祠堂称为汉王镇东沿村"延平元年（106年）"小祠堂。汉王镇东沿村发现的这十余座小石祠表明，在东汉永平四年（61年）到延平元年（106年）此地为一处或几处家族式墓园，形成了以平顶式小石祠为基本形制的地上建筑祭祀传统。

4.淮北市"上海餐厅"平顶式祠堂

2006年12月，在安徽省淮北市原"上海餐厅"建筑工地发现一处

[1] 燕林、国光：《徐州发现东汉元和三年画像石》，《文物》1990年第9期，第64-73页。

[2] 杨爱国：《幽明两界——纪年汉代画像石研究》，陕西人民美术出版社2006年版，第50页。

[3] 杨爱国：《幽明两界——纪年汉代画像石研究》，陕西人民美术出版社2006年版，第42页。

东汉早期汉画像石墓，共出土九块画像石构件，其中五块画像石属墓室墓门构件，包括门楣横石、门立柱石、门扉石，形制完整未有缺失；另有四块画像石"日月苍龙图""楼阁拜谒图""东王公西王母图（原报告名称）""建鼓乐舞图"作为墓室前室顶板，根据画像石内容应该属于墓上附属建筑遗迹，可以复原为小型单开间平顶房屋式建筑（图2-6）。第一石为"楼阁拜谒图"，高64厘米、宽128厘米、厚20厘米，属祠堂后壁；第二石为"建鼓乐舞图"，高64厘米、宽63厘米、厚32厘米，为右壁立石；第三石为"东王公西王母图"，高64厘米、宽63厘米、厚37厘米，为左壁立石；第四石为"日月苍龙图"，前边127厘米、后边86厘米、厚31厘米，为顶盖石。其中第二石和第三石外侧立面有菱形纹、柿蒂花纹，与宋山小石祠外立面一样除了装饰祠堂外立面还起到门框立柱石的作用，祠堂亦按此复原。第三石的楼阁屋顶上立有一"鸮"，"鸮"同"枭"，即为"鸱鸮"，东汉朱穆称"北山有鸮，不洁其翼"[1]，预示着黑夜、梦幻、死亡，意味着逝后的"长夜"。屋顶之"鸮"应与屋内二人有所关联，但笔者认为没有相近的格套或榜题证明屋里端坐的二人是"东王公与西王母"，东王公与西王母像大多分居祠堂东西山墙的顶端，这种构图却类似"楼阁拜谒图"，楼阁上层与下层均有二人对坐，多为墓主人夫妇的形象。在皖北和苏北地区发现多处类似第三石画像的汉代祠堂构石，具备典型的区域性特征。

在汉代，立于屋顶上的鸮对丧葬有重要的意义。鸮

图2-6　淮北市"上海餐厅"平顶式祠堂结构图

与枭同义，均是猫头鹰的俗称。鸮在商周时期有不同的含义。鸮是商代的

[1] 余冠英：《汉魏六朝诗选》，中华书局2022年版，第12页。

图腾，《诗经·商颂·玄鸟》曰："天命玄鸟，降而生商。"[1]殷武丁之妻妇好墓中出土了一件青铜鸮尊，这尊祭祀先祖、神祇的铜尊以鸱鸮作为主要形象，表现出鸮对于商代祭祀的重要意义，同时墓中也出土了多块鸮纹玉器。河南小南张出土商晚期的青铜徙觥，腹部铸有鸱鸮纹，也是祭祀酒器。鸮作为图腾在商统治区域具有崇高的地位，鸮的形象蕴含了沟通神祇的意义，模铸或雕刻有鸮纹饰的器物也与祭天相关。进入周代后，鸮的形象依然为人们所称赞，在《诗经·鲁颂·泮水》中描述鸮飞翔的状态是"翩"，其鸣叫是"好音"，"翩彼飞鸮，集于泮林，食我桑葚，怀我好音；憬彼淮夷，来献其琛，元龟象齿，大赂南金"[2]。《庄子·秋水》则称赞鸮善夜视，能"察毫末"，"鸱鸺夜撮蚤，察毫末"[3]。鸮与枭同义，而周代很多文献中的枭成为不详征兆的代名词，在文学作品中意为贬义。《尚书·吕刑》记载："蚩尤惟始作乱，延及于平民；罔不寇贼鸱义，奸宄夺攘矫虔。"[4]《诗经·国风·墓门》曰："墓门有梅，有鸮萃止。"[5]枭的形象在周代已经深入人心，在《山海经》中有多处用"其状如枭"的用语描述能够带来灾害的不可名状的怪兽，《山海经·南山经》记载："有鸟焉，其状如枭，人面，四目而有耳，其名曰颙，其鸣自号也，见则天下大旱。"[6]《山海经·西山经》记载："鼓亦化为鵕鸟，其状如鸱，赤足而直喙，黄文而白首，其音如鹄，见即其邑大旱。"[7]商周之际人们对于鸱鸮观念的转变，可能是因为朝代更迭所带来的信仰变化。殷商时期对鸮的崇拜可能是源自更久远的红山文化。殷商时期，周是其东方的一个封国。当周武王建立西周时必然会因"天赋神权"而强调统治的正统性，商纣因为统治昏庸失道而失去天下，其所宣扬的文化和信仰的神祇通通废止，商朝信奉的沟通上天的主神转变为阴间和死亡的不祥象征。

汉代继承了春秋战国的思想文化，又赋予枭以新的含义。《汉书·郊祀志》记载："古天子常以春解祠，祠黄帝用一枭、破镜。"颜师古注云：

[1] 袁愈荌译注：《诗经全译》，贵州人民出版社 1991 年版，第 490 页。
[2] 袁愈荌译注：《诗经全译》，贵州人民出版社 1991 年版，第 479 页。
[3] 张耿光译注：《庄子全译》，贵州人民出版社 1999 年版，第 284 页。
[4] 李学勤主编：《十三经注疏·尚书正义》，北京大学出版社 1999 年版，第 535 页。
[5] 袁愈荌译注：《诗经全译》，贵州人民出版社 1991 年版，第 172 页。
[6] [晋]郭璞：《山海经》，上海古籍出版社 2017 年版，第 21 页。
[7] [晋]郭璞：《山海经》，上海古籍出版社 2017 年版，第 53 页。

"孟康曰：'枭，鸟名，食母。破镜，兽名，食父。黄帝欲绝其类，使百吏祠皆用之。破镜如貀而虎眼。'如淳曰：'汉使东郡送枭，五月五日作枭羹以赐百官，以其恶鸟，故食之也。'师古曰：'解祠者，谓祠祭以解罪求福。'"[1]枭成为食母的恶鸟，是不孝的象征，成为祀黄帝的祭品，枭也成为一种处死后悬头的酷刑名称。值得注意的是，与周、汉两朝文献对于枭的描述相反，在诸侯王的墓葬帛画和民间丧葬的画像石中鸮反而成为一种祥瑞之神。西汉初期长沙国的马王堆一号、三号墓中各出土了一件 T 型帛画，上面的鸮形图案位于天界之上，明显是守护天界的主神。在嘉祥县武氏阙的东阙子阙北面有重楼的画像，屋檐一角立有一只鸮，周边环绕凤鸟等各色瑞兽；济南市历城全福庄画像石刻有一楼双阙，楼阁一层有一人启门，房檐上立有一鸮（图 2-7）；徐州市铜山汉王乡永平四年祠堂后壁石刻有"拜谒图"，屋顶中间立有一对鸮；萧县圣泉乡圣村 M1 东汉墓前室北壁画像中有二层楼阁，左下有一鸮首人身神[2]踞坐；萧县陈沟汉墓前室南耳室门楣石上，一鸮首人身神与牛首人身神踞坐于西王母身旁；萧

图 2-7　济南市历城全幅庄画像石局部

县博物馆藏一门楣石，鸮首人身神踞坐在捣药的玉兔身边。可见，在汉代丧葬传统中鸮是祥瑞的象征，是一种昆仑山上的辅神，守护在西王母身边，当墓主人去世后会立于屋上引领墓主人升仙。文献记载与丧葬实物表现出不一致性，这表明预示死亡之枭与引领升仙之鸮在汉代可能是不同的鸟兽。《诗经·大雅·瞻卬》记载："懿厥哲妇，为枭为鸱。"[3]《管子·内言·小匡》记载："夫凤皇鸾鸟不降，而鹰隼鸱枭丰。"[4]"为枭为鸱"和"鹰隼鸱枭"的表述说明"鸱""枭"与

[1]　［汉］班固：《汉书》，中华书局 2015 年版，第 1110 页。

[2]　对兽首人身神画像的论述可见《兽首人身神怪与十二次神》一章。

[3]　袁逾荽译注：《诗经全译》，贵州人民出版社 1991 年版，第 439 页。

[4]　谢浩范、朱迎萍译注：《管子全译》，贵州人民出版社 1996 年版，第 330 页。

"鹰""隼"类似，是体貌相近但种属不同的物种。可以推测，商朝祭祀天神的是鸱，周汉时期象征噩兆的是枭，汉代墓葬中引领升仙的神祇就是商周时期流传下来的鸱。在汉画像中除了引领升仙的鸱，还有仙人六博画像中隐含的"枭"。枭为敌方之子，行棋规则是行子得枭者胜，用其贬义。在《楚辞·招魂》记载："成枭而牟，呼五白些。"[1]《后汉书·张衡传》记载："咸以得人为枭，失士为尤。"[2]李贤注曰："枭犹胜也，犹六博得枭则胜。"鸱与枭是两个寓意相反的两个鸟类形象，但后来两字通用，原本的意义也已不详，在淮北市"上海餐厅"祠堂侧壁上的鸱即为引领墓主人升仙之意。《穆天子传》记载黄帝之宫位于昆仑山上，《郊祀志》记载需用鸱祭祀黄帝，推测东壁画像中的建筑是黄帝之宫，屋中端坐的人物即为黄帝，屋顶站立的鸱是黄帝氏族的图腾，整幅画像寓意了黄帝和鸱引领祠主人升仙，这是一幅典型的助葬图。

5. 日本东京国立博物馆藏孝堂山平顶式石祠

1907 年 3 月 27 日到 1908 年 2 月 5 日，沙畹在华北、西北地区考察时第一次拍摄了孝堂山下平顶式石祠的照片，日本学者关野贞在 1915 年出版的《東京帝国大学工科大学纪要》第八册第一号刊中撰写了《中国山东省汉代坟墓表饰》（支那山东省に於ける汉代坟墓の表饰）一文[3]，书中第一次刊登了这座平顶式石祠的部分拓片。目前，这座石祠左右侧壁及后壁收藏于日本东京国立博物馆，博物馆中还收藏了许多收录于傅惜华主编的《中国汉画像全集·初编·二编》中但下落不明的汉画像原石。孝堂山平顶式石祠位于长清孝堂山下，与那座双开间悬山顶石祠遥遥相对，坐北朝南，总残高 115 厘米，目前仅存三壁，基石、顶盖石、祭台石丢失，为减地平面线刻。

石祠西壁高 115 厘米、宽 57.6 厘米，内侧面及外立面均雕刻画像（图 2-8）。外立面画像分五格，第一层四位人物头戴进贤冠恭手站立；第二层四位女眷坐于屋下，屋檐上立有两只鹊鸟，下方有一只猿猴爬行；第三层为卷云纹饰边栏；第四层一女眷坐于桌前，桌上摆有果品，一只鹊鸟飞入屋中，桌上有一团祥云，画面内容应为历史故事；第五层有三位人物

[1] 林家骊译注：《楚辞》，中华书局 2009 年版，第 216 页。

[2] [宋]范晔撰、[唐]李贤等注：《后汉书》，中华书局 1999 年版，第 1286 页。

[3] [日]关野贞：《中国山东省汉代坟墓表饰》，《东京帝国大学工科大学纪要》1915 年第八册第一号。

头戴进贤冠拱手而立，画面二人物有榜无题。内侧面画像分五格，第一层有翼龙和翼虎各一只；第二层有七位人物站立，其中一人手持便面，有四个人物有榜无题；第三层刻有卷云纹饰边栏；第四层为墓主拜谒图，墓主坐于三围榻上，塌后有一侍从站立，前方一人跪拜，一人躬身，后面二人交谈，画面有三处有榜无题；第五层有七位人物站立交谈，一人手持便面，画面人物均有榜无题。此石两侧画像界格相互交错，画面没有贯通延续。石祠东壁高115厘米、宽59.7厘米，内侧面及外立面均雕刻画像，两侧画像贯通延续。外立面第一层为半蹲伏的神兽，相连内侧面画面漫漶不清，描绘了羽人戏兽的场景，第一层整体描绘了神界仙境；外立面第二层刻有两位人物，其一头戴斗笠手持耜，据武氏祠画像榜题推测应为三皇之一的神农氏，内侧面相对应的是六位头戴进贤冠的人物，有榜无题，第二层画像类似武梁祠西壁描绘的"三皇五帝"等历史上的帝王圣贤；外立面与内侧面第三层刻画有贯穿的云纹；外立面第四层为二位站立的人物，内侧面为"乐舞图"，中间有人物倒立表演杂技，两侧有十一位观者跪坐，周边有鹊鸟飞临；外立面第五层二位站立的人物，内侧画面为"庖厨图"。石祠北壁高115厘米、宽117厘米，画面四周刻有卷云纹边栏，内部分为四层。前两层为"车马出行图"，两对车马自东向西行进，送墓主人进入阴宅；最下层为"拜谒射鹊图"，墓主人在楼阁接受拜谒后，骑上院西扶桑树下的天马，登仙而去；第三层亦为卷云纹，三壁的横向卷云纹并不连贯。

从时代上看，孝堂山小石祠属于东汉晚期，晚于山顶的悬山顶石祠。这座石祠的雕刻技法与远在嘉祥的武氏祠和宋山小石祠一致，都是减地平面线刻，与孝堂山顶的悬山顶石祠的平

图 2-8　日本东京国立博物馆藏孝堂山平顶式石祠

图 2-9　日本东京国立博物馆藏孝堂山平顶式石祠构石

面阴线刻技法不同；同时壁面的雕刻内容，尤其是东壁第二层刻画了神农氏等帝王先贤画像，内容上与嘉祥武氏祠极为相像，可能是这座小石祠的家族聘请了嘉祥地区的石工制作了墓室和祠堂。需要特别注意的是，石祠东西两壁的厚度明显不一致，西壁要厚于东壁；三壁画像的横向界格并非水平对应，西壁外立面和内侧面的界格也不对应，甚至作为三壁画像主要分割的卷云纹边栏也没有水平对应。很难想象花费家族大量人力、物力制作的墓祠会出现多处明显瑕疵和拼凑的问题，尤其是在看重孝道、以举孝廉为仕的汉代，地上祠堂会修建得如此随意。笔者认为日本东京国立博物馆所藏的孝堂山小石祠并非原配构石，孝堂山下应是一座家族墓园，像宋山石祠一样，存在多座时代相近、雕刻技法雷同的平顶式石祠，在部分残毁后当地人挑选了残存的三个尺寸接近的构石，重配了小石祠，后经日本人带出国门。在日本东京国立博物馆还收藏一块与这座小石祠雕刻工艺一致的祠堂构件（图 2-9），高 43 厘米、宽 53.5 厘米，与宋山几座石祠一样，体现了地方手工作坊批量加工的痕迹。

二、石鼓形平顶式祠堂

"抱鼓石"原为住宅门槛内外两侧稳固门扉转轴的一个功能构件，起到固定门柱的作用，形似鼓而得名。石鼓形祠堂属于平顶式祠堂的一种，因左右两侧壁构石类似于建筑大门旁的两块抱鼓石门墩而得名。石鼓形祠堂主要集中于安徽省北部的淮北市以及江苏省北部的徐州市等毗连区域。尤其是淮北市，从 20 世纪 80 年代迄今，在基础建设中出土了数量可观的这类祠堂构件，大多保存有祠堂及其他地上建筑设施的原始状态，虽有部分破碎或盗取，很多可以复原出祠堂原始样子。石鼓形祠堂体量较小，结构比较简单，多由左右侧壁石、后壁石、基石和顶盖石组成，像淮北市洪山石鼓形祠堂、相山公园石鼓型祠堂都具有前堂后龛的结构，属于这一地区结构较复杂的石祠类型。与平顶式祠堂及所属封土的关系类似，石鼓形祠堂后部与封土结合，两侧壁延伸出墓垣保证坟丘牢固，防止水土流失。某些祠堂周边还具有双重墙垣、砖瓦建筑基石等遗迹。

1. 安徽省淮北市洪山石鼓形祠堂

2019 年 1 月，安徽省淮北市相山区淮北大唐发电厂西侧的洪山南坡粉煤灰池水沟内发现几块裸露的画像石建筑构件，后清理出两座汉代石鼓形祠堂，C1 保存基本完整，C2 仅存几块祠堂建筑构件。发现的 C1 与 C2 祠堂大小和形制基本相同，侧壁立石具有典型的"石鼓"特征。祠堂后接封土，在两祠堂之间发现有残存的墙垣，说明两祠有各自的坟丘但位于同一个墓园之内，应为同一时期修建的家族墓园，两祠的主人应为分属不同家庭的同族人员。

C1 祠堂坐北朝南，方向 185°，面宽 162 厘米，南

图 2-10 淮北市洪山石鼓形祠堂 C1 线描图

北长 152 厘米。祠堂为单开间平顶式建筑，后壁开有一龛，后龛形制与武氏祠前石室、左石室相近，开间铺地基石高于后龛铺地基石（图 2-10）。开间内宽 125 厘米、进深 79 厘米、高 78 厘米；后龛内宽 79 厘米、进深 50.5 厘米、高 51.5 厘米。建筑整体由九块石质构件组成，依次为前室盖顶石一块、前室左右侧壁石二块、前室基石一块、后龛盖顶石一块、后龛左右侧壁石二块、后龛后壁石一块、后龛基石一块。其中刻有画像的石质构件七块，画像共十一幅。淮北地区石鼓形石祠的形制和画像具有明显的地域性风格，基本类型由左右侧壁石、后壁石、顶盖石和基石组成，C1

石祠和相山石祠在后壁上增加了后龛。画像配置如宋山小石祠、嘉祥武氏祠一样，拜谒、射鹊、车马出行等画像内容分布于石祠的内龛后壁、左右侧壁内侧，将墓主人进入阴宅、接受寺园舍吏拜谒，然后骑马登仙的过程展示给观者。其余位置大多描绘神仙世界，例如后龛顶石外面两侧刻有接受跪拜的西王母和东王公，中间有九尾狐、三足乌、玉兔捣药和天马；顶盖石瓦当下檐刻画有羊首、鱼和麒麟；两侧石鼓形侧壁外立面刻有厥张、龟、翼龙和翼虎。前室基石上刻有耳杯造型，应为祭祀时呈放贡品的祭台。

C2 祠堂早期遭到破坏，发现时已残缺不全，其建筑形制和布局与 C1 祠堂相同，为前室后龛。原址仅存祠堂基石二块，左侧抱鼓石一块，残缺一半的前盖顶石一块，后龛盖顶石一块。C2 祠堂朝向正东，有墓垣间断与 C1 祠堂相连，之间相距不到 2 米。C2 祠堂东西残宽 148 厘米、南北残长 131 厘米。开间内宽 125 厘米、进深 70 厘米、高 84 厘米。后龛内宽 80 厘米、进深 50 厘米、高 51.5 厘米。C2 祠堂由五块石质构件

图 2-11　淮北市相山公园石鼓形祠堂发掘现场

组成，其中刻有画像的三块，画像共四幅。

2.安徽省淮北市相山公园石鼓形祠堂

2020 年 5 月，淮北市相山公园石鼓形祠堂发现于淮北动物园相山主峰东南山坡上，祠堂损坏严重，大部分建筑构件丢失，保留有祠堂构件四块和墓垣构石二块，包括前堂顶盖石、前堂右侧壁石、前堂基石、后龛基石、墓垣墙盖顶石及墓垣墙石（图 2-11）。祠堂面朝东南，为永元八年（96 年）石鼓形平顶祠堂，具有前堂后龛的布局，整体尺寸为南北长 257 厘米、东西残宽 140 厘米、高 183 厘米，是淮北地区整体体量较大、结构

较复杂的石鼓形祠堂。因为祠堂构石附近叠加有明确的墓垣构石，表明此类单开间石祠与封土紧密贴合，封土覆盖石祠的后半部分构石糙面，两侧壁石外接墓垣，

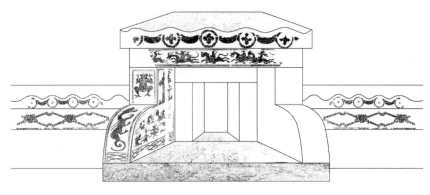

图 2-12　淮北市相山公园石鼓形祠堂复原图

形成石祠、墓垣、封土一体化的地上祭祀设施（图 2-12）。遗址未发现封土、墙垣、神道、散水等其他地上辅助设施，该祠堂与墓室应为对应关系，是一祠一坟构型。

前堂顶盖石是平顶型，残长 220 厘米、宽 72 厘米、厚 43 厘米，朝外一侧刻有瓦垄和连檐瓦当，瓦当面刻柿蒂纹，瓦当下檐有五组仙人、羽人骑兽出行，仙人手持钢鞭骑虎居中，其余三位兽面人身神人分局两侧，羽人居前。顶盖石底部刻有一篇一百五十七字隶书的题记："永元八年十月，癸卯朔十三日乙卯，都乡平基里孝子渡大公，三□，六年十二月五日终，七年三月九日葬，大公身独无弟兄，思慕惟无用报父母恩，慕使石工相蒋石子、砀高次等十五人采石垒冢、为食室，功劳费用凡值钱三十二万三千，传告后子孙毋得败坏，□以报慈父之厚恩。后世贪财不顾义，欲坏厝，皆天所不覆、地所不载，宜思利害。时太岁在丙申谷旦五十。此内刻画□上下□□□□皆食大仓。"[1]题记记述十五名石工完成了墓室、祠堂的修建，花费达三十二万三千，表明建祠的目的是"传告后子孙"及"报慈父之厚恩"。前堂右侧壁石为石鼓形，高 140 厘米、宽 133 厘米、厚 40 厘米，尺寸较洪山石鼓形祠堂略大，可以进一人蹲伏。石祠内外侧面及正立面均有画像，三面下沿有横向贯通的穿壁纹。外侧面画像无界格，可分为三组，上方为二人骑马张弓对射；中间车马队伍自后向前行进，前方二位门吏躬身迎接；下方一人策马飞奔，并回身张望。侧壁内

[1]　朱永德、解华顶：《安徽省淮北市相山发现"永元八年"汉代画像石祠堂》，《东南文化》2021 年第 4 期，第 53-58+100 页。

画像自上而下分为二组，内无界格，上方为西王母端坐于悬蒲之上，旁边有三青鸟；下方为各色神人仙兽渲染的仙界场景。中间正立面石鼓上方为方相氏，下方为翼龙。石祠遗迹上叠加墓垣墙盖顶石，平顶，上方刻有瓦垄和连筒瓦当，下檐刻菱形穿壁纹，中间壁环为辅首。其余石祠构件均无画像。

根据右壁高度 140 厘米、顶盖石厚度 43 厘米、基石厚度 30 厘米，预计复原后石祠总高超过 213 厘米，前堂高度为 140 厘米，占地面积约 6.6 平方米，前堂内部面积约 3.5 平方米，后龛内部面积约 3 平方米，可以容一人进祠祭祀。在目前已发现的石鼓形石祠及平顶式石祠中其体量最大，结构相对复杂，远超嘉祥宋山小石祠、淮北市邓山石祠堂、淮北市洪山石祠堂等小型祠堂，占地面积略大于单开间悬山顶祠堂的代表——嘉祥武梁祠。这种超规格的丧葬建筑表明孝子"渡大公"及其父在当地的显赫地位。与嘉祥宋山小石祠、汉王镇东沿村石祠等批量加工制作的祠堂相比，体量巨大的淮北市相山石祠可能是墓主家族的定制，虽然"三十二万三千"的修墓祠费可能略有夸张，但实际费用也一定不菲。

三、单开间悬山顶祠堂

悬山顶属于两面坡顶的一种，屋顶有一条正脊，两侧四条垂脊，具有"五脊两坡"的特点。悬山顶四周房檐挑空于侧壁，南方房屋为防雨使用悬山顶居多，北方房屋为防风使用硬山顶居多。悬山顶房屋在建筑等级上低于歇山顶和庑殿顶，主要用于民间建筑，其石祠建造的复杂程度高于平顶式，同一地区建造悬山顶祠堂（如嘉祥武氏祠）所消耗的费用要远高于建造平顶式祠堂（如宋山小石祠）。鲁西南、皖北、苏北地区的很多石祠使用悬山顶样式。悬山顶祠堂既可以独立于封土，成为墓园地上设施的独立建筑，也可以像平顶式石祠一样与封土结合，用墓垣将两者联系到一起。王侯一级的陵园祠堂均采用砖瓦立柱形制，建筑高大宽敞，屋顶形制可能采用了庑殿顶样式，而列侯一级墓园祠堂有的采用砖瓦立柱形制，有的采用石基木础瓦顶，未有发现石质祠堂者。单开间悬山顶石祠脱胎于民间的礼制建筑，使用者属于地方官吏和地主豪强阶层，空间大多可以容纳一人进入，是墓园的主要地上建筑。形制上存在两种样式，一种是三面侧壁直落于底部基石上，如武梁祠、邓季皇石祠、大庙村石祠等；另一种是三壁与底部基石之间增加了一排墙面基石，如褚兰镇"九女坟"石祠、胡元壬石祠、白集石祠等。

1.嘉祥武梁祠

武梁祠是武宅山武氏家族墓园中最知名的一座悬山顶单开间石祠，它建筑构石上的画像是汉代画像艺术的典型代表，历史上很多中外金石学家了解汉画像石均是从武梁祠开始的。北宋和清朝是关于武氏祠著录最多、成果最丰厚的时代。在某种程度上讲，武氏祠的研究历史就几乎等同于汉代画像的研究历史。北宋欧阳修在《集古录》中最早记录了"武荣碑"和"武班碑"的内容，其子欧阳棐的《集古录目》也拓此两碑。北宋赵明诚的《金石录》记录了"武班碑""武开明碑""武梁碑""武荣碑"阙铭和石祠画像[1]，基本完整呈现了武氏祠碑刻画像的全貌。北宋洪适的《隶释》关注了武氏祠的碑文和榜题，在《隶续》中摹刻了武梁祠大部分画像。清代黄易发现、清理和保护了大部分因黄河泛滥淤积的石祠构件，并立石屋原址保护，其《小蓬莱阁金石文字》进一步拓录了榜题与画像。以后，翁方纲的《两汉金石记》、阮元和毕沅的《山左金石志》、王昶的《金石萃编》、冯云鹏和冯云鹓的《金石索》、翟中溶的《汉武梁祠堂画像考》等著作对武氏祠画像进一步拓录和考释，全面展示了汉代画像艺术的最高成就。1907年法国人沙畹在华北做考古调查时拍摄了最早的武氏祠墓园照片，并同年编写了《华北考古记》一书[2]。此后，众多域外汉学家对武氏祠倍感兴趣。日本人关野贞考察了嘉祥的武氏祠，并于1908年撰写《后汉的石庙及画像石》一文。1934年英国学者费慰梅考察了武氏祠，1942年发表了《汉武梁祠建筑原形考》《汉代壁面艺术的一个建筑关键》二文。

武梁祠同双阙均朝向西北，为单开间悬山顶建筑，屋顶为两坡形（图2-13）。蒋英炬和吴文琪先生按照画像内容、尺寸及榫卯结构将其复原，包括左右侧壁、后壁、前后顶盖石，缺失祭台石、基石及屋顶脊石。石祠高203厘米、宽279厘米，内部可以容纳二人站立。西壁高183厘米、宽140厘米、厚16厘米，画像分五层，中间以四层边栏为界分隔成三部分，其中第二三层与第四五层画面在三壁画面中贯通连贯。东壁高183厘米，

---

[1] ［宋］赵明诚撰：《历代碑志丛书·金石录三十卷》，宋龙书刊本，江苏古籍出版社1998年版，第293页。

[2] ［法］沙畹：《华北考古记》，中国画报出版社2020年版，第17页。

宽 139.5 厘米、厚 16 厘米，画像分布同西壁。后壁高 162 厘米、宽 241 厘米、厚 17 厘米，内部画像高 140 厘米、宽 210 厘米，画像两边各有一列凹陷糙面，应为左右壁石的嵌入榫口。前屋顶石宽 279 厘米、高 114 厘米、厚 20 厘米，画面尺寸为宽 209 厘米、宽高 63 厘米。后屋顶石宽 278 厘米、高 114 厘米、厚 20 厘米，画面尺寸同前屋顶石。两屋顶石下面左右两侧各有卯口，与东西两壁尖端面榫口相合，可以配制牢固。同时，两石前后外面均有瓦垄雕刻，这表明武梁祠与封土的位置关系与宋山石祠不同，应当与孝堂山双开间石祠类似，属于独立于坟丘的祭祀建筑。近些年众多学者对于武梁祠画像内容有较多研究成果，如荣庚先生的《汉武梁祠画像图录和考释》、沙畹的《华北考古记》第二卷、孙机先生的《仙凡幽明之间——汉画像石与"大象其生"》[1]、巫鸿的《武梁祠：中国古代画像艺术的思想性》等文章、著作，本文不再赘述。

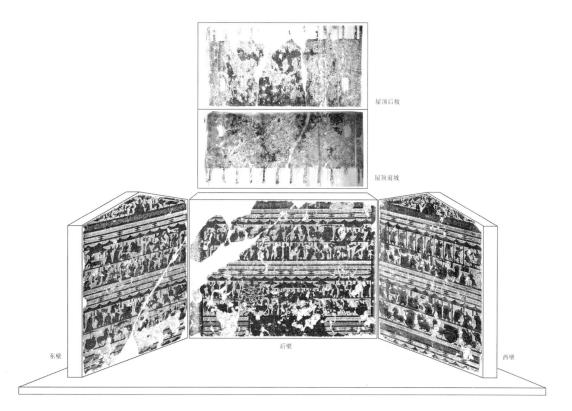

图 2-13　嘉祥县武梁祠结构图

[1]　孙机先生一文虽主要阐释了汉代的生死观念，但上半部分分析了巫鸿先生《武梁祠》一书中部分谬误，对于武氏祠的研究具有重要意义，故将此文归于武氏祠的文章专著之列。

以武梁祠为代表的武氏墓园祠堂建筑代表了汉代画像艺术的最高水平，精湛的剔地阴线刻水准使其拓片独具风格；丰富的榜题证实了部分历史文献，揭示了谶纬神学中的征兆与图谶[1]。与金乡朱鲔石室流畅的阴线刻类似，武梁祠在汉代画像艺术中具有一定特殊性。其画像内容与榜题的独特性体现了王侯陵寝装饰艺术下沉于民间的状况。武班生前曾任敦煌长史，武班的父亲武开明生前曾任吴郡府丞，武班的弟弟武荣生前曾任执金吾丞，武开明的哥哥武梁生前亦为儒生，武氏家族属于地方豪强。武氏两代三人为官，尤其武荣官至执金吾丞，属京城护卫，奉中两千石。武氏家族相较其他地方官员更接近京都文化，更容易接触到宫廷的装饰艺术和皇室成员及诸侯王丧葬建筑的制式。武梁祠虽然采用悬山顶这类民间建筑样式，但石材的雕工、画像的内容、丰富的榜题可能借鉴了当时像灵光殿一类具有一定礼制的皇室建筑艺术形式，采用了都城常见的装饰粉本，甚至碑刻提及"雕文刻画，罗列成行，摅骋技巧，委蛇有章"[2]的"良匠卫改"有可能就是王侯丧葬建筑的御用工匠。这使得具有皇室色彩的墓葬装饰出现在民间的祭祀建筑之中。武梁祠及左石室、前石室在汉代丧葬建筑遗存中是特殊的，其特殊性体现在再没有发现具有同样水准的汉代画像艺术，而恰恰是这种特殊

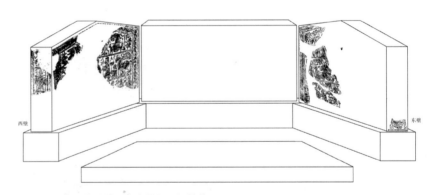

图2-14　宿县褚兰镇"九女坟"石祠结构图

性使其成为上层宗教艺术下沉于民间的反映。

2.宿县褚兰镇"九女坟"石祠

1956年春，在宿县褚兰镇发掘了两座汉画像石墓及地上设施。其中M1墓上方发现有部分地上建筑设施遗迹。M1墓冢四周有残存低矮墙垣，"九女坟"石祠建于墓冢南侧。从残存的构件和画像的内容看，山墙

[1] ［美］巫鸿：《武梁祠：中国古代画像艺术的思想性》，生活·读者·新知 三联书店2016年版，第121页。
[2] ［法］沙畹：《华北考古记》，中国画报出版社2020年版，第223页。

为尖顶圭形，屋顶为两坡式，是一间结构简单的悬山顶房屋式祠堂（图2-14）。残存的屋顶石上面雕刻瓦垄，檐头为云纹圆瓦当，连檐为水波纹。祠门敞开不设门框，三面墙壁下卧铺条石作墙基，基座是用三块厚石板平铺而成。石祠面阔140厘米、进深90厘米。墙垣低矮呈长方形，东西长980厘米、南北宽600厘米。墙垣是由墙基、墙壁、墙顶叠砌而成，通高48厘米。南垣和西垣仅存墙基无墙体，东垣、北垣各存一段较完整的墙体。墙垣内壁为封土掩盖，外壁平直而整齐，墙顶雕成瓦垄，檐头刻云纹圆瓦当，连檐刻水波纹，墙面为竖行凿齿纹，墙基为菱形纹。石祠坐北朝南，基座位于南墙垣的中间，山墙外侧与墙垣相接，祠门南向，石祠基座在原地保存完好，其上及近旁仅存一块残屋顶石和东西山墙残块，墙面内侧刻有画像。西壁现有画像三层，上层为西王母图，左侧有半跪的牛首人身神及凤鸟，右侧有玉兔捣药及双首的容成公，中间画面残缺，按照格套应为西王母像；中间层为持戟武士及马匹；下层残剩三位持戟兵吏；山墙南侧立面有一厥张。东壁现有画像三层，上层为神兽环绕于东王公周边；中层为历史故事；下层为"庖厨图"；山墙外侧有龙凤图像。

图 2-15　宿县褚兰镇建宁四年胡元壬石祠结构图

3.宿县褚兰镇建宁四年（171年）胡元壬石祠

1956年，宿县褚兰镇M2墓上发现一座保存较为完整的石祠。M2距离九女坟约0.5公里。石祠位于墓室南侧，祠顶已失，墙壁上部残缺严重，墙壁和基座基本保存原有结构，祠内后壁正中刻有一段题记，知此墓为东汉灵帝建宁四年（171年）的"辟阳胡元壬墓"。M2墙垣的东、北、西三面均被破坏无遗，石祠尚存于原地。石祠坐北朝南，建于墓冢南侧，位于墓室上方2.2米，有基座，略高于墓壁。三壁是用整块石板立砌在墙基之上，墙基略微厚于墙壁。基座（石祠的地面）为一整块厚石板，下面两头用石条枕垫，隔着基座与上面的山墙对齐。石祠面阔136厘米、进深103厘米、残高 130 厘米。石祠两侧残存的墙垣与山墙相接，与后方封土形成一个整体（图 2-15 ）。

北壁上部残损，横 135 厘米、纵（残）84 厘米。画面分四层，上层描绘神仙世界，有人首蛇身神和各色神兽；第二层为主画面，描绘了墓主人的阴间宅邸，中间是二柱支撑的二层楼阁，中间三人端坐畅谈，两侧楼梯上有六人持笏侍立，楼阁下方是三名妇女纺织、摇纬，楼阁两侧建有双阙，阙下有二人跪拜，两侧各两座重檐屋舍，内部各坐有二人畅谈对饮，整个建筑群落上方有各色凤凰、鹊鸟，以示祥瑞；第三层为"宴饮图"，十八位人物两两对坐，身旁有食盒；第四层左侧是"乐舞图"，有飞丸、建鼓舞、长袖舞等，上方有女子吹箫、抚琴，右侧是众人跪拜迎接尊者，华盖之下的尊者应是即将进入第二层楼宇中的墓主灵魂，中心石面铲平，阴刻有一篇一百二十一字题记。题额为"辟阳胡元壬墓"。题记为："建宁四年二月壬子□□□□□□□为家墓石□□□□□父以九月乙巳母以六月□□□□□多子孙□□□□□□上人马皆食大仓□□□□□律令□□□□□□□禄慕高荣寿四敬要带朱紫车□□□□□金银在怀何取不导贵延年□□□□□德子孙常为□□□□□"。题记表明 M2 墓为夫妇合葬墓，墓园为家族墓园，石祠为胡元壬家族祭祀场所，题记记述了胡元壬夫妇二人的卒年及墓园建造时间。"人马皆食太仓""腰带朱紫""金银在怀"等文字寄托了先祖及生人子孙富贵、福禄延年的美好祝愿。部分文字漫漶严重无法识读，其中有"律令"一词具有典型的官方文书性质，在买地券一类宗教文书中常常出现，强调"多子孙""食大仓"之愿在天帝号令下必须实现。

东壁高 74 厘米、横 68 厘米。画面剩有四层，上层为六位手持便面的侍女肃立；第二层为六位武士手持武器打斗的场景，也可能为历史故事；第三层为七位人物对面端坐交谈，左侧一侍女站立侍奉；第四层为"庖厨图"。西壁残高 91 厘米、横 93 厘米。画面残剩四层，上层描绘了神仙世界，有龙、羽人及各个神兽；第二层有吏持笏及马匹，可能为历史故事；第三层有众多人物对立，有一人跪拜，可能为历史故事；第四层为车马队伍过桥，桥下有渔船捕鱼、叉鱼场景。三壁下方有条形基石落于基座之上，北壁墙基横 139 厘米、纵 24 厘米；东壁基石 105 厘米、纵 24 厘米；西壁基石横 105 厘米、纵 24 厘米。三块墙基画像自东向西构成了一幅完整的"车马出行图",九辆马车的送葬队伍浩浩荡荡将墓主送去阴间的府宅。山墙基石南端有两幅祥瑞画像,分别为鹿和羊对卧于仙树之下。

4.宿县褚兰镇宝光寺熹平三年(174年)邓季皇石祠

1990年,安徽省宿县在距褚兰5公里的褚北乡发现六块画像石,为剔地浅浮雕,有石祠和墓垣痕迹,其中两侧山墙石各一块,后壁石已残为两大块和数小块,屋盖残石两块(图2-16)。与建宁四年胡元壬石祠形制相似,后壁也刻有一篇题记,记录石祠为东汉熹平三年(174年)所建。其中左右山墙现藏于安徽省博物馆,后壁为宿县文物管理所藏。

祠堂东山墙石,高98厘米、宽92厘米、厚16厘米。画面分为四层,第一层为神仙世界,东王公居中,两侧为异兽,有牛首人身神、羽人、比肩兽跪拜、仙人戏蟾蜍、白兔捣药等。第二层是"讲经图",房中持杖的老者与人面授,亭外八人站立、躬身、手捧竹简,恭敬肃立。第三层是女主人出行图,主人居画面中央,右侧三位持戟武士,仪仗侍女三人,持羽

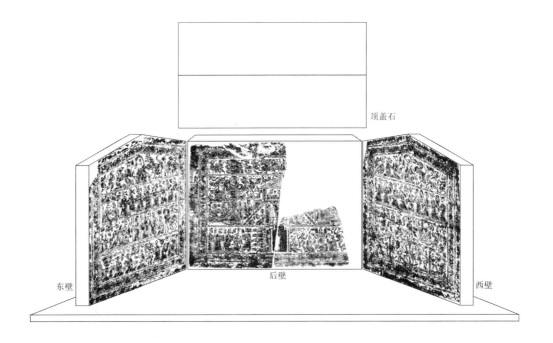

图2-16 褚兰镇宝光寺熹平三年邓季皇石祠结构图

葆流苏,备好博具;马童备好鞍马,一旁跪迎。第四层是"庖厨图",刻

有辘轳和井、灶、案、器皿，有打水者、烧灶者、淘洗者、运菜者。

祠堂西山墙石，尺寸同东山墙石。画面分四层，第一层亦反映仙界，西王母居中，鸡首人身神左侧跪拜，三首凤鸟、青龙等祥禽怪兽环伺左右。第二层为"乐舞图"，刻舞伎九人，长裙阔袖，各具姿态。第三层和第四层以桥面为分割，上层是车马队伍过桥，仆者前引后拥，马踏行人，马前三人作行进仪式，男人头伸车外观看，再前有两人跪迎。桥面下层是"捕鱼图"，桥下有三条船，有撑船者和捕捞者，鱼具有罩、兜网、虾篓等。此外，东、西山墙外侧面亦分三格，刻辅首衔环，象征墓门两侧的支枋石。

祠堂后壁石已残缺，现长 161 厘米、宽 92 厘米、厚 16 厘米。画面分三层，第一层展示神仙出游，有仙人赶鹿、三鱼拉车、双头虎等祥瑞内容。第二层是"阁楼拜谒图"，是祠堂画面的核心，墓主人夫妇端坐中间楼阁，两边是楼阙和亭，楼上和亭中有人饮酒，楼下是一幅"纺织图"，楼阁屋面上刻有凤鸟和北斗。画面内容和布局与建宁四年胡元壬石祠后壁相近。第三层中心是题记，题记右是杂技百戏，刻人物六个，伴者三人，一人抚琴，二人击建鼓，三人表演，表演有抛丸、水流星、倒立。题记左是观者。题记为隶书，题额为"邓掾冢墓"，文七行，曰："熹平三年十二月乙巳朔，廿一日乙丑，新广里，邓季皇，年七十四，薄命蚤离明世，长入幽冥，悲哉伤心，子男伯宗无兄弟持服……丰，造立石宫，垒墓口目十二口……氏之口尽矣，上人马皆食……山林饮湖泽，他如律令。"[1]"掾"为俸禄三四百石的官吏，邓掾邓季皇为地方官员的属官，所建的单开间悬山顶祠堂在中下层墓葬中规格较高。题记说明了墓主身世、造祠费用及对子孙的祝福。

祠堂屋顶盖石，残长 133 厘米、宽 62 厘米、厚 30 厘米。其上刻画人首蛇身、作交尾状的伏羲女娲，两端两个圆形图案象征日月。

5.徐州青山泉公社白集村石祠

1965 年冬，在徐州市东北铜山县青山泉公社白集村发现了一处东汉墓园遗址，包括地下墓室及地上祠堂构石、墓垣石条等墓葬建筑构件。墓室上方土墩失土严重，现存坟丘东西 24.97 米、南北 30 米，石祠遗迹位

---

[1] 王化民：《宿县出土汉熹平三年画像石》，《中国文物报》1991 年 12 月 1 日。

于墓室前方 8.56 米，石祠周边发现六块叠堆石条，西面二块，北面四块，属于墓垣基石，多围成圆形或方形，墙垣两端与石祠侧壁连接，起到避免封土流失的作用。从石祠构件附近的填土中清理出杯、案、盘、勺之类陶器碎片，应当是摆设在祠堂祭台上的祭器。墓垣西 500 米发现有墓阙顶盖石，为五脊四坡顶，前后排五道瓦垄，左右排四道瓦垄。石祠、墓垣、阙顶等构件的出土表明白集汉墓所在区域为一处规模较大、等级较高的家族墓园，具有基本完整的地上祭祀设施。墓室和石祠在原址保护的基础上建立了徐州市贾汪区白集汉墓陈列馆。

西壁　东壁　基石

图 2-17　徐州市青山泉公社白集村石祠结构图

祠堂坐北朝南，属于单开间悬山顶式建筑，残存建筑构件五块，包括东西壁石、东西壁基石、破碎的北壁基石及祠堂基石（图 2-17）。祠堂内部面阔 2.19 米、进深 1.53 米，残存山墙高度 1.67 米，内高 1.98 米，加上底部基石 30 厘米、残存的顶盖石 40 厘米、估测屋脊石 20 厘米，石祠复原高度大约 2.58 米，复原宽度约为 3.5 米，可以容纳 1 到 2 人举行祭祀仪式。石祠大小与嘉祥武梁祠接近，在单开间石祠中体量较大。石祠底部由碎石夹拌砂礓土经夯打砌基，上方横向铺设两块石板作为基石，基石上方配置三块墙壁基石，基石上面开凿榫口，三壁石板的子榫嵌入三壁的基石中。屋顶类似嘉祥武氏祠的两面坡悬山顶式，上雕瓦垄、瓦当和瓦筒。西壁基石高 31 厘米、残宽 160 厘米、厚 57 厘米，刻有三只神兽，张牙舞爪由内而外奔跑。东壁基石高 31 厘米、残宽 158 厘米、厚 52 厘米，右侧刻羽人戏翼龙画像，左侧为一翼龙及神树。北壁基石已碎成若干块，高 27 厘米、残横 280 厘米、厚 72 厘米，画像内容与两侧基石相同，表现仙界场景。西壁高 167 厘米、宽 136 厘米、厚 35 厘米，画像分为七格，周围有两层边栏。第一层西王母端坐中央，两旁有羽人侍立，右侧有捣药的玉兔；第二层为"乐舞图"，中间有三人表演长袖舞等，两侧有十一人踞坐观赏；第三层刻瑞鸟十只，穿梭飞翔在嘉禾之间；第四层为神兽戏珠，表现祥瑞场景；第五层为"庖厨图"，右侧有六人肃立；第七层为"孔子见老子图"；第七层为"车马出行图"。东壁高167厘米、宽133厘米、厚35厘米，画像分为七格，周围有两层边栏。第一层东王公中央端坐，两侧有各色神兽及玉兔捣药；第二层羽人驾神兽出行；第三层亦为表现仙界场景，右侧为九头人面兽；第四、五、六层整体为"楼阁拜谒图"，前有院门，府吏迎接墓主人的车马队伍，后面有会宾客的厅堂和上居女眷的内室，为三重院落；第七层为车马出行，应为自东壁、北壁、西壁贯通的画面。北壁高153厘米、宽219厘米、厚44厘米，壁面早已损毁，散落于祠堂遗迹周围，残石现存于徐州博物院。

白集村石祠与周边的洪山石祠、茅村石祠等悬山顶建筑结构不同，没有使用三壁石板落于底部基石的构造方式，而是减小了石板的尺寸，在石板与基石之间加入一层18厘米高的墙壁基石，通过子母榫相连。这种结构有效降低了石材加工成本，与临近的宿州的褚兰镇"九女坟"石祠、胡元壬石祠、邓季皇石祠结构相似。这表明汉代宿州与铜山县有更为接近的丧葬习俗和石材加工传统，形成了独特的地域石祠画像特征。

值得注意的是，在白集汉墓中发现了部分朱红颜料嵌入画像中，除墓室中雷瓜棱石柱凹入的部位外，在画像的月亮里圈、人物的衣服以及房子和家具的部分都残有朱色。这表明汉代画像石雕存在上色的传统，通常用墨线绘出画像的轮廓，再剔除不需要的石材，并进行画面细部的雕刻，最后在画像上填绘颜色。东汉时期，陕西省和山西省有在画像石雕的基础上施加彩绘的传统，北方干燥的气候条件使山西省吕梁市、陕西省神木市等地的汉墓墓门的彩绘保存完好。河南省也有众多汉墓采取了彩绘与画像雕刻结合的表现形式。河南省唐河电厂汉墓中的辅首衔环画像以红笔勾画出边线和斑纹；南阳市石桥汉墓墓门画像绘有朱红、紫红、粉红、土黄、玄黑五种矿物颜色，其中门楣神兽身体涂为黄色并以黑色绘有斑纹，两个象人的衣袍分别绘为土黄及紫红色，墓门两侧的门吏头冠被绘为朱色。像使用平面阴线刻及剔地平面线刻一类技法雕刻的画像石，即便通过拓印也不容易看清刻画的细节。在汉代祭祀时，这种不明显的观感很难展现出画像对于主持者及观者意义。就像白集石祠一样，大部分汉代石祠及墓室画像可能有着艳丽的彩绘附着于浅浮雕之上，使其具有了超越壁画的生动性。

6.徐州铜山县大庙村悬山顶石祠

1995年，徐州市铜山县大庙镇大庙村发现一座晋墓，属于前堂后室结构，墓室嵌有多块汉画像石，属于利用汉代墓葬建筑构件的再建墓。墓葬出土画像石八块，其中前室东西两壁及屋顶石共四块属于地上石祠建筑构件（图2-18），画像表面均涂抹白灰。前室东壁是第一石，属于祠堂西壁构件，石宽105厘米、高116厘米、厚20厘米，内侧及外立面均有画像。画像分为三层，第一层西王母头戴胜坐于中央，右侧有一人头蛇身仙人持仙草跪拜，两侧有翼龙和翼虎；第二层与第三层包裹在界格之内，边栏为波浪纹和菱形纹；第二层为"楼阁拜谒图"，前方屋内十一人，其中一人为墓主人接受拜谒，屋檐上有瑞兽，后面有二重楼阁及围廊，周边有二组持牍的拜谒人物；下层为"升鼎图"。西壁外立面有一人物侍立于双层阙下，与石祠东壁人物对应。画面边框的右上部刻有题记："此□室中人马皆食大仓"。前室西壁为第二石，属于祠堂东壁构件，大小与前室东壁一石相同，亦有二幅画像。画面分五层，上层为四位羽人跪拜东王公图，其余四层包裹在界格之内，边栏为波浪纹和菱形纹；第二层九位人物头戴进贤冠对立；第三层为"楼阁拜谒图"，屋顶有鹊鸟、奔跑的瑞兽及骑鹿的羽人；第四层为"乐舞图"；第五层为"车马出行图"，左侧有一人物恭手迎接。边框右侧竖刻一行题记："起石室□直五万二千，《孝经》曰：'卜其宅兆，

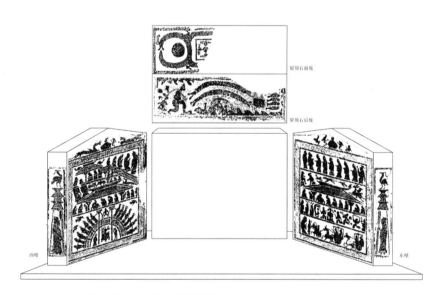

图2-18　徐州市铜山县大庙村悬山顶石祠结构图

而安措之，为家庙以鬼神飨之'"，所引用文字与《孝经·丧亲章》基本相似。前室顶部南坡为第三石，属于祠堂屋顶前坡残石，残长84厘米、

宽 63 厘米，中心为柿蒂纹，周围环绕四鱼，两侧为高浮雕双结龙，顶部屋檐刻有瓦筒、瓦垄，前端刻瓦当。前室顶部北坡为第四石，属于祠堂屋顶后坡残石，长 188 厘米、宽 65 厘米，画面描绘"漫衍鱼龙"的仙界情景，左侧有雷公拖拽数鼓前行。这座晋墓再用了多块汉代的石祠构件，并有多石缺失，估计石祠内高 116 厘米、内阔大于 188 厘米，仅能容一人躬身进入。

目前所发现的汉画像石中有相当一部分属于石祠构石，这些构石被用于再建墓而保存下来，滕州汉画像石馆、武氏墓群石刻博物馆、邹城博物馆等单位收藏了大量再建墓出土的祠堂画像石。在曹魏、两晋乃至宋代都有利用汉代墓葬构件制作墓室的情况，像嘉祥宋山一号二号东汉墓、铜山东沿村二座东汉墓、平阴实验中学晋墓以及邹县金斗山汉墓等都属于再利用石祠构石的民间再建墓。像山东苍山城前村汉墓是西晋人整个挪用了汉代人墓葬，徐州茅村东汉墓是晚唐人利用此墓重新下葬，都仅是更换了陪葬品的再葬墓。历史上也仅有汉代有大兴土石建造祠堂、墓室的传统，加工精良、尺寸合适的祠堂构石成为后朝修建墓室的良材，同时汉代石祠丰富的画像在后朝中被赋予了助于升仙、福及子孙的重要寓意。此外，像临淄金岭镇一号东汉墓属于山东地区发现的规模较大的砖筑墓葬，出土石器、玉器、铜器 165 件之多，还包括散落的银缕玉衣片，贵为诸侯的墓主人在回廊基石上依然嵌入了两块其他墓葬的画像石；在长清县大觉寺二号东汉砖室墓中发现了铜缕玉衣片，墓主人应为列侯，在后室东侧基石中发现一块阴线刻"鸟啄鱼"的画像石，另一石块上刻"美石可七百"五字题记。这表明即便财力足够支持修建高规格墓葬的诸侯及其族人依然会挪用其他墓葬的画像石修筑墓葬。这表明汉代的丧葬传统使得画像石拥有了某种具像化的助葬功能和神圣化的升仙寓意，后朝历代虽不再雕刻画像石，但汉代的丧葬文化和宗教思想流传了下来，画像石对于丧葬依然具有重要意义，后世依然有人拆毁原祠或搜集散落的画像石用于墓葬。到了金石学繁荣发展的清代，所发现的汉画像石已经超脱丧葬原有的意义，转变为雕琢的艺术品，成为古代中国金石文化的象征。

四、双开间悬山顶祠堂

双开间悬山顶祠堂是民间石祠建筑中体量最大、结构最复杂的一类。

一般在祠堂入口的屋檐石下立有一支柱，支柱上方一般有承檐石连接屋顶石和两侧的前檐角石，像徐州洪楼祠堂在中霤[1]柱石的基础上又在后壁增加了后立柱石，以及侧壁基石，使得双开间石祠结构更加复杂。双开间悬山顶祠堂在结构上最接近木柱瓦顶祠堂，前后檐角石和承檐石像木制建筑一样构成了祠堂的框架，三壁石填充三面空间，由二石或四石组成两坡顶面。诸侯王及列侯祠堂均使用歇山顶或庑殿顶建筑，双开间悬山顶祠堂的墓主人虽然不具有列侯的贵族身份，但大多具有俸禄千石级别的职务或为地方颇具势力的地主豪强，相比平顶式祠堂其在民间祠堂建筑中具有较高的礼制等级。双开间悬山顶祠堂按建筑形式分为常规式（如长清孝堂山石祠）、后壁镶嵌内龛式（如武氏祠左石室）、侧壁底部基石式（如徐州洪楼祠堂）等类型。

1.长清孝堂山石祠

孝堂山石祠是我国迄今保存于地面的最早的房屋类建筑，早在北魏郦道元的《水经注·卷八》中就有"今巫山之上有石室，世谓之孝子堂"[2]的记载，北宋赵明诚的《金石录》中记载："墓在今平阴县东北官道旁小山顶上，隧道尚存，惟塞其后而空其前，与杜预所见邢山上郑大夫冢无异。冢上有石室，制作精巧，其内镌刻人物、车马，似是后汉时人所为。余自青社如京师，往还过之，屡登其上。"[3]石祠位于孝堂山顶北部，坐北朝南，后面有一高约3.2米的土冢，无墙垣，二者应属东汉某家族墓园的组成部分，未发现当时的门阙、碑刻等其他地上设施。明清时期，石祠上覆有庙宇，"辟于石室之上"。"套庙"一直保存至20世纪初期。1954年山东文物管理部门重修墓园，新建了大门、覆室和围墙，1976年重建覆室，2002年重建了更大的保护院落。近些年在墓园周边还陆续发现了许多其他的汉代墓葬。1981年秋天于围墙外南侧，北距石祠约29米，发现了石祠前面的两座东汉石室墓，墓向朝南，东西并列，相距约15米，编号为M1、M2。在围墙院内，北距石祠约12米处，地下又发现两座汉代石室墓，东西并列，相距约4米，早年曾被盗掘，编号为M3、M4。包括

[1]（汉）班固：《汉书》，中华书局2015年版，第1089页。《汉书·郊祀志》载："大夫祭门、户、井、中霤五祀"，韦昭曰："古者穴居，故名室中为中霤"，墓室及石室中心的立柱称之为中霤。

[2][北魏]郦道元著、陈桥驿校证：《水经注校证》，中华书局2017年版，第198页。

[3][宋]赵明诚撰：《历代碑志丛书·金石录三十卷》，宋龙书刊本，江苏古籍出版社1998年版，第309页。

石祠后面所属的墓冢，孝堂山山顶至少有五座中型东汉画像石多室墓葬。这五座汉墓不知是否各有地上祭祀建筑，但北魏时期据郦道元描述山上仅剩这座双开间石祠。根据墓葬分布情况，孝堂山顶应为一处东汉时期的家族墓地，孝堂山石祠具有一定的家族宗祠作用。同时，日本东京国立博物馆还藏有20世纪初期四块取自孝堂山山下的石祠构件，其中三块以复原的平顶式祠堂形式展示。在孝堂山汉石室院落内部存放有近些年在孝里镇及周边发现的各类画像石、碑刻、墓塔等石刻构件，成为当地石刻资源保护和展示的场所。院内陈列的画像石大部分为 M3、M4 墓的构石，其余无画像或仅有边栏画像的构石堆放在院外南侧坡下。院内有四石属于石祠构石，分属三座不同的平顶式祠堂，有两石刻双结龙及持牍人物，属于石祠东西两壁；有一石刻有车马出行及楼阁人物，左侧有题记"□□人马□食大仓"，属于是石祠后壁；有一石刻有圆钮及柿蒂纹，属于祠堂顶盖石。院内另有一石为墓室构石，外圈有两重边栏，内部为菱形纹，上部菱形纹被磨光，后刻有"魏故□梁乂长郑君之祠"隶书题记，应为魏人再用汉代墓石而建筑的祠堂。曹魏时期基层治理使用三长制，包括"党长、里长、邻长"三级，每邻五户设"邻长"，"乂"即五，"邻长"也称"乂长"。由题记可知，魏人取汉墓构石在孝堂山周边建筑了祠堂，来祭祀居于"□梁"的郑姓"邻长"。由上可知，孝堂山石祠是汉代民间的祭祀祠堂而非孝子郭巨之祠，孝堂山顶是一片东汉的家族墓园，山体周围也建有大量不同时期的墓葬和祠堂，此处可能是附近区域主要的墓葬埋藏地。

据 1907 年沙畹拍摄的孝堂山照片，山下东南 80 米处坐北朝南还存在两座无梁殿，一座主体建筑完整，另一座仅有券顶外露，其余部分埋

图 2-19　1907 年沙畹拍摄的孝堂山下两座无梁殿

于土中（图 2-19）。第一座无梁殿被称为碧霞元君祠，石质券顶，外沿有二十根石柱，有一些石碑挪放至支柱之间，还有两块祠堂顶石构件散落于建筑一旁，上刻筒瓦、瓦当、滴水，建筑原用途不明，后因内部供奉碧霞元君又被称为碧霞元君祠；另一座为仅露石质殿顶的建筑，无立柱，入口断面修有门楣，内部被后人供奉多尊铸铁佛像。两座无梁殿造型奇特，殿顶外部无屋顶结构，仅保留有粗糙的石质券顶，下方有石柱环绕，整体造型类似古印度佛教建筑窣堵坡样式。两座建筑建造年代未知，且形制与明代盛行的无梁殿样式差异较大。无梁殿建筑模式流行于明代，河南内黄玄武帝庙无梁殿建于元代，歇山顶，开有一门二窗；南京灵谷寺无梁殿建于明洪武十四年（1381 年），重檐歇山顶，殿前檐墙开三门二窗，后墙设三门，两侧各有窗四个；山西五台山"显通寺"无梁殿建于明万历年间，重檐歇山顶，内为三间穹隆顶；无锡保安寺无梁殿建于明万历年间，硬山顶，三间二进，明间置门，次间设窗；镇江隆昌寺无梁殿建于

图 2-20　济南市长清孝堂山石祠

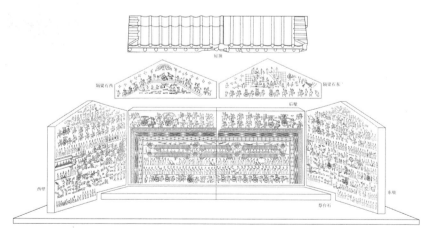

图 2-21　济南市长清孝堂山石祠结构图

明代，歇山顶，二门四窗。孝堂山下的无梁殿上无檐顶，下无开窗，与传统建筑样式不同，推测原为平地起坟方式建造的石质墓葬，后因取土露出地表，被后人改造而成。两座无梁殿毁于1969年的"破四旧"运动，现在原址新修了一座佛教院落。此外，孝堂山下发现了完整的石雕佛像十一躯，其中四躯佛像莲花座上刻有供养人题记，时代遍及金代到清代，还有大量佛塔残石和碑刻。推测山下曾经建有规模庞大的佛教寺院，佛教的墓塔与汉代石祠混杂，路过寺院的"青州丈八寺智光""比丘僧""新罗金良吉"等僧人也拜访了孝堂山石祠，并留下了题记。

孝堂山石祠为单檐双开间悬山顶房屋式建筑，两面坡上有屋脊，中间的八角石柱和上方的三角隔梁石分为两个开间，外侧有支枋石、承檐枋石，以及供案和基石（图2-20），在汉代的中小墓葬建筑中礼制较高，可能为俸禄两千石以下级别的官员。石室外墙东西宽414厘米、南北进深253厘米，包括屋顶长达468厘米，石室内东西宽380厘米，南北进深218厘米。三壁画像采用线条阴刻（图2-21）。西壁画像分六层，上层为神仙世界，西王母端坐中央，两侧有两位兽首人身神及四位仙人持仙草拜谒，周边环绕持矩的女娲、捣药的玉兔、九尾狐等各色神兽；第二层因榜题"大王车"命名为"大王车马出行图"，画面横贯三壁，共绘有各色人物一百一十七人，马七十四匹，马车八辆，朝贡的骆驼、大象各一头，内容反映了王师队伍征战胜利回朝，"相"和"令"迎接的景象，这是目前发现的规模最为宏大的车马出行队伍；第三层为一排二十九位人物拱手站立；第四层左侧为"楼阁拜谒图"，右侧描述胡汉战争；第五层是"狩猎图"；第六层为六博、对饮及"拜谒图"。东壁画面分六层，上层东王公端坐亭中，亭外风伯将顶盖吹翻，周边环绕持矩的伏羲、神仙出行等画面；第二层是"大王车马出行图"；第三层为"周公辅成王""孔子见老子"等历史故事；第四层左侧为"庖厨图"，右侧为"乐舞图"，有建鼓舞、飞丸、吹箫、击鼓等表演；第五层为"车马出行图"；第六层左侧有"河伯出行图"，右侧是"楼阁拜谒图"。后文"题记与叙事性文本"一章会从叙事逻辑角度详细阐述东壁画像的内容。北壁画像分三层，上层是连接东西两壁的"大王车马出行图"；第二层有三座二层阁楼，间隔四座双阙，一楼为三组"拜谒图"，二楼为侍女观者，屋顶有各色瑞兽、羽人降临祥瑞；第三层为"孔子见老子图"；第四层为车马出行队伍。汉代石祠中"拜谒图"体现了对"斋主"的祭拜，孝堂山石祠北壁三组"楼阁拜谒图"实为少见，所祭祀墓主人可能并非一位，也不同于徐州洪楼夫妻合葬墓所共用的祠堂，可能属于家族墓园的宗祠。

2.徐州洪楼祠堂

1956年，江苏省文物管理委员会在铜山县洪楼、周庄、苗山、孔楼等地配合农业基本建设和兴修水库，共出土清理了八座汉代墓葬、一座明代木椁墓以及一批地上建筑设施遗迹，发现了大量散佚的祠堂画像石构件，大部分仍保存完整，出土文物48件。其中有三座汉墓规模比较大，墓室全用石条建筑，壁间刻有画像。洪楼村位于徐州市东郊，洪楼一号墓坐落在村北大路旁，属于"垒石成室，堆土于平地"形制的东汉墓。出土的画像石分为石祠和墓室两部分，地上有明显的祠堂设施遗迹，石祠画像石散存于洪楼汉墓西4.5米处，出土时画像石已散乱，建筑构件位置不详，但根据汉代石祠结构可以大致复原出双开间悬山顶建筑的样子。洪楼一号墓方向为南偏东85°，墓室通用大石条垒筑，平面呈凸字形，分为

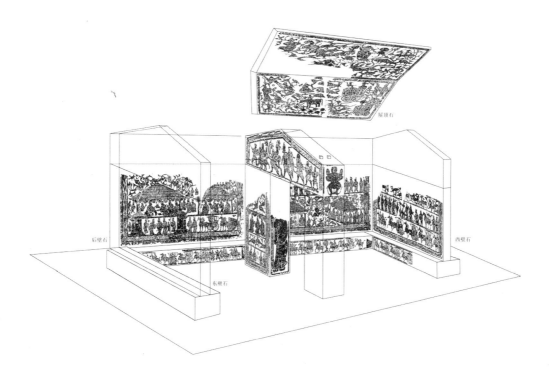

图 2-22　徐州市洪楼祠堂结构图

前堂后室，墓室已被破坏且墓顶已被全部揭走。

　　洪楼祠堂是目前发现所复原的规模较大的汉代石祠建筑，石祠坐南朝北，有石祠构件十一块，画像十五幅，包括四块侧壁基石、西壁山墙、后壁二石、东开间顶盖石二块、三角横梁石、中间支柱石以及部分无画像的底部基石（图2-22），缺少山墙顶部三角石二块，东壁山墙石、后壁承檐石二块，屋顶石二块，另一块中柱石，屋顶正脊石，祭台石及底部基石，不确定建筑是否原有前檐角柱石二块。一周侧壁基石的建筑形制与皖北地区的褚兰镇"九女坟"石祠、建宁四年胡元壬石祠和徐州的白集村石祠制式相同，属同一地方性建筑风格。后壁二石宽均为2.16米，后部中间隔梁石宽0.42米，故石祠内阔4.74米；后部中间隔梁石高1.3米，三角横梁石0.67米高，底部基石厚0.1米，故石祠内高2.17米；石祠进深为三角横梁石的长度2.25米；石祠外东西宽为内阔和二山墙基石厚度之和，为5.7米；石祠外南北尺寸为三角横梁石加上侧壁基石长出部分，为2.46米；石祠外高尺寸为内高加上屋顶石及正脊石的尺寸，约为2.7米；屋顶石东西延出侧壁23厘米，延出门口10厘米，延出后壁33厘米。洪楼石祠占地面积约14平方米，可以两人站立容身，面积大于孝堂山双开间石祠的10.47平方米，略小于朱鲔石室的14.8平方米，石祠所对应的墓室均为石制多室墓。洪楼一号墓的墓主人阶层应居于列侯之下，属于俸禄千石一级的地方官员或地主豪强。

　　值得注意的是，这座祠堂后壁由后壁柱石横向分为两块，东室为"楼阁拜谒图"，现收藏于徐州博物馆，西室为"纺织图"和"乐舞图"，现收藏于中国国家博物馆。在双开间石祠中武氏祠前石室和左石室的中雷柱石位于门口屋檐下，后壁画面完整且设有小龛；长清孝堂山石祠中雷柱石亦位于门口屋檐下，后壁为一整幅"楼阁拜谒图"；朱鲔石室中雷柱石亦位于门口屋檐下，后壁为宴饮图，被阳雕的仿木结构划分为四块；唯独洪楼祠堂在后壁中央立有一块立柱石，将后壁画面分为两个部分，甚至基石上环绕石祠一周的"车马出行图"也被分割为两半。三角隔梁石下方的后壁隔梁石和中雷柱石之间仅剩宽0.93米、高1.3米的空间，人需要侧身躬身而过，这相当于将双开间建筑分割为两个半独立的祭祀空间。东室画像残剩二层，下层自西往东的车马队伍行进到墓园双阙入口，持戟的武士和守陵的官吏在恭候墓主人；上层墓主人进入屋中接受持牍者拜谒，一侧屋中有女眷端坐，二屋房上有各色瑞兽攀爬。西室画像残剩二层，上层为"周公辅成王"；下层左侧屋内有一位高大女性在调丝，两位体型较小女性在纺织，中间有乐舞表演的建鼓舞、飞丸、倒立等，右侧屋中有数位观者端坐观看。两壁画像体量最大的核心人物是接受拜谒的墓主人和调丝的夫人，洪楼石祠将祭祀空间一分为二，分别赋予男女主人各自独立的空间。《礼记·丧服小记》："祔葬者，不筮宅"，家族的女主人逝后有的与墓主人合葬，有的单独建穴，位于同一墓园中，但祭祀建筑总以男性逝者为主，不单独建祠。洪楼石祠与通常的祔葬墓祭祀建筑不同，给予女主人高规格的家族礼遇，表明了其不低于墓主人的身份地位。

3.嘉祥武氏祠前石室及左石室

嘉祥武宅山武氏墓园中可以复原的祠堂除了单开间的武梁祠还有双开间的前石室与左石室。两个祠堂的体量接近，形制相同，在后壁中心均有一内嵌的龛室，结构较长清孝堂山石祠更为复杂。武梁祠结构简单，由三壁整石及两块屋顶盖石组成，而这两个石室单面墙壁尺寸更大，由于石材自身属性限制了所加工构石的尺寸，每间石室均由几十石构成。历史上对这两石室的复原经历了不断完善的过程。1786年清朝的黄易根据《嘉祥县志》对武氏祠遗迹进行了最早的有计划地考古发掘，将淤于泥土之中的石祠构石嵌入原址的保管室中，不断在周边搜集雕刻技法、画像内容类似的画像石充实于保管室，并依据发掘的构石初步复原了几座石祠的样子。黄易在《前后石室画象跋》中记述了前石室的复原形制，"石室（指前石室）之制，如肥城之郭巨、金乡之朱鲔，孤撑一柱，架屋两间，皆实其后而虚其前。此室比武梁石室稍大，中壁空穴，方宽二尺。虽石片零落，莫知次序，而规制约略可辨。"[1]日本学者关野贞1907年绘制了武氏家族墓园地上建筑遗迹的布局图，明确记录了石室构件原始布局，并于1909年绘制了保管室画像石的放置情况，并试图复原左、后及前石室。1907年法国汉学家沙畹考察了武氏祠，并留下了最早的照片。1910年嘉祥县长吴君蔚建造了新的保管室，将过去散置于院中的二十石移入新室。1942年美国学者费慰梅发表了《汉武梁祠建筑原形考》一文，系统复原了武氏祠三座石室，尤其是较为复杂的前石室和左石室，依据拓片也基本还原出

---

[1] 蒋英炬、吴文祺：《武氏祠画象石建筑配置考》，《考古学报》1981年第2期，第165-184页。

石祠原貌，但将二石祠的顶盖石及一些其他构石归为"不存在"的后石室。1963年日本学者秋山进午（Akiyama Shingo）发表了《武梁祠复原再检讨》一文，对费氏的复原方案进行了修订和完善[1]。1981年蒋英炬和吴文祺在《武氏祠画象石建筑配置考》一文中完整复原了武氏祠，并取消了并不存在的后石室，当前我们对武氏祠尤其是前石室和左石室的认识多源于二人的研究成果。

根据双阙朝向，确定墓园方位为北偏西约三十七度，前石室和左石室大致北向。前石室现存十六石，缺少后壁及小龛底部带有边栏的基石、东西屋顶石后坡、中雷柱石、前承檐柱石、正脊石及底部基石（图2-23）。前石室内面进深应为前壁承檐枋石厚0.2米、东西侧壁宽2.03米、后壁小龛转角石侧面0.73米之和，为2.96米；内面阔为后壁画像尺寸；内高为东西壁上下两石高之和，为2.03米；外部南北长度为内部进深尺寸2.96

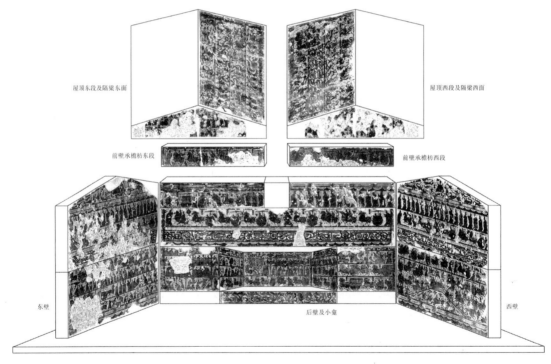

图 2-23　嘉祥县武氏祠前石室结构图

[1]　[美]巫鸿：《武梁祠：中国古代画像艺术的思想性》，生活·读书·新知 三联书店：北京，2016年，第11-31页。

米及小龛内后壁厚 0.19 米之和，为 3.15 米；外部东西长度为后壁最宽的车马出行石尺寸，为 3.52 米；外部高度为内高 2.03 米、屋顶石厚 0.23 米、正脊石高度（参照左石室残脊石尺寸）0.31 米之和，为 2.57 米；占地面积约为前室及后壁小龛面积之和，为 10.44 平方米。左石室建筑结构与前石室类似，建筑构石分割得更碎，保存的原石十七石（图 2-24），缺

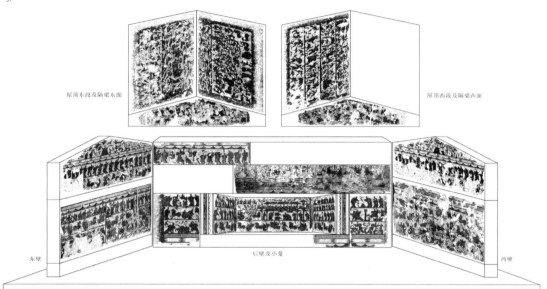

屋顶东段及隔梁东面　　　　　　　　　　　　　　　　　　屋顶西段及隔梁西面

东壁　　　　　　　　　　　后壁及小龛　　　　　　　　　　西壁

图 2-24　嘉祥县武氏祠左石室结构图

少左右侧壁下基石、后壁西隔梁石、后壁车马出行石东半、小龛下基石、前壁西承檐枋石、前承檐柱石、中霤柱石、部分正脊石及底部基石。左石室内面进深为前壁承檐枋石厚 0.26 米、东西侧壁宽 2.12 米、后壁小龛转角石侧面 0.74 米之和，为 3.12 米；内面阔为后壁画像尺寸；内高为东西壁上石 0.91 米、西壁下石 0.99 米、底部条基石 0.25 米之和，为 2.15 米；外部南北长度为内部进深尺寸及小龛内后壁厚度 0.19 米之和，为 3.31 米；外部东西长度为两后壁龛侧立石、龛后壁石、两转角石之和，为 3.78 米；外部高度为内高 2.15 米、屋顶石厚度 0.23 米、正脊石高度 0.31 米之和，为 2.69 米；占地面积约为前室及后壁小龛面积之和，为 10.84 平方米。总体而言，两石祠体量和结构类似，面积与长清孝堂山石祠接近，但内部容人空间略小，左石室建筑构石规划地更细，更便于降低石材加工成本及减少装配时间。

　　武氏祠前石室、左石室与其他两开间石祠显著的差别是后壁内嵌了小

龛，前石室龛位下方留存有祭台，表明汉代石祠进一步细化了祭祀空间的布局。前石室后壁上层画像为"拜谒射鹊图"，下层为贯穿内龛三壁的"车马出行图"，左右龛壁顶层为羽人异兽的仙界场景，中层为历史故事；左石室后壁上层为"拜谒射鹊图"，下层亦为贯穿内龛三壁的"车马出行图"，左右龛壁上层为"周公辅成王""二桃杀三士"等历史故事；巧合的是，临近的宋山小石祠一号祠堂后壁上层画像为"拜谒射鹊图"，下层亦为贯穿内龛三壁的"车马出行图"，左右龛壁上层西王母、东王公的仙界场景，下层为乐舞、庖厨、"周公辅成王"、"孔子见老子"等故事。两石祠的内龛与宋山小石祠画像内容、布局基本一致，可见内龛承担了仪式中主要的祭祀功能，起到吸引神仙祥瑞降临，带墓主人骑马登仙的作用，后壁正中的"拜谒图"象征了墓主人的神位，与下方祭台在功能上形成呼应。而前石室与左石室中龛位的外部空间，以其丰富的画像渲染一种"煌煌濡濡"肃穆氛围，既通过榜题文字或刻画某一历史时刻叙述了帝王先贤登仙的过程及在仙界或肃立或出行的状态，也向仙人展示了墓主人不同阶段的人生历程，希望逝者位及仙班的美好夙愿。可以认为武氏祠前石室与左石室的后龛体现了祭祀礼制的功能性，而宽敞的外部空间就像西方教堂穹顶气势恢宏的壁画一样渲染了宗教信仰的神秘性，并通过忠臣、名士的故事教化观者，让观者通过宗族祭祀的过程逐步成为儒家及道教的忠实信者。武氏祠两石室通过空间的巧妙分割，将祭祀功能建筑演变为直击信仰者心灵的宗教空间，将精心"选择"和"编排"的历史故事转变为教化信徒的宗教叙事。

4. 金乡县朱鲔石室

朱鲔石室位于山东省金乡县城西三里李庄村东，石室坐北朝南，北向8.2米封土之下为其地下墓室，墓室为石制多室墓，并无画像刻画。1907年，法国人沙畹考察时已无封土，墓室顶部露出地面。朱鲔石室为双开间悬山顶祠堂，墓主人级别较高，为两千石以下官吏。墓室和祠堂周边未发现其他墓室和丧葬建筑设施，石室应为墓主一人的祭祀祠堂。《水经注·卷八》录有石室最早的记载，"菏水又东迳汉平狄将军扶沟候淮阳朱鲔冢，墓北有石庙"。北宋沈括的《梦溪笔谈》从服饰冠冕角度描述了石室画像的情况，"济州金乡县发一古冢，乃汉大司徒朱鲔墓，石壁皆刻人物、祭器、乐架之类。人之衣冠多品，有如今之幞头者，巾额皆方，悉如今制，但无脚耳。妇人亦有如今垂肩冠者，如近年所服角冠，两翼抱面，下垂及肩，略无小异。人情不相远，千余年前冠服已尝如此。其祭器亦类今之食器者。"[1] 石室壁面虽刻有"朱长舒之墓"，但题记"天斜不工"，推测祠主未必是历史上的朱鲔。《后汉书》记载朱鲔为扶沟侯，爵位属列侯[2]，目前所发现的东汉列侯墓葬、陵园远比金乡的墓室、墓园规格要高。孟津朱家仓村 3 座汉墓有方形回廊结构，陪葬有铜缕玉衣；汉魏洛阳城西东汉墓四周有夯土墙垣，东西 190 米，南北 135 米，地上祭祀建筑区有三进院落组成，东西 90 米，南北 70 米，中心祠堂面阔五间，进深三间，有神道墓柱；淮北李楼 M1 为夫妻合葬墓，发现银缕铜缕玉衣各一套。虽然朱鲔墓室已空，但从仅存的地下墓室和地上祠堂的建筑规格远不及列侯。朱鲔是湖北省汉阳人，先被更始帝刘玄封为左大司马，后被光武帝刘秀封为扶沟侯，扶沟县位于河南省中部。山东省金乡县（汉代为东缗县）既非朱鲔出生地，也非封爵属地，史书上并无记载两者的关联，而且清朝黄易的《小蓬莱阁金石文字》和王昶的《金石萃编》中记录的题记仅表明祠主为"朱

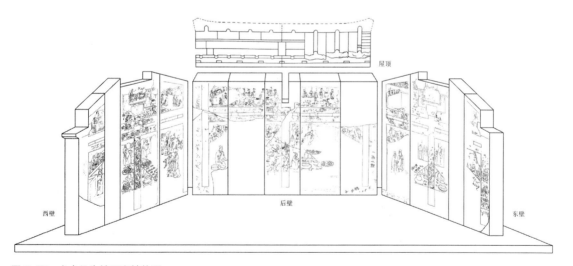

图 2-25　金乡县朱鲔石室结构图

[1]　[北宋]沈括著、张富祥译注：《梦溪笔谈》，中华书局 2009 年版，第 210 页。
[2]　《后汉书·岑彭列传》有关于扶沟侯朱鲔的记载："帝即解其缚，召见之，复令彭夜送鲔归城。明旦，悉其众出降，拜鲔为平狄将军，封扶沟侯。鲔，淮阳人，后为少府，传封累代。"

氏"，这位"朱氏"是否为扶沟侯朱鲔尚需新研究材料的出现。

　　1942 年，美国学者费慰梅绘制了石室画像的摹本，1988 年在当地农家找到了石室关键的承檐枋石，蒋英炬和杨爱国先生精确还原了石祠的外观形制。石祠现存十一石（图 2-25），室内面阔 3.96 米，进深 3.3 米，高约 3 米；室外面阔 4.36 米，高约 3.4 米，整体较长清孝堂山石祠更大。朱鲔石室与武氏祠、洪楼祠堂等其他双开间石祠相比有两个最明显的特点：第一，内壁雕刻有仿木质结构的斗拱、立柱和横枋，这充分表明汉代石祠是对木质祠堂建筑的模仿，是汉代中下层民众因地制宜，开采石材，模仿帝陵、诸侯陵园祠堂的形制，制作不逾礼制的祭祀建筑，恰恰是这种廉价的建筑材料使得汉代中下级丧葬建筑反而比规模宏大的皇家建筑保存的时间更为长久；第二，三壁阴线刻有通贯且画面细腻流畅的"宴享图"，以某一主题画面贯穿整个祠堂壁面设计的仅有朱鲔石室，虽然祠堂东西两壁顶层有狭小面积表现西王母和东王公的神仙世界，但整体风格与"宴享图"融为一体。与朱鲔石室不同，以武氏三祠为代表的绝大部分石祠通过故事与场景塑造了各色神仙、帝王圣贤、勇士列女的形象，这些画面展现了从人到神的转变过程，也给祭祀者构建了规模宏大的神仙世界，雕刻丰富的榜题也像敦煌变文一样，在民间类似太常卿一类祭祀巫者的带领诵读下完成对逝者的祭祀过程。朱鲔石室的设计师可能是地方画匠、墓葬建设的出资人、地方负责葬仪的长者或是巫觋，他们能将各类耳熟能详的典故和人物融入墓主人宴享的画面中去，形成了汉代保留下来唯一的祠堂刻画的整体设计方案。当然朱鲔石室不可能是孤例，笔者认为汉代木制祠堂、木制宗教建筑甚至是屏风[1]、衣镜[2]一类家具大多采取了类似该石室的画面方案，只是大多未能保存下来。目前仍未发现完整的汉代绘画艺术

[1]　如长沙马王堆西汉墓出土的一件漆屏风。屏身黑面朱背，正面用漆彩绘有云龙纹图案，绿身朱鳞，体态生动自然。背面整体朱色，底部满绘浅绿色棱形几何纹，中心为谷纹玉璧一枚。屏风四周围板，围板上绘以棱形彩饰。

[2]　如海昏侯刘贺墓中的孔子衣镜。衣镜位于海昏侯刘贺墓的主椁室西室，刘贺是第二位昌邑王，位及列侯，该墓在列侯墓中属规格较高者。衣镜由镜盖、青铜镜和镜框构成，镜盖正面书有《衣镜赋》，背面上为仙鹤，下为孔子及弟子像。镜框四周绘有神兽与仙人，中间是朱雀，朱雀两侧是西王母和东王公像，左为白虎，右为青龙。镜框背板分为三格，上方为孔子和颜回像，中间是子贡和子路像，下方是子羽和子夏像，图像两侧均墨书人物生平及言行，内容与《史记》和《论语》基本一致。

作品，尤其是宫廷艺术。像内蒙古和林格尔东汉墓、河南洛阳卜千秋西汉墓、河南永城县芒砀山柿园汉墓等大量壁画墓大多属于中型墓葬，体现了民间较高的绘画艺术水准，绘画线条粗犷、用色浓艳。而属同类型的朱鲔石室雕刻的画像线条极为纤细流畅，为了便于观赏和诵讲，线条之间可能填有色彩，这与周边嘉祥、滕州、微山等地区的汉代石祠、画像石墓区别明显，体现出与石室等级不相称的艺术成熟度。这表明技艺高超的石祠画匠和工匠可能并非来自当地，而可能来自汉都洛阳，是帝王赏赐建造的寿藏及祠堂，所表现的绘画一定程度上体现了东汉宫廷的绘画水准。《汉书》中有多处汉帝赏赐列侯坟冢祠堂的记载，"（霍）光薨……谥曰宣成侯……起冢祠堂"[1]。张安世薨，"天子赠印绶，送以轻车介士，谥曰敬侯，赐茔杜东……起冢祠堂"[2]。《汉书·王莽传》记载："上谷储夏自请愿说瓜田仪，莽以为中郎，使出仪。仪文降，未出而死。莽求其尸葬之，为起冢、祠室。"[3]列侯等级的霍光和张安世的祠堂墙壁画面应该也是由宫廷的艺术家绘制，像朱鲔石室的画像一样代表了汉代较高的绘画水准。同时，对于普通汉代画像石墓葬而言，地方的工匠不及宫廷的艺术家水准，画像石画面可能取自宫廷的粉本，但民间的艺术表现会使得原本的精制绘画艺术变得更拙劣、粗俗，而朱鲔石室在画像石中独树一帜的艺术表现力丰富了我们对汉代艺术的认知。

图 2-26　淄博市临淄光和六年王阿命石祠

五、其他类型祠堂

1.临淄光和六年（183年）王阿命石祠

王阿命石祠是一类较为特殊的小石祠，祠堂体量狭小，完全由一块整石雕刻而成，雕刻有基石、供案、龛位、坟丘等细节（图 2-26），目前

[1]　［汉］班固：《汉书》，中华书局 2015 年版，第 2553 页。
[2]　［汉］班固：《汉书》，中华书局 2015 年版，第 2306 页。
[3]　［汉］班固：《汉书》，中华书局 2015 年版，第 3560 页。

仅发现一例。石祠总长130厘米、后圆部分直径94厘米、高80厘米，龛前供案长92厘米、宽56厘米.厚23厘米，龛内阔38厘米、高40厘米。王阿命石祠是在山东临淄齐国故城小城东北城外发现，山东临淄石刻艺术陈列馆收藏，现移至齐

图2-27　南阳市李相公庄许阿瞿祠堂画像

文化博物馆。王阿命石祠不仅摹刻了一座石祠的基本构件，连祠堂后壁的封土也雕琢出来，是一个缩微的地上墓园建筑。石祠基座与供案合二为一，尺寸能够满足基本的祭祀需要。基座后半部分刻有缩小的简易龛室，像武氏祠前石室和左石室一样，中间是内嵌的龛位。龛位中心阴线刻有王阿命坐于榻上观看榻下两小儿玩耍的场景，周边有骑马小儿及车一辆。龛位右壁刻有二十四字隶书题记，"齐郎王汉特之男阿命四岁，光和六年三月廿四日物故痛哉"[1]。像褚兰镇建宁四年胡元壬石祠、宝光寺熹平三年邓季皇祠一样，祠堂壁面以铲地阴刻题记一篇，表明祠主的身份、经历和造石祠经过等，这篇题记表明这是一座祭祀四岁早夭孩子的祠堂。王阿命是齐侍郎王汉特之子，于东汉灵帝时期早亡，题记内容与河南许阿瞿画像石题记（图2-27）描述基本类似，这也解释了为何这座石祠修建得如此之小。对于幼子的碑刻题记文献上多有记录，《蔡邕集·童幼胡根碑》云："禀命不长，凤罹凶灾，年七岁，建宁二年连疾夭逝……亲属李陶等相与追慕先君，悲悼遗嗣，树碑刊辞，以慰哀思。"[2]《金石录》中《汉逢童碑》云："童子讳盛，字伯弥，薄令之玄孙，遂成君之曾孙，安平君之孙，五官掾之长子也。年十有二岁，在协洽五月乙巳，噫嚄不反，天阴精晃。于

[1] 郑岩：《山东临淄东汉王阿命刻石的形制及其他》，《艺术史研究》2008年第10期。

[2] 杨树达：《汉代婚丧礼俗考》，江西教育出版社2019年版，第117页。

是门生东武孙理、下密王升等共刊石，叙述才美，以铭不朽焉。"[1]《蔡邕集·袁满来碑》云："众律其器，士嘉其良，虽则童稚，令闻芬芳。降生不永，年十有五，四月壬寅，遭疾而卒。呜乎悲夫，乃假碑旌于墓。"[2]

龛位顶上雕刻有三排瓦垄，前檐可见瓦当和椽头，瓦垄后方有一圆形平台凸起，顶后刻楷书"贾夫人"和"曹夫人"字样。杨爱国先生认为祠堂被后人再利用改造过，郑岩先生认为是祠堂原始雕琢的构件。笔者同意郑岩的意见，从所见的凿纹及风化程度来看圆形平台与其他部位一致，应为原始构件。石祠后部整体雕刻为半球形，类似墓园的封土圆丘。仅仅半米高的"封土"尚起不到标识的作用，需要一个更高大的标志物，"封土"的平台上面应有其他构件立于其上，起到标示封土的作用。如果石祠非"后人改造"，祠坟一体的构造表明王阿命可能没有墓室或棺椁，仅以石刻模拟的方式补全了墓园的地下建筑设施。而此石祠体量狭小，在树林蒿草之间很难辨识，不太可能独自放置于野外，一种可能是放置于家族墓园之中，等待齐郎王汉特夫妇一起下葬；另一种可能是此石祠是属于更大型家族祠堂建筑的一部分。长130厘米、宽56厘米的基石整体雕刻规矩平整，像郑岩根据宋山小石祠两侧及后壁的糙面绘制的石祠嵌入封土示意图一样，如果王阿命石祠埋于土地或封土前方，没有必要将四面都进行雕琢凿平，其基石更可能作为构件嵌入更大祠堂的基石之中，地面仅露龛位及后部半球部分。

2.金乡李刚墓园的三开间石祠

目前没有三开间及以上规模的房屋式石祠发掘记录，但《水经注·济水二》确有记载，金乡李刚墓园"有石阙、祠堂、石室三间，椽架高丈馀，镂石作椽，瓦屋施平天造，方井侧荷梁柱，四壁隐起，雕刻为君臣、官属、龟龙凤麟之文，飞禽走兽之像"[3]。李刚墓园前有石阙，中有木柱瓦顶式祠堂，后有三开间的石室，其建筑配制类似帝陵中寝殿、宗庙、便殿的设置。这种三开间石室祠设有过道、前厅，三个开间四合房带天井，即左、中、右各一间，前厅开敞，上有屋盖，下为过道。"椽"的使用表明李刚石祠的结构远比长清孝堂山石祠及徐州洪楼祠堂结构复杂，后两者用

[1] ［宋］赵明诚撰：《历代碑志丛书·金石录三十卷》，宋龙书刊本，江苏古籍出版社1998年版，第281页。
[2] 杨树达：《汉代婚丧礼俗考》，江西教育出版社2019年版，第117页。
[3] ［北魏］郦道元著、陈桥驿校证：《水经注校证》，中华书局2017年版，第206页。

三角横梁石和两侧山墙的顶部简化和模仿了承担屋顶的数根横椽梁，而李刚祠"镂石作椽"完全模拟木构建筑的椽架，这种结构高度复杂的屋顶没有必要用于被简化的两坡式悬山顶石祠，更可能用于像长安未央宫和曲阜鲁灵光殿那种更高规格的歇山顶样式建筑。

有的石质祠堂可能采取更复杂的建筑形式，但复杂的工艺和结构反而不易长久保存，同时期也存在着大量结构简单、工艺粗糙、无装饰的民间祭祀设施，仅有由糙面石板搭建的小龛或仅置于封土前面的祭台。在汉代墓葬区大量的墓室并没有配套的地上祭祀设施，甚至连封土也随着时间而消失殆尽，所谓的祭台也并非精心雕刻的石器，而能够保存下来雕刻有精美画像的石祠建筑仅是少数。同时，石祠规模的大小以及画像雕刻的精美程度只在一定程度上反映墓主人家族的经济实力，并非墓主人官级判断的唯一标准。需要指出的是，高规格的祭祀建筑反而使用木柱瓦顶这种不易长期保存的结构，内壁饰有彩绘画面的建筑规格远高于使用各种雕刻技法的石祠，甚至河南省密县打虎亭汉墓、永城芒砀山汉墓、洛阳八里台汉墓、内蒙古和林格尔汉墓等大部分汉代壁画墓的墓主官职级别远高于鲁西南、皖北、苏北地区的汉画像石墓的墓主。这主要是因为秦汉时期绘画艺术与祭祀、神权具有密切的联系，体现出一定的贵族特征，因此具有较高艺术水准的壁画墓体现了墓主人相应的身份等级。我们可以认为汉代石祠体现了上层陵寝制度下沉于民间的现象，反映了汉代社会中间阶层求福升仙的神鬼信仰，一定程度上成为教化受众、传播思想的宗教场所，体现了以儒生为代表的知识阶层对生命的观念；而其不具有普遍性，因为社会下层的普通民众依然在使用着毫无装饰的土坑竖穴墓，并没有地上祭祀设施保存下来供我们研究。

3. 石基瓦顶式祠堂

汉代石祠中还有一类是没有画像的石制建筑，其大多属于诸侯王、列侯一级陵园地上的祭祀建筑，大多由条石搭建地基和墙面，有屋檐及内部祭台，有的使用木制立柱，主要材料仍为石材。虽然不属于画像石祠堂，但对于了解汉代皇室祭祀礼制对民间的影响有重要的作用。河南省永城芒砀山梁王墓地所在的芒砀山主峰上有一处大型礼制建筑遗迹（图2-28），有南北长33.5米、东西宽31.5米、面积达1055平方米的石基台；四周为条石垒制的石墙，在石墙外发现的三块柱础石中间残留有圆形柱痕，估计柱径为 43 厘米。建筑为四开间，每开间面阔应为 5.5 米。柱础石四周堆积有大量筒瓦、板瓦和建筑残件，应为祭祀建筑的屋顶瓦顶构件。东侧石墙内侧还有用凿制规整的石板铺设的斜坡漫道。推测墙外有回廊，周边有柱，柱上有屋檐。该建筑位于山顶，属于梁国陵园的中心位置，可能属于

图 2-28　永城市芒砀山梁王墓地中的一处大型礼制建筑遗迹

祭祀先祖的宗庙或者祭祀上天、山神的祭台。江西省萍乡市莲花县升坊镇罗汉山西汉安成侯墓的封土堆西侧发现了多个汉白玉柱础，柱础属于祠堂建筑的基本构件，表明安成侯陵园存在祭祀相关的建筑。陕西省咸阳市西汉霍光墓祠堂遗迹周边发现有大面积的壁画残片和不少柱础构石，表明西汉高等级陵园的祠堂大多使用壁画装饰墙面而非石刻画像。山东省苍山县金山西汉墓的墓道上方的封土处发现了用不规则石块垒制的石墙，东墙南端有门，内砌石墙，有西门通向西侧坟丘，此处应为石制墙壁瓦顶的祠堂建筑。江苏省徐州荆山村西汉墓地西南发现有双开间祠堂建筑，属于石砌基础、木构瓦顶的房屋式建筑。在诸侯王及列侯一级的地上祭祀设施修建中，大多使用石质基石，上方使用雕刻的石条或石块垒建建筑外壁，在基座石的相应位置会留有榫孔，卯柱连接上方卯榫木结构的檐顶框架，椽架上方覆瓦顶，置瓦当、筒瓦，房屋内壁采用彩绘的纹饰装饰墙面，在祠堂中部多立有数根立柱，下有石质柱础。显然这种石质基础、墙体、木柱瓦顶的祭祀建筑与常见的瓦顶木结构祠堂不同，属于略简易化的宫廷祭祀建筑，是木制祠堂与石制祠堂的中间过渡形式。这种石祠可以建造得更为庞

大，木构椽架可以较容易地实现庑殿顶这种复杂的礼制建筑样式，内部墙体平面上的彩绘显然也比石材上的雕刻更细腻、传神，更赋艺术表现力。从石基木构祠堂到石制祠堂的过渡，可以看出民间祭祀建筑对宫廷建筑样式的模仿，或者说祭祀建筑装饰的世俗化，这体现在从开阔的垒石墙面到狭小的石质墙板[1]，从线条流畅、色彩艳丽的壁画到雕琢古朴的雕刻，从八分精妙的汉隶到大小参差、变体缺划的榜题等等。两种石祠的差异可能是因为礼制约束不得已而为之，也可能是民间财力有限选择的变通方法，但恰恰这种民间流行的简易化的祭祀建筑反倒比辉煌雄伟的王侯墓祠保存得更为长久。

---

[1]　从武氏祠左石室后壁多块构石组成的墙面，一方面可以看出民间对于高等级礼制建筑的模仿，另一方面也体现了左石室墓主人更高的身份等级。

第三章 石祠构件与画像的空间配置

祠堂建筑是墓祭发展到一定程度的产物，很多祭祀礼仪通过石祠这种独立性的空间固定和保存下来。我们既可以从整体上去认知这个"神圣空间"所赋予的感受，去了解汉代人对于生与死的信仰，也可以将石祠空间分解，去分析建筑解构图中每一个构件在这个宗教叙事中所承担的角色。台湾学者邢义田先生认为汉画像石的画面存在着某些"格套"，这些"格套"揭示了画像在构图、内容上一致性的规律，这种一致性规律正是以无数画像和构件中提炼出来的祭祀叙事性为基础，是对汉代人思想的总结。如果将"格套"的应用范围扩大，石祠的建筑构件显然也存在着与某些画像内容的某种对应关系。一方面，从方位空间对意义的指向作用促进我们理解画像的内容；另一方面，对于某些社会征集或零散出土的石祠构件，我们可以通过画像内容和结构样式轻易确定它在石祠建筑中所处的位置。同时，对建筑的解构容易造成"只见树木，不见森林"的问题，也容易对某个构件或某幅画像意义延伸的过于宽泛，将当代历史哲学、艺术史学的观点强加给两千年前的汉人，将原本无关的事件建立联系，就像孙机先生指出的："人们在理解汉代艺术时常常加入一些当时并不存在，后来却被人们普遍接受的观念。这种以后来的眼光来审视汉代艺术的做法必然会影响我们对汉代艺术品的理解。"[1] 为避免这样的问题，历史叙事中对研究材

---

[1] 孙机：《中国汉画研究·卷二》，广西师范大学出版社 2006 年版，第 431 页。

料的"选择"就显得极为重要,在"选择"的基础上建立重要事件之间的联系,组成历史发展的完整链条[1]。汉代石祠的研究同样是构建画像与画像之间、构件与构件之间、画像与构件之间的关系,通过一般性规律建立人与建筑交互的叙事链条,使用叙事理念无限接近汉代历史本源,回溯汉代人的信仰,反映历史真实。

在早期文献中有很多关于祠堂画像内容与空间关系的记载,这些记载很多属于宫廷壁画,但它们与汉代石祠画像极为相似,能够看出之间的继承关系。先秦古籍《孔子家语·观周》记载:"孔子观乎明堂,睹四门墉有尧、舜之容,桀、纣之象,而各有善恶之状、兴废之诫焉。又有周公相成王,抱之负斧扆南面而朝诸侯之图焉。孔子徘徊而望之,谓从者曰:'此周公所以盛也。夫明镜所以查形,往古者所以知今。'"[2]孔子访郊社、明堂、朝庙所观的尧舜桀纣之像皆与武梁祠相似,"周公辅成王"画像常见于嘉祥地区石祠侧壁。东汉时期的宫殿、祠庙等建筑的墙面上大多绘有壁画,武梁祠侧壁上的贞洁列女的故事大多出于刘向的《列女传》,光武帝当时也对这一类"列女图"感兴趣,《后汉书·宋弘传》记载:"弘尝谠见,御坐新屏风,图画列女,帝数顾视之。"[3]明帝时南宫云台四壁绘有东汉开国二十八功臣图画,这些功臣前世被传为上应二十八星宿,"永平中,显宗追感前世功臣,乃图画二十八将于南宫云台,其外又有王常、李通、窦融、卓茂合三十人"[4]。除了王侯的皇家建筑内壁装饰壁画,下至地方官吏、地主、贵族的宅邸、宗祠也都有富丽堂皇的装饰绘画,《后汉书·西南夷列传》记载:"是时郡尉府舍皆有雕饰,画山神海灵奇珍异兽,以眩耀之……"[5]东汉辞赋家王延寿所作的《鲁灵光殿赋》是汉代京都题材赋作之集大成者,赋追述了鲁恭王当初受封及建造灵光殿的情景,其中最精彩的部分当属对宫殿结构、画面、设施的描述,让周之后仅存的宫廷建筑完美呈现出来。"尔乃悬栋结阿,天窗绮疏。圆渊方井,反植荷蕖。发秀吐荣,菡萏披敷。绿房紫菂,窋咤垂珠,云楶藻棁,龙桷雕镂。飞禽走兽,因木生姿。奔虎攫挐以梁倚,仡奋豐而轩鬐。虬龙腾骧以蜿蟺,颔若

[1] 张露胜:《红色主题展览宏大叙事的构建》,《东南文化》2022年第4期,第146-150页。
[2] 王国轩、王秀梅译注:《孔子家语》,中华书局2009年版,第90页。
[3] [宋]范晔撰、[唐]李贤等注:《后汉书》,中华书局1999年版,第605页。
[4] [宋]范晔撰、[唐]李贤等注:《后汉书》,中华书局1999年版,第525页。
[5] [宋]范晔撰、[唐]李贤等注:《后汉书》,中华书局1999年版,第1930页。

动而躨跜。朱鸟舒翼以峙衡，腾虵蟉虬而逶榱。白鹿子蜺于欂栌，蟠螭宛转而承楣。狡兔跧伏于柎侧，猨狖攀椽而相追。玄熊舑舕以断断，却负载而蹲跠。齐首目以瞪眄，徒眽眽而狋狋，胡人遥集于上楹，俨雅跽以相对。伛俛跒以雕穴，颔顩颗而睽睢。状若悲愁于危处，憯軫蹙而含悴。神仙岳岳于栋间。玉女窥窗而下视。忽瞟眇以响像，若鬼神之仿佛。图书天地，品类群生。杂物奇怪，山神海灵。写载其状，托之丹青。千变万化，事各缪形。随色象类，曲得其情。上纪开辟，遂古之初。五龙比翼，人皇九头。伏羲鳞身，女娲蛇躯。鸿荒朴略，厥状睢盱。焕炳可观，黄帝唐虞。轩冕以庸，衣裳有殊。下及三后，淫妃乱主。忠臣孝子，烈士贞女。"[1]西晋的左思在《魏都赋》中寥寥数句追忆了昔日魏都邺城宫殿的壁画景象，"仪形宇宙，历像贤圣。图以百瑞，綷以藻咏。茫茫终古，此焉则镜"。祠顶之"宇宙"、侧壁之"圣贤"以及充斥于画像间的"百瑞"皆能在汉代石祠中找到影子。汉代中小型墓葬地上设施的装饰充分借鉴了宫廷装饰的特点，灵光殿作为诸侯王的皇家祭祀建筑，其"朱鸟舒翼""人皇九头""伏羲鳞身""胡人遥集于上楹""神仙岳岳于栋间"等词句渲染了宗庙神秘又虔诚的氛围，将一个原本公共性的空间转换为可以沟通天地的神圣场域，而这些绘画题材和营造的氛围被民间的汉代石祠所吸收，让流行于宫廷的宗教信仰为民间所接受。

一、西壁构石与西王母的世界

汉代石祠大多坐北朝南，也有部分因墓园所在地势而有所差异，如武氏三祠均朝向西北，石祠的两侧壁大多为东西布局。在汉代的神仙观中"东"和"西"是具有明确暗喻意义的方位，西方指代昆仑神山，是以西王母为首的诸神仙生活的仙界，《山海经·海内西经》曰："海内昆仑之虚在西北……百神之所在。"[2]在汉代的神仙信仰中，逝者向西方拜谒西王母后服下玉兔捣制的不死仙药才可以升入天门，成为仙界诸神的一员。先秦文献中对西方的昆仑山有丰富的记载，其中昆仑山的方位也有诸多不同说法，《山海经·西山经》认为"昆仑之丘"位于"西南四百里，是实惟

[1] 龚克昌：《全汉赋评注》，花山文艺出版社 2003 年版，第 717 页。

[2] ［晋］郭璞：《山海经》，上海古籍出版社 2017 年版，第 293 页。

帝之下都"[1]；《穆天子传》中西王母托梦告知周穆王"山去咸阳三十六万里"[2]；东方朔在《海内十州记》中云："昆仑，号曰昆陵，在西海戌地、北海之亥地，去岸十三万里"[3]；《河图·括地象》亦云："地中央曰昆仑，昆仑东南，地方千里，名曰神州"，又云："昆仑者，地之中也"。从远在西方"三十万里"到不明方位的"地之中"，西方的昆仑神山在神话中渲染为一种人不可及的仙域，这种神秘性赋予了山上神仙瑞兽各类祥瑞之能。《易纬·易乾坤鑿度卷上》记载："文王下吕，九尾见。"[4]清赵在翰注："文王师吕尚，遂致九尾狐瑞也。"《春秋纬·春秋元命苞》引《文选》曰："天命文王以九尾狐。"[5]周文王师从姜子牙，经"天人感应"，西王母身边的九尾狐将会在人间出现。

在先秦神话中西王母身边伴随有为之衔食的三青鸟、守卫昆仑门户的九头人面兽、三皇之首"初造王业"的伏羲、守护方位的兽首人身神以及各类羽人和瑞兽。《山海经·海内西经》中详细描述了昆仑山上的场景，"昆仑南渊深三百仞。开明兽身大类虎而九首，皆人面，东向立昆仑上。开明西有凤皇、鸾鸟，皆戴蛇践蛇，膺有赤蛇。开明北有视肉、珠树、文玉树、玕琪树、不死树。凤皇、鸾鸟皆戴酿。又有离朱、木禾、柏树、甘水、圣木、曼兑，一曰梃木牙交。开明东有巫彭、巫抵、巫阳、巫履、巫凡、巫相，夹窫窳之尸，皆操不死之药以距之。窫窳者，蛇身人面，贰负臣所杀也。服常树，其上有三头人，伺琅玕树。开明南有树鸟，六首；蛟、蝮、蛇、蜼、豹、鸟秩树，于表池树木，诵鸟、鹬、视肉"[6]。中国地势西高东低，《河图·括地象》认为西方为天门，东方为地户，祠堂侧壁称之为"山墙"，古以西为尊，西侧壁山墙之"山"即象征着西方的昆仑仙山，西壁最上层象征着悬蒲三层之顶[7]，大多刻画着以西王母为主神的神仙和羽人（图3-1），甚至整个祠堂的顶部，包括屋顶石、三角横梁石、承檐枋石等位居祠堂上部的建筑构石上都绘有描绘仙界的画像。

[1]　［晋］郭璞：《山海经》，上海古籍出版社2017年版，第58页。

[2]　高永旺译著：《穆天子传》，中华书局2020年版：第62页。

[3]　［汉］东方朔：《山海经（外二十六种）》，上海古籍出版社1991年版，第279页。

[4]　［清］赵在翰：《七纬》，中华书局2012年版，第30页。

[5]　［清］赵在翰：《七纬》，中华书局2012年版，第426页。

[6]　［晋］郭璞：《山海经》，上海古籍出版社2017年版，第296-299页。

[7]　《昆仑说》曰："昆仑之山三级：下曰樊桐，一名板桐；二曰玄圃，一名阆风；上曰层城，一名天庭；是为太帝之居。"

图3-1　嘉祥县宋山一号小石祠东壁

图3-2　嘉祥县南武山出土画像石第三石

西方诸神的下方不同的石祠有不同的画像配制，嘉祥地区以宋山大队村出土汉墓的第一批石祠构件中的四块西壁石最具代表性，大多具有"乐舞图"和"庖厨图"，或两者有其一（图3-2），再搭配其他历史故事的画像。而乐舞和庖厨画像位于西壁，显然其内容并非简单反映人间的生活享乐，而是描绘了祭西王母仪式中的"宴神"和"娱神"的阶段。祭西王母是仙人接引墓主人升仙的重要步骤。汉帝刘彻的《天地》赋清晰描述了祭祀天地礼仪中"宴神"与"娱神"这两个阶段，"天地并况，惟予有慕，爰熙紫坛，思求厥路。恭承湮祀，韫豫为纷，黼绣周张，承神至尊。千童罗舞成八溢，合好效欢虞泰一。九歌毕奏斐然殊，鸣琴竽瑟会轩朱。璆磬金鼓，灵其有喜，百官济济，各敬厥事。盛牲实俎进闻膏，神奄留，临须摇。长丽前挟光耀明，寒暑不忒况皇章。展诗应律铘玉鸣，函宫吐角激徵清。发梁扬羽申以商，造兹新音永久长。声气远条凤鸟翔，神夕奄虞盖孔享。"[1]这两类画像的意义暗喻了昆仑山上的西王母与画面反映的内容和所在祠堂的空间位置建立了关联。从整体上可以认为除西壁下方的车马出行属于贯穿三壁的画面，其余画面内容均与西方的概念具有关联。济宁市微山岛出土的众多平顶小石祠的画像内容也接近宋山小石祠，其石祠体积更小，画像内容表现直奔主题，简洁明快。如微山县两城乡出土的永和四年（139年）祠堂西壁石（图3-3），尺寸仅长56.5厘米、宽67厘米，一整幅西王母图

[1]　[汉]班固：《汉书》，中华书局2015年版，第975页。

充斥整个壁面，给予观者一种暗示，即
祠堂西壁空间代表了西方昆仑仙界的诸
神。邹县西南高庄公社金斗山附近的再
葬汉墓中出土了六块画像石，其中五块
属于同一座地上祠堂建筑，分别为东壁、
西壁、后壁、屋顶（两块组成），其西壁
整幅画面没有界格分割，完全表现西王
母及其身边的异兽（图3-4）。滕州地区
出土了大量小石祠构件，属于剔地浅浮
雕或平面阴线刻，雕刻内容繁缛、富有
装饰性，如1958年滕州市桑村镇西户口
村出土的平顶小石祠西壁构石，高80厘
米、宽82厘米、厚25厘米，祠堂尺寸
与宋山石祠接近却刻有五层画面，上方
二层为西王母与诸神图（图3-5），中间为
六博[1]与"宴饮图"，下层亦为"车马出行
图"。虽然雕刻艺术独具风格，但画像核
心的"建鼓舞"场景像其他地区石祠一样
与西方仙界有直接的"关联"。此外，嘉
祥武氏三祠、长清孝堂山祠堂、徐州洪楼
祠堂、邳州占城祠堂、徐州白集祠堂等悬
山顶房屋式石祠，其西壁画像虽然层次较
多、人物复杂，但内容核心仍然与西方及
昆仑诸神相关，体现了位置与空间的一
致性。

图3-3　微山县两城乡出土石祠西壁石

图3-4　邹县金斗山石祠西壁石

---

[1] 六博虽是汉代流行的一种棋类，但画像石中常出现背生双羽的仙人博棋的画面，故常称为"仙人六博"，而且在伊湾汉牍《博局占》中六博棋成为汉代人婚丧嫁娶的占卜工具，故画像中表现六博暗喻了仙人为墓主人升仙占卜的寓意。

图 3-5　滕州市西户口村出土石祠西壁石

二、东壁构石与东王公的世界

石祠东壁的画像在寓意上同样与东方的方位暗合。绝大部分石祠东壁最上层都刻有东王公及其诸神画像，体量较小的祠堂如微山地区的平顶式石祠和淮北地区的石鼓形石祠东壁常会选择单壁整幅画像暗喻东方。东王公在先秦神话中是与西王母阴阳相对的男性神，在西汉海昏侯刘贺墓中出土的衣镜上就绘有最早的东王公像，朱书的《衣镜赋》中有对东王公的记述，"……右白虎兮左仓龙，下有玄鹤兮上凤凰，西王母兮东王公，福熹所归兮淳恩臧，左右尚之兮日益昌……"[1]在东汉早期的长清孝堂山石祠的东壁上刻画有"东王公坐于屋中，风伯吹起屋顶"的场景，直到东汉晚期东王公的形象才广泛出现在民间的石祠中。早期的东王公并非头戴进贤冠身着长袍的官员形象，而是像西王母一样经历了从怪到神的形象转

---

[1]　王意乐、徐长青、杨军、管理：《海昏侯刘贺墓出土孔子衣镜》，《南方文物》2016年第3期，第61-70+50页。

变。东方朔的《神异经·东荒经》记载:"东荒山中有大石室,东王公居焉。长一丈,头发皓白,人形鸟面而虎尾,载一黑熊,左右顾望。"[1]"人形鸟面而虎尾"的东王公此时已经与东方的方位建立了关联,而在《神异经·中荒经》中东王公与西王母成为搭配出现的男女神祇,"昆仑之山,有铜柱焉,其高入天,所谓天柱也。围三千里,周围如削。下有石室,方百丈,仙人九府治之。上有大鸟,名曰希有,南向,张左翼覆东王公,右翼覆西王母。背上小处无羽,一万九千里。西王母岁登翼,上之东王公也"[2]。在汉代神仙观中对东王公与西王母在神职上的划分并不明确。原本东王公与西王母职能对应,掌管男仙名籍,但在《博物志》中认为:"万民皆付西王母,唯王、圣人、真人、仙人、道人之命上属九天君耳"[3],西王母掌管万民并赐予其不死药而升仙,而众圣贤等归属九天神君管理,东王公在神祇中的职能似乎仅与东海三神山相关。

与西方诸神生活的昆仑山相对应,东方蓬莱、方丈、瀛洲三山属于众仙的居所,早期有众多文献描述东方的三座神山。与昆仑山暗喻升仙类似,东方神山常与不死仙药相关联。《史记·秦始皇本纪》记载:"齐人徐市等上书,言海中有三神山,名曰蓬莱、方丈、瀛洲,仙人居之。"[4]《博物志》记录了一段战国时期人们对于东方宫阙、仙药的想象,"威、宣、燕昭遣人乘舟入海,有蓬莱、方丈、瀛洲三神山,神人所集。欲采仙药,盖言先有至之者。其鸟兽皆白,金银为宫阙,悉在渤海中,去人不远"[5]。泰山在先秦时期也归为仙山行列,与三神山一样皆有"金玉""珠玕""华实",食之而不死。《列子》记载:"渤海之东不知几亿万里,有大壑焉,实惟无底之谷,其下无底,名曰归墟。八纮九野之水,天汉之流,莫不注之,而无增无减焉。其中有五山焉:一曰岱舆,二曰员峤,三曰方壶,四曰瀛洲,五曰蓬莱。其山高下周旋三万里,其顶平处九千里。山之中间相去七万里,以为邻居焉。其上台观皆金玉,其上禽兽皆纯缟。珠玕之树皆丛生,华实皆有滋味,食之皆不老不死。所居之人皆仙圣之种;一日一夕

[1] [汉]东方朔:《山海经(外二十六种)》,上海古籍出版社1991年版,第266页。
[2] [汉]东方朔:《山海经(外二十六种)》,上海古籍出版社1991年版,第271页。
[3] 郑晓峰译注:《博物志》,中华书局2021年版,第253页。
[4] [汉]司马迁:《史记全本》,北京联合出版社2015年版,第126页。
[5] 郑晓峰译注:《博物志》,中华书局2021年版,第31页。

飞相往来者，不可数焉。"[1]

东方属地户，与西方不同，东方对于中原人的神秘性除了仙人及不死药，还有汤谷、神宫等大量与水相关的东方神话元素，其指代意义与前者基本相似。太阳升起于东方的汤谷，"汤谷上有扶桑，十日所浴，在黑齿北，居水中。有大木，九日居下枝，一日居上枝"[2]。太阳之精的三足乌常出现于伏羲或羲和所举的日轮当中，属于东王公身边象征东方的祥瑞。三座神山之外的"列姑射山在海河洲中"，山上神人的品行成为汉代士大夫的精神象征，"神人吸风饮露，不食五谷；心如渊泉，形如处女。不偎不爱，仙圣为之臣；不畏不怒，愿悫为之使；不施不惠，而物自足；不聚不敛，而己无愆。阴阳常调，日月常明，四时常若，风雨常均，字育常时，年谷常丰；而土无札伤，人无夭恶，物无疵厉，鬼无灵响焉"[3]。沼中神宫中亦有不死之泉，"神宫在高石沼中，有神人，多麒麟，其芝神草，有英泉，饮之，服三百岁乃觉，不死。去琅琊四万五千里。三珠树生赤水之上"[4]。

图 3-6　嘉祥县宋山一号小石祠西壁

以东王公为代表的众仙人成为生人求不死的心灵寄托，东壁的各种画像均与之有密切的联系。宋山一号小石祠东壁画像上层就刻画了东王公与众羽人的仙界场景，暗示了石祠空间与东方方位的呼应。东壁的其他画像更多刻画历史故事或先秦的先贤人物，如宋山一号小石祠（图3-6）所刻的"周公辅成王"及"骊姬下毒"的故事，以及一些嘉祥地区常见的历史题材、孝子题材的画像，如"崔杼弑杀齐庄公""管仲射小白""邢渠哺父""季札挂剑""孔子见老子""升鼎图"等。其中"孔子见老子""周公辅成王""升鼎图"这

［1］叶蓓卿译注：《列子》，中华书局 2021 年版，第 116 页。
［2］［晋］郭璞：《山海经》，上海古籍出版社 2017 年版，第 275 页。
［3］叶蓓卿译注：《列子》，中华书局 2021 年版，第 31 页。
［4］郑晓峰译注：《博物志》，中华书局 2021 年版，第 44 页。

三福画像在东壁出现的次数最多，有些东壁画像全部使用（图3-7），有些东壁使用其中的一幅或两幅再搭配其他历史题材的画像使用。"孔子见老子""周公辅成王""升鼎图（龙去鼎湖）"三幅画像通过经典情节的描绘，叙述了三个不同时期的历史典故，揭示了叙事的主人公——孔子、周公、黄帝所隐喻的"孔子择日""周公相地""登龙升仙"三个助葬流程。《太平经》将神仙分为神人、真人、仙人、道人、圣人、贤人六等，包括武氏三祠（图3-8）画像中的大量生而为神的帝王、因功绩成仙的忠臣孝子、勇士列女等祠堂画像人物实际上都已经位列仙班，大多成为仙班中圣、贤二等。同时，很多祠堂画像中众多无榜无题的或肃立、或端坐的人物也都是历史上口口相传的经典人物，且已位列仙班。这些历史人物画像除了以故事情节教化观者以外，更重要的是以仙人身份引领墓主人升仙。如果说西方昆仑山所居的大多属于生而为仙的异兽、人首蛇身、

图3-7　嘉祥县五老洼汉墓第九石

图3-8　嘉祥县武梁祠东壁

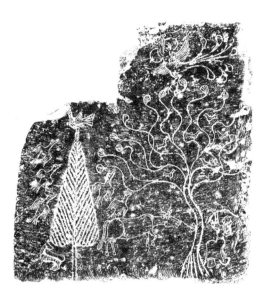

图 3-9 淮北市北山乡石鼓形祠堂侧壁

兽首人身等与人形不同的神仙，那么东方蓬莱、方丈、瀛洲三山中所居仙人大多属于由人而仙且具有人形的神仙。祠堂东壁中众多或因帝业、或因孝道、或因忠贞早已升仙的人物都属于东王公所辖的东方神山中的仙人，那么东壁中孔子、管仲、周公、季札等人物就与东方的方位建立联系，通过画像形成了祠堂东壁与东方仙山的时空转换。此外，微山、宿州和淮北地区的祠堂因为面积狭小，后壁中的"射鹊图"常刻画于东壁，如淮北市北山乡再葬汉墓（图 3-9）中出土的石鼓形祠堂壁石即是如此。总之，石祠东西两壁画像内容具有明确的方向属性，西壁主题围绕西王母及祭祀仪式展开，东壁主题围绕东王公及所辖仙人展开，两者刻画的目的都是求不死药进而升仙，这与汉代深厚的谶纬思想和神鬼观念密不可分。

三、后壁构石中的"拜谒射鹊图"

祠堂后壁是祠堂建筑最核心的部分，与东西两壁象征的空间方位不同，后壁即为墓主人的龛位，是祭祀仪式的中心。以嘉祥宋山出土的第二批四块祠堂后壁石为代表（图 3-10），后壁画像主要以"拜谒图"和"射鹊图"组成，两个格套的画像均具有叙事性特征，讲述了墓主人的"魂"从进入府宅到在仙人指引下骑马升仙的故事。对于"拜谒图"中端坐于府宅中央接受园寺舍吏拜谒的人物即是墓主人，在山东省嘉祥焦城出土的祠堂后壁石中，屋内体型最大的人物在接受二人拜谒，后方一侍吏手持便面，房屋立柱上即刻有"此斋主也"的题记；山东省嘉祥五老洼再建墓中出土了多件祠堂构石，其中一石画像描述了屋内体型巨大的人物接受屋内外三人拜谒，一吏身上刻有"十一日"题记，身后亦有一侍吏手持便面，接受拜谒者身上刻有"故太守"题记（图 3-11）。接受园寺舍吏拜谒的墓主人以一种标识性的形象填充了石祠中原本空缺且难以描绘的祭祀空位，既代表了这座石祠的主人，又叙述了墓主人"魂"乘车马出行，队伍浩浩荡荡进入墓园府宅，接受守陵官吏拜谒的一段逝后的旅程。汉代陵园有专属的名称，西汉梁孝王的陵园就发掘出大量"孝园"字样的瓦当碎片，帝王、诸侯的陵园中均会设置守陵的官吏，负责陵园的建造和管理工作。西汉中山靖王刘胜及其妻窦绾之墓位于河北省满城县，墓地山陵上有祠庙建筑的砖瓦遗迹，外围的侧殿为守陵官吏所住的房舍，陵园周边一带有汉帝时迁至的守陵人员，人员世代繁

图 3-10 嘉祥县宋山再建墓出土第二批祠堂构石第十四石

图 3-11 嘉祥县五老洼出土画像石第三石

衍形成村落，名为"守陵村"，保留至今。光武帝为安城孝侯"营冢堂，起祠庙，置吏卒"[1]，这里的"吏卒"亦为各类石祠后壁画像中在陵园入口迎接车马出行队伍、拜谒墓主人的园寺舍吏。上方楼阁中众多端坐的女眷象征着墓园众多祔葬墓、陪葬墓中逝去的女性家族成员及侍女，在阴宅中依然侍奉祠主。汉代中小型墓葬因为严格的丧葬礼制极少设有祔葬墓、陪葬墓，但会形成一定范围的家族墓园，地方官吏及地主豪强会通过祠堂画像的形式模仿帝王、诸侯、列侯的祔葬、陪葬的陵寝制度，将原本属于王陵中的大量陪葬车马、金银玉器、祔葬的侍卫侍女，通过陶质、木质的廉价明器，甚至仅以画像代替。石祠中刻画的车马队伍、观赏乐舞的女眷、墓主人身后的侍卫都是王侯丧葬礼制下沉于民间的折中表现。如前文指出，河南省发现的众多壁画墓的等级高于鲁西南地区的画像石墓，其原因不在于墓室壁面的表现形式而在于墓内丰富的陪葬品。拜谒的叙事继续进行，"以为酒食，以享以祀，以妥以侑，

以介景福"[1]，西壁昆仑诸神的祭祀仪式已经引来各色的瑞兽和羽人，屋顶上降临的祥瑞意味着墓主人即将进入升仙的最后旅程。

"射鹊图"中墓主人在仙人的指引下，弯弓射鹊，骑马登仙，展现了升仙之路的最终一步，关于"射鹊图"的意义后文会有专门阐述。值得注意的是，扶桑树在"射鹊图"中具有核心地位，它是先秦神话中连接天、地、人三界的关键因素，因为它所体现的东方方位属性，使得某些小型石祠的画像以扶桑树为核心，占据着石祠东壁的重要位置。《海内十洲记》记载："扶桑在东海之东岸，岸直，陆行登岸一万里……长者数千丈，大二千余围，树两两同根偶生，更相依倚，是以名为扶桑。"[2]《山海经·大荒东经》记载："大荒之中，有山名曰孽摇頵羝，上有扶木，柱三百里，其叶如芥。有谷曰温源谷。汤谷上有扶木，一日方至，一日方出，皆载于乌。"[3]汤谷是日出之地，汤谷中的扶木即为扶桑树，扶桑树载金乌上通天界，树下及三泉，是联通三界的关键。在先秦的《楚辞》中已有关于扶桑的描述，"饮余马于咸池兮，总余辔乎扶桑。折若木以拂日兮，聊逍遥以相羊"[4]。"暾将出兮东方，照吾槛兮扶桑；抚余马兮安驱，夜皎皎兮既明"[5]。"贯澒濛以东揭兮，维六龙于扶桑。周流览于四海兮，志升降以高驰"[6]。扶桑树是先秦时期东方的边界，仙人御龙驾马所及最远的地方，是东方方位的象征。在"拜谒图"之后，仙人引领墓主人骑上扶桑树下的天马，随鹊鸟飞升。"拜谒图"和"射鹊图"在祠堂核心位置完整叙述了升仙的过程，其作用一方面体现在向观者讲述了墓主人登仙的旅程，另一方面也告知墓主人"魂"的未来之路。某些小型祠堂迫于有限的祠壁面积，常将"拜谒图"和"射鹊图"拆分于后壁及东壁，如微山县两城公社出土第二石是石祠后壁（图 3-12），将墓主人在享堂的画像与原位西壁中的"乐舞图"组合，中间端坐观看乐舞的墓主人亦是所祭祀之"神"。第九石是祠堂东壁（图 3-13），上层除了有暗喻东方的瑞兽及仙人六博，东方尽头的扶桑树亦出现在东壁下层。

[1] 袁愈荌译：《诗经全译》，贵州人民出版社 1993 年版，第 304 页。

[2] ［汉］东方朔：《山海经（外二十六种）》，上海古籍出版社 1991 年版，第 278 页。

[3] ［晋］郭璞：《山海经》，上海古籍出版社 2017 年版，第 338 页。

[4] ［战国］屈原：《楚辞》，中国文联出版社 2017 年版，第 11 页。

[5] ［战国］屈原：《楚辞》，中国文联出版社 2017 年版，第 35 页。

[6] ［战国］屈原：《楚辞》，中国文联出版社 2017 年版，第 245 页。

东壁、西壁及后壁画像构成了绝大部分石祠的升仙叙事，从东西两个线索分别叙述了汉代人心目中理想的升仙旅程，看似无关的画像实际上串联成一条严密的叙事线索，为观者讲述了一个耳熟能详的升仙故事。有些石祠属批量制作，其中的画像出现频率相当高，这表明其画像故事的格套以及所暗喻的意义在汉代石祠中已被普遍采用，即便没有祭祀仪式主持者的讲述，观者也能够正确识读这些"众所周知"的故事，并将其连接成一个完整的叙事。画像对于汉代人所体现出的"众所周知"的属性，使得它们可以自由地"选择"和"组合"，通过不同的"排列"进而"阐释"不同的故事。

图 3-12　微山县两城公社出土第二石

图 3-13　微山县两城公社出土第九石

四、顶盖石与"式"：汉代的宇宙模式

石祠顶盖石按照屋顶制式分为悬山顶和平顶式。平顶式石祠的顶盖石多为一块，内面雕刻画像，外檐雕刻瓦当和筒瓦，顶面覆有瓦垄，后檐无雕刻，有的石祠顶盖石上方有正脊石。悬山顶石祠一般由前坡顶盖及后坡顶盖组成，像徐州洪楼祠堂、嘉祥武氏祠前石室和左石室等双开间石祠，建筑跨度较大，前后坡均由两块顶盖石组成。因为悬山顶石祠大多脱离封土成为独立建筑，两坡前后檐均有瓦当雕刻，上面雕覆有瓦垄，正中有正脊石。由于顶盖石整面雕刻瓦垄，形状不规整，在再建墓中较少重复使用，这使得保留下来的顶盖石数量较少，很多汉代石祠均由于顶盖石缺失而无法完整复原。

平顶式祠堂顶盖石的画像位于"观者"上方，有的雕刻有"日月天图"，如宋山第二批第三十石；有的雕刻有题记，如相山永元八年祠堂顶盖石，主题明确，图像简洁。悬山顶石祠有较大的顶部空间，雕刻的主题更丰富，画像更精美，主要描绘了仙界的祥瑞画面。有的刻画日轮中的金乌、月轮中的蟾蜍代表日月天象，有的刻画"凤鸟衔珠"象征宇宙中的星宿（图3-14），有的刻画雷公出行、风伯吹屋描绘想象中天界的场景。

图3-14 左为滕州市官桥镇大康留村祠堂顶盖石；右上为邹县金斗山石祠顶盖石；右下为滕州市马王村石椁档板

在武氏祠左石室前坡顶东段（图3-15）及后坡顶东段（图3-16）的画像分别刻画了祥云中天界诸神降临及水下河伯出行的壮观景象。《史记·封禅书》中也记载了西汉甘泉宫顶壁绘画的诸神及云气车等，"上即欲与神通，宫室被服非象神，神物不至。乃作画云气车，及各以胜日驾车辟恶鬼，又作甘泉宫，中为台室，画天、地、太一诸鬼神，而置祭具以致天神"[1]。从空间上，顶面刻画这种大面积的叙事性画面整体上烘托了祠堂建筑的神秘性，以祠堂入口为界，将祠堂塑造成具有仪式感的神圣空间，进入石室的观者大都会因为建筑内部画像形成的一种密集、压抑的宗教氛围，而感受到"诸神"所带来的神圣感与威严性。

图 3-15　嘉祥县武氏祠左石室前坡顶东段

同时，顶部画像除了讲述类似神仙降临的叙事性情节，也刻画了墓主人升仙这一瞬间的天象、云气等祥瑞元素的状态。这种瞬间性的描绘是汉代数术家通过"式"的占卜来描绘汉人心目中宇宙模式的反映。对于婚丧嫁娶一类事宜的占卜思想由来已久。《孝经》云："卜其宅兆，而安措之"[2]，民间将圣人神化，认为"孔子择日""周公相地"均是葬仪中的主要占卜程式。"图

图 3-16　嘉祥县武氏祠左石室后坡顶东段

必有意，意必吉祥"，悬山顶石祠的顶面画像描绘了巫觋或数术家对宇宙

---

[1]　[汉]司马迁：《史记全本》，北京联合出版社 2015 年版，第 519 页。

[2]　李学勤主编：《十三经注疏·孝经注疏》，北京大学出版社 1999 年版，第 57-61 页。

天象占卜的结果，占卜结果自然反映了"天人感应"及"以利生者"的意义。这种空间描绘不是因为天文科技的欠缺而产生的迷信，而恰恰是因为这一时期天文学的迅速发展，展现了汉代人对宇宙理解的自信。"式"是汉代数术家占验时日的一种工具，是我们理解古人心目中的宇宙模式乃至他们的思维和行为方式的一把宝贵钥匙。武威县磨咀子 62 号东汉墓出土了一件漆式盘，采取天圆地方形式表示天刚盘和地盘（图 3-17）。在天刚盘当中绘有北斗七星，周围列十二月将，天刚盘置于地盘当中的天池内，可旋转。地盘自内向外列八天干、十二地支、二十八宿。四维为天、地、人、鬼四门。使用时，先将天地盘摆正，再旋动天盘，将求占之日所属的月将对准地盘上求占之时的辰，从而推定占日的吉凶。在汉墓中多次发现"式"盘，河南省阜阳西汉汝阴候夏侯灶墓中出土漆木式，山西省离石地区出土了象牙式，朝鲜乐浪遗址出土了漆木式，故宫博物院和上海博物馆收藏有铜式。"式"是一个小型的宇宙模型，它包含了时间、空间结构与配数、配物原理，将天地间星宿、干支等要素以一种可计算的方式融汇于一体，其占卜结果以多种形式进行展现。

汉代围绕"式"的理念派生出许多象征天地的占卜器物，六博棋盘的"曲道"和六博铜镜的"TLV"纹饰都源自"式"上星宿的图像。汉代石祠中常可见到以仙人六博为主题的画像，既反映了祠主逝后与神仙为伍的生活，又体现了仙人为祠主升仙而占卜吉凶。六博棋不仅是古人消遣娱乐的方式，本身也象征着取法天地阴阳来占卜诸事。古人一直有祭祀占卜的传统，商代广泛使用甲骨占卜并记录卜辞，最早的具有占卜性质的博具出现于战国时期，并且随着六博的广泛流行，全国各地出土了各类博具和博局。山东曲阜鲁国故城遗址出土了战国早期的棋子和博筹，这是目前发现最早的博具，其中二墓都出土了两色棋子以及

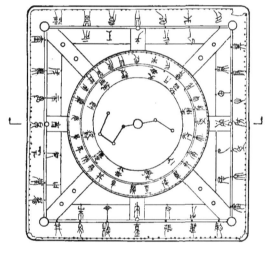

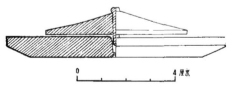

图 3-17　武威县磨咀子 62 号墓漆式盘

牙筹和银筹各一束。湖北省荆州发现了多座战国同期楚墓，其中雨山台楚墓、纪城楚墓、天星观楚墓、九店楚墓中均出土了六博的棋局。河北平山县战国中山王墓 M3 出土了一大一小两副石板雕刻的六博棋局。秦汉时期，墓葬中发现的六博棋具更丰富多样。湖北云梦睡虎地十一号秦墓出土了一套六博棋具，由木棋局、骨棋子和六根竹箸组成。湖南长沙马王堆三号汉墓发现了目前最完整的一套博具，遣册描述为"博局一""博一具"，包括博局一副、大象牙棋十二枚、小象牙棋二十枚、博筹四十二枚、博茕一枚，以及配套的象牙割刀和削刀各一支。广州南越王墓出土了镶铜贴金花的六博漆盘及青玉与水晶制作的两色六博棋子。徐州黑头山西汉刘慎墓出土了一具棋盘、一副六博棋子及二束骨筹。山东临淄西汉齐王墓出土了一枚空心错银镂孔铜茕，茕内嵌有铜块，投掷时铿锵作响。内蒙古可托克汉墓出土的日冕盘上刻有六博棋盘图样，体现出日祭、计时、占卜等多重概念。六博在汉代流行的原因不仅在于其娱乐性，还在于其占卜功能对于丧葬的意义。目前所发现的博具和六博画像均出自墓葬或与丧葬相关，而众多出土文献所记载的六博行棋规则表明其更可能是一种占卜之法。《列子·说符》注引《古博经》记载："其掷采以琼为之。二人互掷采行棋。棋行到处即竖之，名为枭棋，即入水食鱼，亦名牵鱼，每一牵鱼获二筹……"[1]依据行棋规则，"散"棋行到处可竖置，改名为"枭"。如前文所言，"鸮"是引领升仙的神祇，而"枭"则象征着噩兆，六博棋中敌方的首领名为"枭"，"枭"的概念从博弈引申到古代军事的占卜。《韩非子·外储说左下》提出了儒家对于博棋的看法，"博贵枭，胜者必杀枭"[2]，《太平御览·羽部族》十四卷引《晋书》曰："六博得枭者胜，今枭鸣牙中，克敌之兆。"[3]南昌海昏侯刘贺墓中出土的《五色食胜》竹书记录了最早的六博行棋规则，简已残，上书有"白诎内道，青高下专，白食青，白……"[4]其中"道""高"等字即为行棋的顺序。《北京大学藏西汉竹书(伍)》的《六博》篇中记有"为高长诎曲张、张道揭兼方，方兼揭道张，张曲诎长高"。《西京杂记·陆博术》亦记载了六博的行棋规则，"方

[1] 王强模译注：《列子全译》，贵州人民出版社 1993 年版，第 255 页。

[2] 张觉译注：《韩非全译》，贵州人民出版社 1992 年版，第 672 页。

[3] ［宋］李昉：《太平御览》，河北教育出版社 1994 年版，第 442 页。

[4] 杨军、徐长青：《南昌市西汉海昏侯墓》，《考古》2016 年第 7 期，第 45-62 页。

畔揭道张，张道揭畔方，张究屈玄高，高玄屈究张"[1]。《五色食胜》简和北大《六博》简只是记录了行棋顺序，而连云港市伊湾村六号西汉墓出土的《博局占》简（图3-18）则指明了每步行棋的意义，表明六博规则亦是占卜之法。《博局占》通过查询当日的干支在博局图上的位置，用对应的"方、廉、揭、道、张、曲、诎、长、高"九个结果来占卜当日"取妇嫁女、问行者、问系者、问病者、问亡者"[2]等诸事宜吉凶。可见，墓葬中的博局像"式"盘一样以天空中星宿的形状为"曲道"，以行棋的规则占卜逝者的吉凶，占卜的结果反映了天地神祇的意愿，如尧曰："天之历数在尔躬"[3]。六博棋局的"曲道"的图案与"式"盘一样具有占卜的象征和吉祥的寓意。

图3-18　连云港市伊湾村六号西汉墓出土的《博局占》简

由"式"盘派生出的另一种器物就是铜镜，可以在同样历史久远的"阳燧镜"以及"六博镜"上找到类似的天象图案。在汉墓中铜镜是相当常见的陪葬品，即便是再简陋的墓葬也大多会陪葬一面铜镜，其蕴含了辟邪之意。汉代铜镜不仅是梳妆的工具，更是模拟天地、理顺阴阳、保子孙安康的辟邪之器，很多柿蒂纹铜镜上都有相关铭文，如"尚方御竟大毋伤，巧工刻之成文章，左龙右虎辟不羊，朱鸟玄武顺阴阳，子孙备具居中央，长保二亲乐富昌，寿敝金石如侯王兮"。上海博物馆所藏的中平四年（187年）铜镜（图3-19）也刻有类似铭文，"中平四年，五月午日，幽涑白同，早作明镜，买者大富，长宜子孙，延年命长，上如王父，西王母兮，大乐未央，长生大吉，天王日月，太师命长"。

"六博镜"上的"TLV"纹饰是对六

[1]　［晋］葛洪：《西京杂记全译》，贵州人民出版社1993年版，第157页。

[2]　曾蓝莹：《尹湾汉墓〈博局占〉木牍试解》，《文物》1999年第8期，第62-65页。

[3]　张婴燕译注：《论语》，中华书局2006年版，第304页。

博棋局"曲道"的模仿，而铜镜中还有一类特殊的镜种——"阳燧镜"。柿蒂纹铜镜所体现的辟邪及宇宙天象的意义源自更古老的"阳燧"概念。宋山再建墓第二批第二十八石为祠堂顶盖石，刻柿蒂纹，右边刻隶书一行，"阳遂富贵，此中人马皆食太仓，饮其江海"。日本河内郡高安村大字郡川古墓出"阳燧镜"一面，镜铭刻有"尚方作竟自有纪，辟去不羊宜古市，上有东王父西王母，令君阳燧多子孙兮"。河南孟津东汉墓中出土阳燧镜，刻

图 3-19　上海博物馆藏中平四年群神镜

有镜铭为"陈氏作竟日有熹，令人阳燧贵豪，富细守名目治，左有青龙来福，右白虎居前……"《北京市拣选古代铜镜虚治》收录了一面"阳燧镜"，镜铭曰："郝氏之家大富贵，子孙千代皆阳燧。"此外，出土的大量汉砖上常会模刻"阳燧富贵"的字样。在汉墓画像石、砖及陪葬品中常出现的"阳燧"概念存在着从镜背到建筑壁面的语境转化过程。《周礼·秋官·司烜氏》曰："司烜氏掌以夫遂，取明火于日，以鉴取明水于月，以共祭祀之，明粢、明烛、共明水。"[1]《论衡·说日》记载："验日阳燧，火从天来，日者，大火也。"[2]《淮南子·天文训》曰："故阳燧见日，则燃而为火，方诸见月，则津而为水。"[3]《说文解字》曰："鉴，阳燧也，又鉴，一曰鉴诸，可以取明水于月。"[4]可见，阳燧是一种从太阳中取火的方式，使用类似内凹聚光的铜制工具，所取之"明火"用于祭祀，而钻木所取之火用于生活；阴燧则为镜鉴，置于月下可取露水。对于阳燧的铜制工具在外观上借鉴了当时铜镜的样子，燧用于取火，鉴用于梳妆，因为两者均为铜锡合金，正面光可照人，后期又统称为镜鉴。作为墓葬陪葬品的铜镜除了有镜铭标示为"阳燧镜"的，其他的"日光镜""六博镜""四神镜"等也大多起到了"阳燧镜"的作用，用于祭

---

[1] 杨天宇撰：《周礼译注》，上海古籍出版社 2004 年版，第 550 页。

[2] ［东汉］王充：《论衡》，上海人民出版社 1974 年版，第 176 页。

[3] 陈广忠译著：《淮南子》，中华书局 2014 年版，第 107 页。

[4] 汤可敬译注：《说文解字》，中华书局 2020 年版，第 3012 页。

祀和辟邪，而不是单纯的生活用品。"阳燧镜"作为一种古代祭祀天神的工具在墓葬中体现了辟邪的作用，同时镜背的镜钮、纹饰、镜圈又模仿了"式"盘的样子成为一个缩微的宇宙模型。在民间丧葬建筑中，两种意义的融合以祠堂顶盖上的画像形式呈现出来。

与"式"隐喻宇宙模式相似，嘉祥宋山汉墓第二批出土的九块平顶式石祠顶盖石均采用了天圆地方的画像模式，最著名的当属第二十九石"永寿三年"祠堂顶盖石（图3-20）。此石中部有一凸出圆钮，圆周有凹陷，周沿有八个柿蒂纹，八叶纹的空隙间，三边均刻鱼两条，另一边刻两个人首蛇身的羽人，石左方刻有十行、四百六十二字的题记。羽人与鱼的含义犹如武氏祠左石室东侧前后坡表现天上神仙与水下河伯，八叶柿蒂纹犹如"式"中地盘周沿的四维、八方、十二次等空间方位信息，中间凸出的半球犹如铜镜之镜钮寓意着天盘。"永寿三年"祠堂顶盖石与"阳燧镜"均模拟了占卜的"式"盘，实际上是对宇宙空间的模拟，将"取火祭天"的概念转换为与上天"魂神"的沟通，在狭小的空间中构建起汉代人心目中的宇宙模型。这种复杂的空间设计布局及纹饰图案在很多汉墓中被简化为一块块模印的"阳燧"文字砖，在南北朝时期的墓葬中进一步转变为"阳燧富贵"的吉语。可见，"阳燧"二字不仅是代表"天祭"的专属名词，更蕴含了辟邪、升仙的美好寓意。

图3-20　嘉祥县宋山"永寿三年"祠堂顶盖石

五、三角隔梁石画像的方位性

三角隔梁石属于双开间祠堂的建筑构件，其空间布局有三种类型：一种如长清孝堂山石祠的三角隔梁石，架于后壁中间的凹槽与中雷柱石之上；二种如徐州洪山祠堂的三角隔梁石，后端位于后壁承檐枋石之间，架于后壁、后壁立柱石与前壁柱石之上；三种如嘉祥武氏祠前石室和左石室的三角隔梁石，位于前、后壁承檐枋石之间，架于后壁凹槽与中雷柱石之上。其功能都是连接跨度过大的阔面空间，上承前后坡四块屋顶石的巨大重量，下分两个开间空间，这是石材无法仿制木质栌斗、椽架所形成的斗栱结构而采取的简易和折中办法。这种建筑构件将纵面木结构合为一个平面，极大降低了建造成本，但因立柱较小的承力面积及屋顶石巨大的重量，使得这种双开间石祠牢固程度在所有石祠中最差。即便如此，目前汉代唯一完整保存下来的房屋式建筑就是双开间的孝堂山石祠。

三角隔梁石两面大多刻有画像，两面画像的内容与东西侧壁具有某些关联，具备典型的方位性特征。徐州汉画像石艺术馆的镇馆藏品就是徐州洪楼祠堂的三角隔梁石（图3-21），东向画像为"力士图"，刻有背牛、扛鼎、拔树、缚虎等七位历史上力士[1]；西向画像为"神

图 3-21　徐州市洪楼祠堂三角隔梁石东西两面

仙出游图"，头戴三山冠的神仙乘坐鹿车在众瑞兽的簇拥下北向而行；此石南头端面朝外无遮挡，刻有蹶张画像。前文指出，祠堂东壁与东方蓬莱、方丈、瀛洲三座神山相呼应，壁面大多刻画位列仙班的圣贤人物，而洪楼祠堂隔梁石东向的众力士身份虽有不同考证成果，但均属于汉代人心目中做出不凡功绩的七位圣贤，并位列仙班。西向的"神仙出游图"显然表现了西方昆仑诸神的图景，刻画了西王母身边的祥禽瑞兽、"漫衍鱼龙"。可见，洪楼祠堂三角隔梁石两侧的画像内容具有明确的空间指向性，是石匠或逝者族人有意为之。长清孝堂山石祠的三角隔梁石（图3-22）东向为"升鼎图"，周边有车马出行队伍、"戈射图""射鹊图"及神怪；

---

[1]　朱存明、窦萌：《汉画像〈力士图〉的文化解读——以徐州汉画像〈力士图〉为中心》，《荣宝斋》2019年第11期，第130-143页。

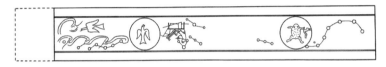

图 3-22　济南市长清孝堂山石祠三角隔梁石东西两面及底面线图

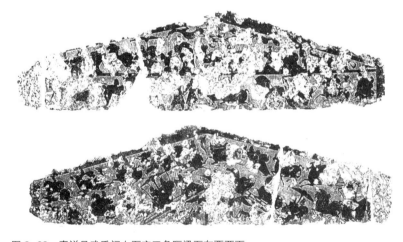

图 3-23　嘉祥县武氏祠左石室三角隔梁石东西两面

西向画像有蒋英炬先生的"缉盗"说、邢义田先生的"七女为父报仇"说、"水陆攻战"说等[1]。"祭祀"与"战争"从来都不可分割，笔者认为此画像表现了"胡虏殄灭天下安"的胡汉战争，胡汉战争对于生者的意义是"保境安民"，对于逝者的意义是清除西去昆仑途中的邪魔妖怪。胡汉战争画像的上方是端坐于云气中的仙人。隔梁石下方的画像容易被人忽略，刻画有日轮中的金乌、月轮中的蟾蜍、北斗七星、鹊鸟及纺布的织女，拟人化描绘了星空的银河。"升鼎图"属于嘉祥地区祠堂东壁的典型画像，发生在西域的胡汉战争与西壁相对应，观者举头看到的"日月天相图"大多出现于祠堂的顶盖。嘉祥武氏祠左石室三角隔梁石（图 3-23）东向画面残泐严重，上层为车马出行，下层为历史故事；

[1]　蒋英炬、杨爱国：《孝堂山石祠》，文物出版社 2017 年版，第 43-48 页。

西向是胡汉战争[1]。总之，三角隔梁石三面的画像具有明确的方向属性，其内容是东西壁石及顶盖石内容的延伸或内容的投射，表现为建筑空间与画像内容的呼应。

六、支枋石上的园寺舍吏形象

支枋石是悬山顶石祠东西壁外侧的柱石，上方支撑前承檐枋石，后面遮挡东西壁石朝外的糙面，是大型石祠建筑的组成构件。部分支枋石顶部为斜面，角度承延侧壁三角斜面，斜向支撑顶盖石；有的顶面为平面，由上方的前承檐枋石支撑顶盖石。因为悬山顶石祠建筑结构复杂，保存下来的较少，支枋石的数量更为稀少，有些构件被用于再建墓中，已难分辨其原始功能。长清孝堂山石祠的东支枋石（图3-24）保存较好，顶部为平面，其画像上方有一云中行龙，中间是辟邪异兽，下方是持彗向西侍立的守卫。徐州铜山县周庄汉再建墓中出土了原祠堂的两侧支枋石，顶部为斜面，东支枋石（图3-25）外面画像为比肩兽、翼龙、翼虎及西向的执

图3-24 济南市长清孝堂山石祠东支枋石

戟武士，内面为人首蛇身的伏羲、翼龙及南向执彗的小吏。因为石祠不设大门，两侧的支枋石起到了门扉的象征意义，将原侍立于院门外的园寺舍吏刻画于支枋石上。通常两侧支枋石都有对立的侍卫守护，有执彗、执殳、执戟、执盾、执金吾等多种样式，对人物的身份有诸多考证，有巫鸿的"阴官"说；有"亭长"说（河南鄢陵画像砖上阙前印有"亭长讨贼"的题记）；笔者以为守护祠门的人物为帝陵制度流传下来的园寺舍吏。西汉王侯逝后按礼制会在陵园周边置县邑守冢，往往"徙郡国民以奉园陵"，数量多达千家，规模至县。满城汉墓周边就有西汉保留下来的守陵村。《汉书·韦玄成传》记载："礼父为士，子为天子，祭以天子，悼园宜称尊号曰'皇考'，立庙，因园为寝，以时荐享焉。益故奉园民满千六百家，以

[1] 朱锡禄：《武氏祠汉画像石论》，山东美术出版社1986年版，第121页。

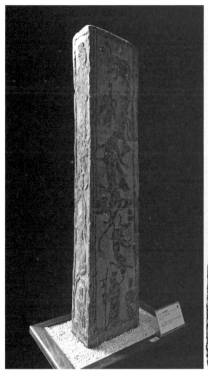

图 3-25　徐州市铜山县周庄汉再建墓东支枋石

为奉明县"[1]。"千六百家"守陵供奉山园，成为"奉园民"，成县制的园民也具有相应等级的管理机构，其中陵邑的官吏即为园寺舍吏。陵邑徙民之策，一方面是为后续众多合葬、祔葬、陪葬的需要修整墓陵，以及筹办各级祭祀仪式；另一方面亦将王公贵族迁至洛阳以巩固统治。从汉高祖的长陵开始，在各陵置邑移民；到东汉明帝刘庄建造节陵以后，帝陵周边不再设陵邑，不建祠庙，陵园四周不筑垣墙，改用"行马"[2]；寝殿和管理陵园的官府吏舍都建在陵园的东侧，陵园内封土前建石庙，以供祭享。管理陵园的园寺舍吏成为中小型墓葬画像中守护墓园的人物形象，在载有墓主人魂魄的车马队伍进入墓园时，园寺舍吏执彗等在阙门口迎接，墓主人进入宅邸后，官吏前往拜谒主人。因此，手执不同物件的园寺舍吏守护着各类建筑，沂南北寨汉墓中刻画的府宅门口（图 3-26）就有拥彗而立的官吏，在榆林地区墓室大门两侧的立柱上常刻画躬身拥彗执牍的小吏（图 3-27）。

　　园寺舍吏所执之物在汉代代表了不同的等级及礼制，刻画数量最多的就是执彗吏。执彗表明将庭院打扫干净以恭候尊者，是一种汉代礼节，长清孝堂山石祠支枋石所刻就是执彗吏。《史记·孟子荀卿列传》记载："燕昭王拥彗先驱，请列弟子之座而受业。"[3]《史记·高祖本纪》亦记载："后高祖朝，太公拥彗，迎门却行，高祖大惊……乃尊太公为太上皇。"[4]亦

［1］［汉］班固：《汉书》，中华书局 2015 年版，第 2385 页。
［2］行马是一种临时性的竹木做的屏篱。
［3］［汉］司马迁：《史记》，中华书局 1959 年版，第 2345 页。
［4］［汉］司马迁：《史记》，中华书局 1959 年版，第 382 页。

有执牍吏。执牍吏不光出现在支枋石画像中，在石祠三壁常见众多执牍吏谒见的场景。"笏"是朝见君长时持的笏板，因舍吏的身份尚不及朝君，所执应为"持之以见尊者"的牍板，《汉书·武五子传》描述海昏侯刘贺"簪笔持牍趋谒"[1]。戟、金吾、盾是威仪的象征，舍吏所执应为仪仗或祭祀礼仪之用，执戟吏、执金吾吏与执盾吏属于舍吏中的武官或护卫，《汉书·周勃传》记载担任宫廷守卫的谒者执戟，"代王即夕入未央宫，有谒者十人持戟卫端门"[2]。在陕西省榆林地区和山西省离石地区的汉墓中，这类画像常出现在墓门立柱石的西王母、东王公画像下方。此外，执节、执斧、执剑等画像人物也常出现于石祠的其他壁面，大多象征着出行礼仪及入殓除疫等方面的内容。

图 3-26　沂南县北寨汉墓画像中的府宅线描图

　　还有大量平顶式祠堂没有独立的支枋石，但将东西壁石的外立面装饰相应的画像，起到模仿木质祠堂建筑的样式。嘉祥宋山再建墓出土的第一批第八石侧壁外立面均装饰多层边栏；长清孝堂山小石祠侧壁外立面刻有四层历史人物故事；徐州铜山县东沿村再建墓第一批出土的九块石祠侧壁

[1]　[汉]班固：《汉书》，中华书局 1962 年版，第 2767 页。
[2]　[汉]司马迁：《史记》，北京联合出版社 2015 年版，第 283 页。

图 3-27 榆林市古城界汉墓墓门立柱石

图 3-28 徐州市铜山县东沿村出土平顶式祠堂侧壁外立面

外立面都刻有墓阙及园寺舍吏画像（图 3-28），前后数年出土多批类似形制侧壁，不少都刻有纪年题记，如"元和三年""永平四年""延平元年"等；还有淮北市相山公园石鼓型祠堂、铜山县大庙村悬山顶石祠等。石祠虽是木质祠堂建筑的简化，但汉代工匠依然充分利用石材的各类特性，尽量还原祠堂建筑的原貌，这种因材就简的尝试反而创造了与木质祠堂不同的建筑风格。

七、承檐枋石与边栏

位于后壁上方三角隔梁石两侧，承接屋顶石的长条形石为后承檐枋石；位于支枋石上方中雷柱石两侧，承接屋顶石的长条形石为前承檐枋石。承檐枋石保存下来数量不多，大多属于悬山顶双开间石祠的构件，宋山再建墓第二批出土画像石中有三块前承檐枋石构件。嘉祥武氏祠前石室的前后承檐枋石保存较为完整（图 3-29），后石东西两段刻画人物站立交谈，前石两段刻画车马出行，表现墓主人生前履历仪仗。长清孝堂山石祠部分构石虽经后人替换修缮，但前承檐枋石保存完好（图 3-30），画面主要以平面阴线刻的边栏纹饰构成，自上而下依次为菱形穿璧纹、菱形纹、垂帐纹，三组花纹以两组双钱纹间隔。金乡朱鲔石室承檐枋石在沙畹考察时尚在，1988年蒋英炬先生考察时在农民家厨房墙面发现了嵌入的柱石（图3-31），上端为圆形，下端为方形，柱身有榫卯凹槽，似为架于两侧壁中央凹槽处的中承檐枋石，卯榫用于连接屋顶石。嘉祥宋山再建墓第二批画像石中第六石和第

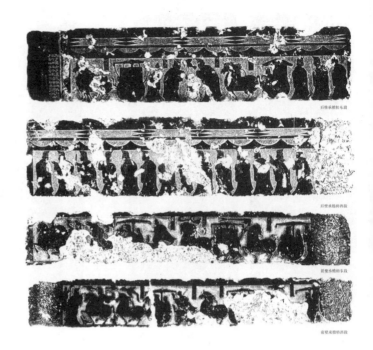

图 3-29　嘉祥县武氏祠前石室后前承檐枋石

十三石组成了第二座小石祠的前承檐枋石及檐脊石，前承檐枋石搭于两块侧壁石上方与后方石板构成整个屋顶石，上方覆有雕刻的瓦当、椽头、瓦垄和檐脊石。整个画面完全由边栏组成，由上及下分别由斜凿纹、绳纹、水波纹、垂帐纹组成，中间以边框分割。同时前承檐枋石与下方东西壁石外立面的边栏纹饰形成衔接，环绕石祠外立面，形成统一的连续画面（图3-32）。

　　石祠画像的刻画重点位于三壁及屋顶，承檐枋石因为不处于视觉焦点而大多装饰有边栏等非重要画像。边栏在汉画像中不属于独立的画像类型，但属于画像的重要组成部分，山东省安丘县董家庄汉墓的画像都由多重边栏组成，核心叙事画像反而在每一石中占很小的比例，这是边栏

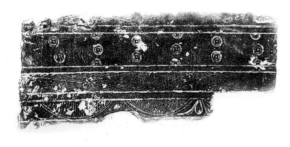

图 3-30　济南市长清孝堂山石祠前承檐枋石两端

图3-31　1988年蒋英炬考察时发现的朱鲔石室中承檐枋石

图3-32　嘉祥县宋山一号小石祠正面

装饰应用于画像的典型案例。边栏在汉画像中有很多类型及变体，有绳纹、斜线纹、折线纹、菱形纹、三角纹、云气纹、水波纹、垂幔纹、穿壁纹、钱纹、鱼纹、兽纹、蔓草纹、龙纹等多种类型[1]，也有交龙与绳纹结合、云气纹与鸟纹结合、蔓草纹与兽纹结合等多种边栏纹饰的变体，甚至同一石祠画像上的边栏纹饰也有不同变体。这表明边栏既有典型的意义及形式，也存在工匠的自由创造与发挥的现象。从西汉的石椁画像的边栏上就开始出现成熟的线状凿纹装饰，而同时期的汉壁画墓却少有出现多层复杂的边栏间隔画面。以河南省新安县铁塔山东汉墓壁画和山东省东平县后屯一号东汉墓壁画（图3-33）为代表的壁画墓，都极少使用线条或界格分割画面，而采取人物或场景的疏密来布局叙事的节奏，类似宋山石祠复杂的边栏纹饰就更少使用。虽为同时期丧葬艺术的表现形式，但壁画墓与画像石墓对于边栏纹饰的使用表体出明显的差异，这是由于所绘制或雕刻画面大小的差异而选择不同的粉本对象。壁画墓的工匠要着手绘制几十甚至上百平方米的整幅壁面，其采用的绘画粉本可能是大幅的绘画或墙壁的彩绘，而石祠或墓室均由大小不一的石块组成，工匠所要面对的是一二平方米左右的单幅画像，其选择的粉本可能源自衣物、镜、盒、罐等小型物品的纹饰。两者对于边栏纹饰使用的情况是依据所加工对象的材质特点而定的。汉代石祠的边栏纹饰可以上推至新石器时代的彩

[1]　武利华：《徐州汉画像石通论》，文化艺术出版社2018年版，第391页。

陶纹样、商周青铜器的纹饰、东周秦汉漆器图案等，这一类器物的表面空间采用边栏的方式分割不同的故事或区域，如上海博物馆藏河南省洛阳烧沟汉墓出土的彩绘

图3-33 泰安市东平一号汉墓复原图

龙虎纹陶壶（图3-34），壶周身绘有流云纹、四神兽纹、三角纹、锯齿纹、菱形纹等各种纹饰，其形式与画像石边栏纹饰如出一辙，还有徐州博物院藏的东汉彩绘云兽纹漆长方盒（图3-35），完全由云纹、兽纹、三角纹等纹饰组成。

此外，有众多学者对于边栏纹饰的演变进行了深入的研究，张春志认为边栏中的菱形纹是由伏羲女娲交尾图及交龙穿璧图演变而来[1]；姜生引用《太平经》中"地理者，三色也，谓水、土、石"的"三色"说，"人乃甚无状，共穿凿地，大兴起土功，不用道理，其深者下著黄泉，浅者数丈。入地法，三尺辄得水……此者，地之薄皮也。凡动土入地，不过三尺，提其上……过此而下者，伤地形，皆为凶。今天

图3-34 东汉彩绘龙虎纹陶壶

不恶人有室庐也，乃其穿凿地大深，皆为疮疡，或得地骨，或得地血，何谓也？泉者，地之血；石者，地之骨也；良土，地之肉也。洞泉为得血，破石为破骨，良土深凿之，投瓦石坚木于中为地壮，

图3-35 东汉彩绘云兽纹漆长方盒

---

[1] 郑立君：《论汉代画像石的装饰图案设计》，《东南文化》2010年第2期，第104—108页。

地内独病之……"[1]他认为孝堂山石祠后壁的斜纹、菱形纹、钱纹三重边栏为"地之肉""地之骨""地之血"[2]，边栏展现了大地的横截面，暗示下方九泉之下的冥界。垂幔纹源自古代屋檐下的帷幔，云纹象征着升仙永生的寓意，鱼纹代表着阴间与繁衍，十字穿璧纹源自商周室内悬璧的礼制，这一类具象的纹饰有明确的来源和寓意，而像斜纹、菱形纹、绳纹等抽象纹饰更多自新石器时代就在陶器上装饰并流行。在汉代祠堂中使用边栏纹饰主要是由于分割画面和装饰空间的需要，而不必将汉代常见的纹饰与宫廷复杂的礼制建立关联，甚至在此基础上赋予更多丧葬含义。

八、中霤柱石体现的西域元素

在双开间祠堂中央支撑整个前承檐枋石和屋顶盖石的支柱，称为中霤柱。柱子上端为柱头，连接梁枋，下端为柱础，承接顶部重量。"霤"字在《释名·释宫室》曰："霤，流也。水从屋上流下也。"[3]南唐徐锴在《说文解字系传》中将"霤"释为："屋檐滴处。"[4]建筑中地势低洼承接水流之处称"霤"，"中霤"即为中间的低洼处。汉代中霤成为房中凝聚神气具有灵性的五祀之一，《汉书·郊祀志》曰："天子祭天下名山大川……大夫祭门、户、井、灶、中霤五祀，士庶人祖考而已。"韦昭曰："古者穴居，故名室中为中霤。"[5]祠堂中的中霤柱源自瓦木建筑，后又延伸应用至江苏和四川地区崖墓的支柱以及地下多室墓的中心支柱。现存石祠的中霤柱较少，有圆形、方形、瓜棱形等多种样式。长清孝堂山石祠中霤柱为八棱柱，柱头、柱础均为四棱梯形（图3-36），柱身刻有宋代两则题记，"左谏议大夫河南杨景略康功礼宾使太原王舜封长民奉使高丽恭谒祠下元丰六年十二月十七日"，"宋环李之仪王彦番利仁"。1934年山东省东阿县铁头山出土的芗他君祠堂中霤柱（图3-37），藏于故宫博物院，高122厘米，宽33厘米，柱础为一卧虎，柱身为四棱柱，均有画像，正面上半部刻有题记，最上部分三行刻"东郡厥县东阿西芗堂吉里芗他君石祠

[1] 王明：《太平经合校》，中华书局1960年版，第114-122页。
[2] 姜生：《汉帝国的遗产：汉鬼考》，科学出版社2019年版，第86-88页。
[3] [东汉]刘熙：《释名》，中华书局1985年版，第88页。
[4] 汤可敬译注：《说文解字》，中华书局2020年版，第2423页。
[5] [汉]班固：《汉书》，中华书局2015年版，第1089页。

堂"十七字题额，其下正文为十行四百一十七字隶书，刻有永兴二年（154年）年份，内容记述了芗他君一生经历以及建祠过程[1]。此外，徐州洪楼祠堂分割两开间的后壁柱石高130厘米、宽78厘米，虽起到支撑重量、分割空间的作用，但其形制与立柱相差较远，应不属中霤柱石。

祠堂中霤柱保存下来较少，但其柱石的形式在崖墓和多室墓中大放异彩。满城中山王汉墓和曲阜九龙山汉墓属于典型的诸侯王崖墓，在徐州和乐山地区存在大量汉代崖墓遗迹，徐州的狮子山、驮蓝山、龟山、北洞山汉墓埋葬者为历任汉代楚王，开凿横穴的中心位置总会留有一根或数根支撑顶部崖壁的立柱，有的有雕刻，有的仅饰凿纹，其作用与地上建筑的中霤柱一样。四川省绵阳市三台县郪江镇柏林坡有多座汉代崖墓，其中一号墓后室的中霤柱上方雕刻栌斗，柱头雕刻玄纹，柱体为多棱圆柱，周身遍布彩绘（图3-38），完全模仿木制建筑的形式。除了诸侯王的崖墓，在列侯以下等级的多室墓中，中霤柱的使用也极为广泛。平阴县东阿镇孟庄村汉墓群中一座暴露于地表的列侯等级墓葬，中央有画像石柱；临沂市沂南北寨汉墓中有一八棱立柱，上有栌斗，下有柱础，画像雕刻瑞兽；潍坊市安丘董家村东汉墓中轴中有三根高浮雕立柱，上刻百子及瑞兽；临沂市吴白庄汉墓前室有九根多棱立柱，前室中间立柱有十六条棱，上有一斗二升式斗拱，下有柱础；徐州拉犁山汉墓一号墓中的石柱亦为瓜棱形，周身有十六棱；徐州白集汉墓西立柱柱身作八角棱形，上刻栌斗，凿子母榫嵌入横梁之中，下刻

图3-36　1907年沙畹拍摄的长清孝堂山石祠中霤柱

图3-37　东阿县芗他君石祠中霤柱

[1]　罗福颐：《芗他君石祠堂题字解释》，《故宫博物院院刊》1960年，第178–181页。

绵羊形柱础，亦有子母榫嵌入墓底；邳州白山崮子东汉画像石墓一号墓后室条形石柱，上端雕出方形栌斗，下端雕出方形柱础，柱身刻出八道瓜棱纹；此外临沂市博物馆、泰安岱庙、平阴文庙、莒县博物馆、徐州汉画像石艺术馆（图 3-39）等地均收藏有墓室中霤柱。

中霤柱有四棱、八棱、十六棱、圆柱、螺纹等多种样式，柱头有胡人、熊、兔等深浮雕形象，上顶栌斗，柱础有的刻有爬兽，其样式与石祠或墓室中其他的建筑构件有较大差异，且与汉代木构祭祀建筑的圆柱形柱不同。中霤柱样式的与众不同体现在它在丧葬建筑中的独特意义。《河图·括地象》认为"地中央曰昆仑"，中霤柱是建筑的中心，也是祭祀信仰的核心，祭祀建筑是对宇宙空间的模仿，建筑空间的中心——中霤柱自然要对昆仑山进行模仿。昆仑山位于西域，是匈奴的控制地区，故中霤柱上就常常出

图 3-38　绵阳市芗郡江镇柏林坡一号崖墓后室立柱

现部分胡人特征的元素，寄寓了中原民众对西方神仙世界的向往。从"平城首战"到"张骞凿空"，中原地区与西域的交流日益频繁，一方面中原地区的伏羲女娲日轮月轮图在新疆吐鲁番、阿斯塔纳等地区的木椁顶盖中开始流行；另一方面中原地区的祠堂和墓葬中出现大量胡汉交兵、献俘、狩猎等颇具西域色彩的汉画像，山东地区地上丧葬建筑中头戴尖帽的胡人石俑广泛出现于河道两侧，甚至原本端坐于龙虎座上的西王母在郯城卧虎山二号墓中也被刻画为脚踏卷头胡靴的胡人样子，西王母身边的兽首人身十二次神也体现了中亚的文化特征。石祠中霤柱所体现的西域风格在汉代不是孤例，而是胡汉文化交融的一个写照。西汉与匈奴的战争一方面在物质层面打通了中原与西域的贸易往来的壁垒；另一方面，在精神层面重新建立了中原到西方昆仑山的升仙信仰。直到永元三年 (91 年) 窦宪、耿秉出击鹿塞彻底击败匈奴，西域胡人不再成为中原的威胁，从起始对胡人的恐惧和神秘性逐步转变为守护和怵鬼的神圣特性，在丧葬建筑中西域图

像元素也逐渐具备了与西王母及其
诸神相近的寓意。《汉书·郊祀志》
曰："云阳有径路神祠，祭休屠王
也。"[1]颜师古曰："休屠，匈奴王
号也。径路神，本匈奴之祠也。"
西域之匈奴对中原民众而言成为庇
护、祭拜的对象，匈奴王亦位列仙
班矣。

九、供案石与祭祀礼俗

供案石是石祠的重要组成部
分，是祭祀礼仪的核心。《论衡》
曰："夫祭者，供食鬼也……感物
思亲，故祭祀也。"[2]供案石一般
位于祠堂后壁的下方，如嘉祥武梁
祠、邹州燕子埠缪宇墓前祠堂遗
迹、徐州洪山石祠等规模较大的祠
堂，供案石雕刻成案桌的形式，具
有四足，称为祭案；很多小型石祠
如宋山一号石祠的供案石与基石合
并使用，在祭祀时摆放贡品；像嘉
祥武氏祠前石室、左石室以及淮北
洪山石鼓式祠堂一类具有内龛的祠
堂，供案石经常与内龛基石合并使

图 3-39　1、2 为泰安市岱庙内泰安博物馆藏石柱；3 为徐州
汉画像石艺术馆藏羊座石柱；4 为临沂市博物馆藏石
柱；5 为济南市平阴文庙藏石柱；6、7 为徐州汉
画像石艺术馆藏石柱；8. 潍坊市安丘县董家村汉墓
石柱；9 为临沂市沂南北寨汉墓石柱；10 为临沂市
吴庄汉墓前室西过梁十六角石柱；11 为临沂市吴白
庄汉墓前室中过梁石柱。

用。供案石的正面有的雕刻画像，大部分雕刻穿璧纹等简单装饰纹样，如
滕州地区发现的供案石（图 3-40）绝大部分画像雕刻有穿璧纹，仅上方
刻有象征祭祀贡品的鱼、耳杯、盘。因为供案石尺寸较小且平整，后人挪
用的情况较多，大量简单纹饰的供案石用于再建墓中，由于缺少标志性

[1] ［汉］班固：《汉书》，中华书局 2015 年版，第 1136-1137 页。
[2] ［东汉］王充：《论衡》，上海人民出版社 1974 年版，第 366 页。

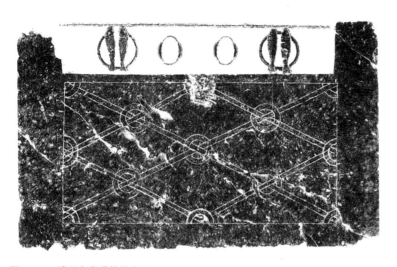

图 3-40　滕州市发现的供案石

结构和画像，这些供案石很难与祠堂建立关联。值得注意的是，仍然有许多雕刻丰富的供案石保存下来，基本以贡品（鱼）、耳杯、盘、香炉、穿璧纹等为画像题材，分布于鲁西南、苏北、皖北具有石祠建造传统的地区。

在石祠画像中鱼是仙界的一员，是骑乘登仙的瑞兽[1]，在《淮南子·地形训》中高诱注曰："礛鱼如鲤鱼也。有神圣者，乘行九野，在无继民之南。"[2]同时也是必不可少的贡品，《西京杂记》记载："武帝作昆明池，欲伐昆吾夷，教习水战，因而于上游戏养鱼，鱼给诸陵庙祭祀。"[3]《礼记·曲礼》记载："槁鱼曰商祭，鲜鱼曰脡祭。"[4]商祭即为干鱼祭祀。《汉书·郊祀志》曰："祠黄帝用一枭、破镜，冥羊用羊祠，马行用一青牡马，泰一、阜山山君用牛，武夷君用干鱼，阴阳使者以一牛。"[5]汉代武夷君掌管阴间土地所有权，凡有建造阴宅之事，都会向武夷君祭祀并焚烧纸钱，祭祀逝者的祠堂自然也要向武夷君供奉"干鱼"。徐州铜山县青山泉乡子房村出土的供案石（图3-41）刻有三个盘，盘中盛有三条鱼，表现为《礼记》记载的商祭。平阴文庙藏供案石（图3-42）及淮北市西戈村出土供案石（图3-43）都雕刻了盘中双鱼并置的画像，显然除了寓意祭武夷君还蕴含了阴阳平衡的思想。《隶释·汉鲁相史晨祠孔庙奏鸣》记载了"春秋行礼，以供烟祀"的活动，西周的烟祀到了东汉时期演变为上香礼，临沂市台儿庄区邳庄村出土供案石（图3-44）及徐州市铜山县

　[1]　高书林：《淮北汉画像石》，天津人民美术出版社 2002 年版，第 272 页。

　[2]　陈广忠译注：《淮南子》，中华书局 2014 年版，第 225 页。

　[3]　[晋]葛洪：《西京杂记全译》，贵州人民出版社 1993 年版，第 3 页。

　[4]　李学勤：《十三经注疏·礼记正义》，北京大学出版社 1999 年版，第 157 页。

　[5]　[汉]班固：《汉书》，中华书局 2015 年版，第 1110 页。

图 3-41 徐州市铜山县青山泉乡子房村出土的供案石　　　图 3-42 济南市平阴文庙藏供案石

汴塘村出土供案石（图 3-45）两鱼的中间都刻有一壶，壶中插有三炷香，表现了礼仪中的烟祀传统。有的供案石阴刻有耳杯的造型，替代了漆耳杯，盛放祭酒，淮北市睢宁县古邳出土的供案石（图 3-46）上阳刻双鱼及阴刻双耳杯。酒祭传统古已有之，清人赵翼在《陔余丛考·祭酒》释为"祭酒……古礼。宾客得主人馈，则老者一人举酒以祭，示有先也。"[1]在平阴文庙的院中藏有四方供案石，均出于平阴实验中学出土的一座晋代再建墓，四石形制相似，其中一石（图 3-42）在双鱼盘的上方刻有一个长方形凹槽，内刻一漏斗形小孔，应为酒祭仪式后将耳杯中的祭酒倒入孔中，向魂神敬献之用。以滕州地区（图 3-40）及铜山县子房村（图 3-41）出土的供

图 3-43 淮北市西戈村出土供案石　　　图 3-44 临沂市台儿庄区邳庄乡邳庄村出土供案石

The Age of the Immortals

案石为代表的大量画像石表面都装饰有穿璧纹，作为装饰的穿璧纹在墓葬中有明确的意义，其来源于更早的祭祀礼仪。从山东省高青陈庄西周遗址中发现的最早的圆形祭天基址，到东周时期室内悬挂的玉璧，到西汉王侯漆木椁内镶嵌的玉璧，再到石椁画像中大幅的穿璧画像，最后再抽象为东汉画像石中普遍使用的穿璧纹与穿钱纹，其经过了长期的演变过程。玉璧在东汉用于祭天，穿璧纹一直与祭祀礼制有密切的关联。

《周礼》对于西周帝王、诸侯王的各类祭祀有明确的规范，"立大祀，用玉帛牲栓。立次祀，用牲币。立小祀，用牲"。郑玄对此释为"大祀，

图 3-45　徐州市铜山县汴塘村出土的供案石　　　图 3-46　淮北市睢宁县古邳出土的供案石

天地。次祀，日月。小祀，司命。"[1]与诸侯墓祠中摆放各种牺牲、漆器用具不同，中小型墓葬的"司命"祭祀因为礼制要求以及祠主家族对于祭祀成本的考虑，将这些祭祀用品以画像的形式雕刻出来，是民众在升仙信仰与经济成本之间选择的折中方案。其刻画的鱼、酒、香在汉代的祭祀礼制中属于最基本的祭品，"牛羊鸡豚脯醢醴酒"则属于更高等级的祭祀礼仪，《太平御览》八百六十引桓谭《新论》曰："孔子，匹夫耳，而卓然名著，至其冢墓，高者牛羊鸡豚而祭之，下及酒脯寒具，致敬而去。"[2]《仪

[1]　李学勤：《十三经注疏·周礼注疏》，北京大学出版社 1999 年版，第 499 页。
[2]　[宋]李昉：《太平御览》，河北教育出版社 2000 年版，第 938 页。

礼·士丧礼》记载:"馔于东堂下,脯、醢、醴、酒,幂奠用功布,实于箪。"[1]除此之外,汉代还有众多祭祀物品,很多与早期的方术、巫术有密切关系,咸阳杨家湾4号墓的人俑前摆放二鸡蛋,另一处则将三鸡蛋摆成三角形;江陵凤凰山8号墓、10号墓的填土中发现祭祀用的鸡、牛、兔骨和瓜子,距墓口2.5米处的填土中发现竹笥中有大量果核、兽骨及十根竹制肉插。这些祭品的摆放形式除了保证魂神在祭祀礼仪中享用,更可能属于某种宗教仪式,起到类似解注、安魂、镇墓的作用。

---

[1] 李学勤:《十三经注疏·仪礼正义》,北京大学出版社1999年版,第686页。

第四章

题记：一种叙事性文本

汉代石祠除了雕刻有画像还保存着丰富的叙事性文本——榜题。榜题包括刻写在"榜"上的文字和长篇的题记，两者合称为榜题。这一类文本有的采用编年体的方式叙述了墓主人生命最终的历程以及子孙举家修筑石室的孝行；有的榜题明确点出了画像的内容，解决了这一类画像格套的辨认和释读问题；有的由石室而感，采用类似汉赋的骈文，洋洋洒洒数百字阐述了汉代人的思想观念和宗教信仰。石祠画像中的叙事文本如"起石室立坟""治石棺及石羊，设于石室前""负图成墓，列种松柏，起立石祠堂"等题记清楚记录了地上墓葬设施建设的内容及流程，成为了解汉代人修墓、建祠、立表等丧葬礼仪的重要方式。同时，如永寿三年许安国祠堂中"琢疗摩治，规柜施张，裹帷反月，各有文章"的题记以及以武氏三祠为代表的骈散结合的榜题文本和碑文，揭示了祠堂画像内容在祭祀礼仪中进行诵唱的可能性。因此，释读画像内容的榜题所针对的对象就不仅仅是普通观者，而是负责家族祭祀流程的主持者。石祠中题记的意义远超过其书法篆刻艺术本身，形式上展示了上承《诗经》《楚辞》下延"变文""宋词"的民间文学艺术形式，内容上体现了我国早期叙事性文本的特征。

一、石祠中的叙事性题记

叙事是一种人们对万事万物规律性的认识，这种认识的结果呈现出一种主观化的规律性。石祠中的榜题与画像是石工或墓主人族人对汉代神鬼信仰规律化的反映，体现了建造者的主观意识。榜题文本是一种叙事，而对榜题文本的研究也是一种叙事过程，因为叙事过程本身就是一种叙事。汉代石祠的后壁、侧壁的外立面以及顶盖石内面常刻有数字到数行的题记文字，大多以叙述的方式简短记录墓主人一生的经历、子孙行孝修筑墓室的艰辛、对逝者及子孙的美好祝愿等方面。格套化的题记反映了汉代民间流行的丧葬礼俗，也体现了汉代人对丧葬或祭祀过程中规律性的认识，绝大部分题记也遵照这种规律撰写，有的题记在此基础上仅记建造时间及费用，有的详细描述了祠堂画像内容及建造过程。这种叙事就像某件事后的总结或著作结尾的后记，其观者可能是祭祀的后辈子孙，可能是路过家族祠庙的行人，可能是推举为孝廉的同乡官僚，也可能是汉代信仰中明察一切的"上天"，但这种叙事的形成一定是实用功能与精神信仰相互融合演变的结果。同时，这种规律性的文本在年代、语言、费用、石工等内容的表述上也有一些差异和问题值得进一步探讨。与汉代石祠分布规律一致，祠堂题记几乎都分布于鲁西南地区和江苏北部，尤其以嘉祥地区和铜山地区最多，而画像石墓的主要分布地区，如河南省、陕西省、山西省、安徽省、四川省极少发现汉代石祠题记。下文选择了部分已公开发表的石祠题记作为案例，有些零散出土或未明确属于石祠构件的画像石题记未能收入，如灵璧县文物管理所藏的阳嘉三年画像石等。

目前已发现的石祠题记 39 处，时代跨越王莽时期的天凤三年（16年）到东汉末期的光和六年（183 年），计 167 年。这一百余年中，祠堂题记有明确纪年的 26 处，大部分记载了墓主人逝世的时间和立石室的时间，有部分题记使用了王莽之后使用的干支纪年，有的使用岁星纪年，另有几处题记使用了太岁纪年。如济宁市博物馆所藏永元五年（93 年）祠堂后壁，画像的两阙柱上有题记二行，其一为"大岁在巳永元五年六月成"[1]。淮北市相山永元八年（96 年）石鼓形平顶祠堂顶盖石题记记载："时太岁在丙申谷旦五十"[2]（图 4-1）。徐州汉画像石艺术馆征集的永初二年（108 年）平顶祠堂的西壁上，有题记五行，为"永初二年□月□日，□□都乡□□慈孝子后山都弟伯为母行丧如礼，共作□坟费直五万七千，

［1］杨爱国：《幽明两界——纪年汉代画像石研究》，陕西人民美术出版社 2006 年版，第 44-45 页。

［2］朱永德、解华顶、李玲、马胜、马峰、顾芳、闫艳妮：《安徽省淮北市发现汉代画像石祠》，《东南文化》2019 年第 6 期，第 19-25+65-67+127-128 页。

图 4-1　淮北市相山永元八年石鼓形祠堂顶盖石题记

时太岁在戊申，五月廿日天大□昏暗，有五百民大□工师众刊亭部，北临洛周都乡，后世□乃孝学毋随于先"[1]。徐州汉画像石艺术馆藏铜山县张集镇发现的永建四年（129年）祠堂构石，刻有十一行题记，为"永建四年三月十四日□□朔乙丑，中□□吕□伯明弟文□□者□□母无后弟文□，永建二年七月廿二日筑设楼，以□□字□元讳□□葬之所从，治石棺及石羊，设于石室前，廿万九千礼物。故时大岁在丁□，礼父作塚甯□如传还后出勿有不同名□□君子□□不时□□鬼神第外祭祀□皆恶之后，子男□□书"[2]。微山县两城镇发现的永建五年（130年）食堂，其画像石刻题记五行，为"永建五年太岁在庚午，二月廿三日，□□□□□立祠食堂，当□□□□□□居□意创学□□何意被天灾蚤离父母□□□□□五千□□□"[3]。微山县文物管理所藏微山县两城镇发现的永和元年（136年）王成母食堂，其侧壁左侧刻题记三行，为"永和元年太岁在丙子，十二月廿六日阴，□□王成母丘食堂，直钱五千，时石工严申，行兴隆元住食堂"[4]。曲阜孔庙所藏微山县两城镇发现的永和二年（137年）祠堂，侧壁左侧刻题记二行，为"永和二年太岁在卯，九月二日茅乡广里泱□昆弟男女四人，少□□□复失慈母父，年（下缺）时经有钱刀自足，思念父母悲哀，乃弟兄冢作小食堂傅孙子，石工刑□□□□财弗直万（下缺）"[5]。嘉祥县宋山大队村出土祠堂屋顶石，其题记末句刻有"□以永寿三年十二月十六日大岁□一目戊"。东阿县铁头山发现的永兴二年（154年）艿他君祠堂石柱，正面题记刻有"永兴二年七月戊辰朔廿七日甲午，孤子艿无患、弟奉宗顿首。家

［1］朱存明：《徐州汉碑刻石通论》，文化艺术出版社 2019 年版，第 134 页。

［2］武利华：《徐州汉画像通论》，文化艺术出版社 2017 年版，第 337-338 页。

［3］傅惜华、陈志农：《山东汉代画像石选编》，山东画报出版社 2012 年版，第 302 页。

［4］杨建东：《微山出土东汉永和元年画像石》，《中国文物报》1998 年 5 月 27 日号。

［5］马汉国主编：《微山汉画像石选集》，文物出版社 2003 年版，第 38 页。

父主吏，年九十，岁时加寅五月中，卒得病，饭食衰少，遂至掩忽不起；母年八十六，岁移在卯，九月十九日被病，卜问奏解不为有差，其月廿一日况忽不愈……"[1]徐州汉画像石艺术馆征集一块无纪年祠堂侧壁石，刻题记三行，为"□□作石室，人马皆食太仓，□□太岁在丑，□□石工属意好辟如律令"[2]。

"大岁"即为"太岁"，岁星即为木星。古人将岁星一年中在天空中经过的区域划分为名为"星纪、玄枵、娵訾、降娄、大梁、实沈、鹑首、鹑火、鹑尾、寿星、大火、析木"十二个空间，称为"十二次"，并分别用"丑、子、亥、戌、酉、申、未、午、巳、辰、卯、寅"干支对应相应的岁年，岁星每经过一个区域即为一年，是为岁星纪年。如东阿芗他君祠堂题记中"岁移在卯（大火）"所记。因为岁星运动方向与地球实际运转方向相反，古人设想了一个与木星反向运转的行星称为"太岁"。《汉书·天文志》称其为"法"，《史记·天官书》称其为"岁阴"，《淮南子·天文训》称其为"太阴"，并给它运动所经过的十二个区域命名为"摄提格、单阏、执徐、大荒落、敦牂、协洽、涒滩、作噩、阉茂、大渊献、困敦、赤奋若"，分别用"寅、卯、辰、巳、午、未、申、酉、戌、亥、子、丑"十二支对应相应的太岁年，每经过一个区域即为一年，是为太岁纪年。如永和二年祠堂侧壁题记中刻的"太岁在卯（单阏）"。在此基础上，西汉历法家又建立了与"岁阴"相对的"岁阳"的概念，命名为"阏逢、旃蒙、柔兆、强圉、著雍、屠维、上章、重光、玄黓、昭阳"，并与"甲、乙、丙、丁、戊、己、庚、辛、壬、癸"十干相对应，这样干支纪年便与太岁纪年相关联，如永和元年（136年）王成母食堂题记"太岁在丙子"，即为太岁在丙（柔兆）子（赤奋若）两星交汇的区域。值得注意的是，如题记中的"寅"可能是干支纪念中的寅年，可能是岁星纪念中的寅（析木）年，也可能是太岁纪年中的寅（摄提格）年，需要注意"寅"的纪年方式。

同时，在永初二年祠堂题记中出现有"时太岁在戊申，五月廿日天大□昏暗"，永和元年祠堂题记中亦有"永和元年太岁在丙子，十二月廿六

［1］ 罗福颐：《芗他君石祠堂题字解释》，《故宫博物院院刊》1960年，第178-181页。

［2］ 朱存明：《徐州汉碑刻石通论》，文化艺术出版社2019年版，第153页。

日阴"的记录。"昏暗"与"阴"除了记录天气，更可能是一种占卜结果的验证。墓主人死后选择适宜的时间下葬立祠，可能在逝后数年，这一方面是墓祠修建所需要的时间，另一方面是通过太岁与星宿占卜得出的结果。长沙马王堆三号汉墓出土的《天文气象杂占》帛书（图4-2）内容与上述两篇祠堂题记的气象记录相似，上篇绘有二百五十幅各异的云气、星宿的气象图，这些气象图以云气、日占、月占、星占为序，下篇是对占卜对象和结果的描述，汉人利用自然界各种气象的变化来占卜灾异变故和战事成败。与《天文气象杂占》的占卜方式类似，汉

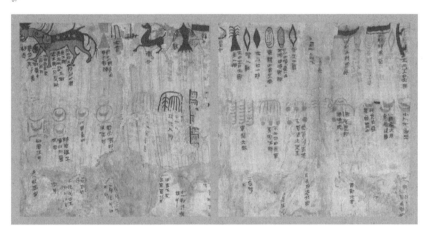

图4-2　长沙市马王堆三号汉墓出土的《天文气象杂占》局部

代数术家规定太岁与二十八星宿的对应关系，如"星纪（斗牛女）、玄枵（女虚危）、诹訾（危室壁奎）、降娄（奎娄胃）、大梁（胃昴毕）、实沈（觜参井）、鹑首（井鬼柳）、鹑火（柳星张）、鹑尾（张翼轸）、寿星（轸角亢氐）、大火（氐房心尾）、析木（尾箕斗）"，用天空中行星与星宿的位置关系占卜某年某月某日的行事吉凶。汉代信仰的阴阳五行观认为，天空中星宿的位置与组合反映了地面诸事的吉凶，尤其以军事战争前的占卜最多。《春秋纬·考异邮》引《五星占二》曰："五星聚于一宿，天下兵起。"[1]《史记·天官书》记载："五星分天之中，积于东方，中国利；积于西方，外国用兵者利。五星皆从辰星而聚于一舍，其所舍之国可以法致天下。"[2]新疆和田市尼雅遗址出土的汉代织锦护臂赫然绣着"五星出东方利中国，讨南羌四夷服单于降于天无极"（图4-3），与《天官书》一致认为五星的方位预示着中原王朝战事的走向。西汉马王堆一号墓出土的帛书

[1] ［清］赵在翰：《七纬》，中华书局2012年版，第575页。

[2] ［汉］司马迁：《史记》，中华书局1959年版，第463页。

《五星占》（图4-4）以五星天象占卜国运、用兵等问题，第一章即描述了岁星运转的占卜之法，"营室摄提格始昌，岁与所久处者有庆"，"视其左右以占其夭寿……其阴大凶"，"岁星出不当其次，必又天袄见其所当之野……当之国受殃，其国必亡"[1]。东周至汉期间《日书》占卜盛行，目前发现有江陵九店楚墓战国简、云梦睡虎地秦简、天水放马滩秦简、阜阳双古堆汝阴侯墓汉简、东海尹湾汉墓汉简、临沂银雀山汉墓汉简等12处[2]，均将代表月份和日子的十二地支名称与十二个有吉凶含义的日名相配而成，根据某一日名来推断某月某日诸事的吉凶祸福。汉墓中大量出土的占卜材料表明，王室、诸侯关心"国运、用兵、祭祀"，而婚丧嫁娶这一类民之大事属于民间占卜的主要内容。地主豪强阶层花费巨资建造墓室祠堂，事关墓主人"魂"升仙、镇抚地下鬼"魄"、保佑子孙"守其宗庙"事宜，必定在诸事占卜中选择吉日良辰，以致将立祠时日的占卜结果以太岁纪年的形式刻于祠壁，上告于天。

图4-3　汉代织锦护臂

图4-4　长沙市马王堆一号墓出土的帛书《五星占》（局部）

　　祠堂题记中有许多关于葬仪的内容引自《孝经》《周易》等经典儒家著作。《孝经》是儒家十三经之一，借孔子之言表孝顺之事，其中《丧亲篇》详细记述了孝子丧亲后"三日而食""三年而丧""棺椁衣衾""春秋祭祀"的葬仪过程。经此伊始，从对儒家葬仪的概括到演变为儒家葬仪的标准流程，里面诸多表述成为汉代及以后历朝民间题记、墓志、买地券等丧葬文本的常用术语。《孝经·丧亲》曰："孝子之丧亲也，哭不偯，礼无容，言不文，服

---

[1] 马王堆汉墓帛书整理小组：《〈五星占〉附表释文》，《文物》1974年第11期，第37—39页。

[2] 何双全：《汉简〈日书〉丛释》，《简牍学研究》1998年，第45—51页。

美不安，闻乐不乐，食旨不甘，此哀戚之情也。三日而食，教民无以死伤生。毁不灭性，此圣人之政也。丧不过三年，示民有终也。为之棺椁衣衾而举之，陈其簠簋而哀戚之；擗踊哭泣，哀以送之；卜其宅兆，而安措之；为之宗庙，以鬼享之；春秋祭祀，以时思之。生事爱敬，死事哀感，生民之本尽矣，死生之义备矣，孝子之事亲终矣。"[1]徐州市铜山县大庙村出土有石祠东壁构件，右侧竖刻一行题记，为"起石室□直五万二千，《孝经》曰：'卜其宅兆，而安措之，为家庙以鬼神飨之'。"[2]西壁刻有"此□室中人马皆食太仓"。徐州市铜山县尹庄祠堂后壁刻有题记十二行，"（上缺）□□皆如礼，孝子丧亲，表思明情，哀者作也。父母失年，哭不哀其声，叩乎若绝不还；服美不安，去怜嘴，闻乐不乐，意不听承。广顺经大人治世，小人治名。众史项命在天，子无随没之寿，王无附死之臣。卜其宅兆，务必亲者安，乃昔日之以如生也。"[3]大庙祠堂部分题记引文出自《孝经》，其"卜其宅兆，而安措之，为家庙以鬼神飨之"源引自《丧亲篇》中的"卜其宅兆，而安措之；为之宗庙，以鬼享之"[4]，并将"宗庙"变为"家庙"，"鬼享"变为"鬼神飨"。尹庄祠堂题记也同样引用了"卜其宅兆"的表述，后文"服美不安，去怜嘴，闻乐不乐，意不听承"亦源自《丧亲篇》中"服美不安，闻乐不乐"一段。汉代丧葬文书的撰写确有一个流行的粉本，这个粉本吸收了诸多儒家经典，在民间形成了"孔子择日""周公相地"的葬仪观念，同时也宣扬天人感应观，认为通过建造"宅兆"和"家庙"表达孝心，孝心志诚，鬼神感应，孝子孝孙就可以"孝弟之至，通于神明"[5]。如《孝经·感应》亦云："宗庙致敬，不忘亲也；修身慎行，恐辱先也；宗庙致敬，鬼神著矣。孝悌之至，通于神明，光于四海，无所不通。"[6]

徐州汉画像石艺术馆藏有永元三年（91 年）祠堂构件，西墙刻题记六行，"永元三年正月丙午丁□日筑毕，长阳、外阳、少阳兄弟三……□天□□天□□不□□之不立轮□□后立藏□石祠使成□□□……毋毁伤，

［1］李学勤主编：《十三经注疏·孝经注疏》，北京大学出版社 1999 年版，第 57—61 页。

［2］孟强、李祥：《江苏徐州大庙晋汉画像石墓》，《文物》2003 年第 4 期，第 61—70 页。

［3］武利华：《徐州汉画像石通论》，文化艺术出版社 2017 年版，第 339 页。

［4］李学勤主编：《十三经注疏·孝经注疏》，北京大学出版社 1999 年版，第 57—61 页。

［5］［清］赵在翰：《七纬》，中华书局 2012 年版，第 678 页。

［6］李学勤主编：《十三经注疏·孝经注疏》，北京大学出版社 1999 年版，第 51 页。

后当世□□□□更吉□□加也。□□永无□□……敬日诸王，维气治乎，养育前珍，天妊而有，《易》曰：吉无不利……积善之家必有庆余，积不善之家必有余央，子孝于父，臣忠……□□□斯治并直钱三万五千。"[1] 此石题记引自《周易·系辞上》，原句为"是故君子居则观其象而玩其辞，动则观其变而玩其占，是以自天佑之、吉无不利"[2]。此文同样强调天人合一的阴阳五行思想，《易》中六爻强调天、地、人之间的互动，通过爻的卦辞来占卜万事万物的吉凶，预测未来事物的发展趋势。如果信任筮占就会得到上天的庇护和保佑，从而"吉无不利"，后文接着讲述积善、子孝、忠臣等经典儒家思想。祠堂题记对于《孝经》《周易》一类儒家著作的引述，既表明逝者及其家族具有深厚的儒学背景和经纬学在鲁苏皖地区深厚的影响力，也表现出民间筮占风俗在婚丧嫁娶一类重要事俗中举足轻重的地位。

　　有些题记内容记述了墓主人的官职、年龄、去世的缘由以及墓祠修筑的详细过程，似一篇简单的传记回顾了墓主人临终到祭祀的过程。这一类题记以叙述事实为主，语言平实，没有过多辞赋的宏大修辞，观者读之，墓主人之不幸、孝子孝孙之悲哀，历历在目，令人泪然。叙述去世的缘由有"遭疾""病卒""暴失命""终亡""物故"等说法，即便戴氏夫妇"寿九十三""九十二"依然归于"病卒"，表现出后辈的不舍和怀念。徐州市铜山县张集村出土了永平十七年（74 年）杨德安祠堂构石，右壁正面刻有题记，"永平十七年十月十五日乙丑，甾丘戌守士史杨君德安不宁遭疾，春秋卌有六，闻噩耗悲哉哀哉，子尚从抚业，世幼无亲贤者相之，行丧如礼，起石室立坟直万五千泉，始得神道。"[3] 苏黎世里特贝格博物馆（Rietberg Musenm）藏有微山县永初七年（113 年）戴氏享堂后壁，左右两侧各刻题记两行，左为"戴□孔道建石室五千，郭苞二千五百五，戴□戴□伍著承超阳勋蒴卿张年并九千五百，以永初七年闰月十八日始立成"，右为"戴掾君寿九十三，薄命以永初四年六月十七日庚午病卒，戴母年九十二，以永初五年八月廿九日病卒，父母天蚕云门"[4]。山东博物馆藏滕

[1] 武利华：《徐州汉画像石通论》，文化艺术出版社 2017 年版，第 336–337 页。
[2] 杨天才、张善文译著：《周易》，中华书局 2017 年版，第 565 页。
[3] 朱存明：《徐州汉碑刻石通论》，文化艺术出版社 2019 年版，第 124 页。
[4] 杨爱国：《幽明两界——纪年汉代画像石研究》，陕西人民美术出版社 2006 年版，第 45 页。

图4-5 滕州市元嘉三年
赵寅祠堂题记

州市西户口村延光元年（122年）祠堂左壁，外侧刻题记两行，为"（上缺）延光元年八月十六日暴失命，掾故县门下功曹、游徼市，掾弟圣（下缺）经招县功曹、主簿、府文学，掾师安弟党□□□家安弟平明于（下泐）"[1]。微山县文物管理所藏微山县两城镇永和六年（141年）桓孝祠堂后壁，左右各有题记一行，左为"永和四年四月丙申朔廿七日壬戌，桓孝终亡，二弟文山、叔山悲哀，治此食堂。到六年正月二五日毕成，自念悲痛，不受天祐，终亡。"右为"有一子男伯志，年三岁，却到五年四月三日终，俱归黄泉，何时复会，慎勿相忘，传后世子孙，令知之。"[2]滕州市姜屯镇发现元嘉三年（153年）赵寅祠堂后壁，右侧刻题记三行（图4-5），为"元嘉三年二月廿五日，赵寅大子植卿为王公，次和更立，负土两年，侠坟相雇若□，有孙若此，孝及曾子。植卿惟夫刻心念，始增垄成坟，不肩一母，独雇石，直克义，以示祠垣，石柿传存，相仿其孝。"[3]临淄石刻艺术馆藏临淄光和六年（183年）王阿命祠，内龛右壁刻题记两行，为"齐郎王汉特之男阿命四岁，光和六年三月廿四日物故痛哉"[4]。

石祠中有的题记文简意亥，对于墓主人生卒、官职、亡因交代不详，但对于石祠修筑的费用却刻写得清清楚楚，从"三千"到"三万五千"不等。徐州博物馆藏有铜山县汉王乡东沿村永平四年（61年）画像石，上有题记一行（图4-6），为"建武十八年腊月子日死，永平四年正月□为石室，直五千泉，二莒少郎所为，后子孙皆忌子。"[5]山东博物馆藏有肥城镇滦镇村建初八年（83年）张文思为父造祠堂后壁，右侧刻题记两行，为"建初八年八月成，孝子张文思哭父而礼，石直三千，王次作，勿败坏"[6]（图4-7）。徐州汉画像石艺术馆藏铜

［1］ 杨爱国：《幽明两界——纪年汉代画像石研究》，陕西人民美术出版社2006年版，第46页。
［2］ 马汉国主编：《微山汉画像石选集》，文物出版社2003年版，第30页。
［3］ 赖非主编：《中国汉画像石全集》，山东美术出版社2000年版，第168页。
［4］ 郑岩：《山东临淄东汉王阿命刻石的形制及其他》，《艺术史研究》2008第10期，275页。
［5］ 王黎琳、李银德：《徐州发现东汉画像石》，《文物》1996年第4期，第28-31页。
［6］ 王思礼：《山东肥城汉画像石墓调查》，《文物参考资料》1958年第4期，第35页。

图 4-6　铜山县汉王乡东沿村
永平四年祠堂题记

山县汉王乡东沿村元和三年（86 年）平顶小祠堂右侧壁，外侧刻题记一行，为"元和三年三月七日，三十示大人候世子豪，行三年如礼，治冢石室直万五千"[1]。铜山县汉王乡东沿村再建墓第一批画像石第三石属"丁巳立石"祠堂侧壁石，外立面有题记五行（图4-8），为"□□□年九月十八日丁巳立石室，直钱七千，天命有结，始知命不怅，君之厚祖重宗者也。"[2] 2005年，在铜山县汉王乡东沿村发现 2 块祠堂壁石，一石为延平元年（106 年）祠堂山墙左壁，有题记八行，大多漫漶不清，为"男长阳长阳弟子""以延平元年十二月""五铢钱三万五千傅"[3]；二石为山墙右壁，仅存"作石室直二""岁时洽除"等字。济宁市鱼台县发现健康元年（144 年）文叔阳食堂构石，内刻题记六行（图4-9）；为"健康元年八月乙丑朔十九日丁未，寿贵里文叔阳食堂。叔阳故曹史行亭市掾，乡啬夫、廷掾、功曹、府学文掾，有立子三人，女宁、男弟叔明、女弟思，叔明蚤失春秋，长子道士立□□，直钱万七，故曹史市掾。"[4] 1968 年，曲阜市防山公社徐家村北的再建汉墓中有一延熹元年（158 年）石祠构石，刻有题记四行，为"延熹元年十月三日始作此食堂□为□相皆□□□丞使工五万又食九万共直钱□□万即

图 4-7　建初八年张文思为父造祠堂后壁题记

[1] 燕林、国光：《徐州发现东汉元和三年画像石》，《文物》1990 年第 9 期，第 64-73 页。
[2] 武利华：《徐州汉画像石通论》，文化艺术出版社 2017 年版，第 335 页。
[3] 朱存明：《徐州汉碑刻石通论》，文化艺术出版社 2019 年版，第 132 页。
[4] 傅惜华、陈志农：《山东汉代画像石选编》，山东画报出版社 2012 年版，第 201 页。

图4-8 铜山县汉王乡东沿村"丁巳立石"祠堂题记

□□日□此田买如以十一月七日葬妇此墓中车马□□龙蛇马牛皆食大仓"[1]。铜山县吕梁山发现一祠堂后壁，中间一行题记，为"……作石室直泉五千"[2]。

前文提及，祠堂上刻有石室造价，一方面示于乡里宗亲，表明为亲尽孝，以此为据可被推为孝廉；另一方面神道是神行之道，石祠是神之居所，石祠上铭刻的费用可以被上天看到，上天眷其孝举会降福子孙。同时，石祠上的费用存在夸大、不实之嫌，如东沿村延平元年平顶式小石祠花费"五铢钱三万五千傅"，而同为东沿村的元和三年平顶式小祠堂及地下墓室修筑花费仅"万五千"，建初八年张文思为父造祠堂体量更大，平面阴线雕刻更为精美，花费仅"直三千"。有些题记解释了造祠工程明细，似乎给高额的花费提供了一些数据支撑。芗他君石祠值"段钱二万五千"，包括"取石南山"、请"师"撰写碑文、"荣保"制假山、"高平代盛、邵强生"等画师刻绘画像等，就所建双开间石祠而言花费比延平元年祠堂更为合理。永寿三年许安国祠堂"贾钱二万七千"，包括"采石阳山"、招募名工"高平王叔、王坚、江胡、栾石、连车"等，"作治连月，功扶无瑕"，似乎所花费不虚。这些题记虽然所处的时期和地点有所不同，但几乎都位于鲁西南及其周边毗连区域，时间跨度不过百余年，基本反映了东汉中晚期石祠传统建造区域的建造情况，其作价一方面体现了东汉时期持续性的通货膨胀现象，另一方面也表明这一时期厚葬之风愈演愈烈，民间在墓葬

图4-9 鱼台县健康元年文叔阳食堂题记

[1] 山东省博物馆，山东省文物考古研究所：《山东汉画像石选集》，齐鲁书社1982年版，第24页。

[2] 武利华：《徐州汉画像石通论》，文化艺术出版社2017年版，第342页。

建筑修筑以及丧葬仪式、随葬品等项目的支出越来越多。汉墓出土的许多买地券，如《平阴钟仲游妻买地券》《东乡刘伯平镇墓券》《河南县王当买地券》等，大多记录了丧家向阴官购买冢田的费用，作价常用九九之数，与墓祠题记一样存在一定的夸大之嫌；《汉王未卿买地铅券》如实记录了建宁二年 (169 年) 中原京都附近地价，亩价为三千一百钱，"河内怀男子王未卿从河南街油部男子袁叔威买罜门亭部十三陌西袁田三亩，亩贾钱三千一百，并直九千三百钱"[1]；《洛阳县□□卿买地券》记载了中平五年（188 年）购买"当利亭部大阳仟北高站佰西垣"冢田的费用，"贾钱亩五千五百"[2]。祠堂的造价可以参照宅室的建造价格。《居延汉简》记载："宅一区，万"[3]；《敦煌汉简》记载："丈人前所买宅耿孝所，买钱钱六百"[4]，两汉简出土地地处边疆，宅府的价格从一千六百到万钱不等。汉代四川郫县人口众多，城市富庶，堪比邻近的南阳，此地出土的东汉碑中记载了城市核心区域建筑的作价，"中亭后楼，贾四万""苏伯翔谒舍，贾十七万""舍六区，直四万三千""康眇楼舍，质五千"[5]。可见，从冢地到房舍所处的区域及地段不同，价格差异也较大。墓室及地上设施的修筑需要买地及建造两项花费，墓园大多位于郊外、山区，地价大多不高，建祠花费为采石及刻绘等项目，费用不会高于普通房舍价格，平顶式小石祠造价在万钱以下，双开间石祠在万钱上下较为合理。无论是地下墓室还是地上祠堂、阙、柱、石狮上雕刻的造价题记，与出土于墓葬的买地券性质一样，大多数因为宗教原因夸大了建造成本（可能少部分题记是如实记录），我们可以透过这些数字了解汉代丧葬习俗的演变，但其并不能真实反映汉代造祠成本及其所衍生出来的粮价、酒价、盐价、金价等物的价值，甚至结合谶纬文献中记载的气象、灾害等描述为前提，推演出东汉不同时期的物价水平及通货膨胀程度。秦汉时期的物价资料相当丰富，但这些资料需要甄别使用，对于通货膨胀、货币制度等问题的研究应采用汉简、帛书、碑刻等反映真实社会生活的考古资料，而要避免使用与宗教主题相关的墓

［1］ 周北南：《习水三岔河崖墓题记性质考》，《克拉玛依学刊》2012 年第 5 期，第 69-71 页。

［2］ 赵振华、董延寿：《东汉雒阳县男子□□卿买地铅券研究》，《中原文物》2010 年第 3 期，第 74-79 页。

［3］ 甘肃省文物考古研究所、甘肃省博物馆、中国文物研究所、中国社会科学院历史研究所：《居延新简》，中华书局 1994 年版。

［4］ 刘金华：《汉代西北边地物价述略——以汉简为中心》，《中国农史》2008 年第 3 期，第 45-57 页。

［5］ 谢雁翔：《四川郫县犀浦出土东汉残碑》，《文物刊》1974 年第 4 期，第 88 页。

葬题记、买地券、镇墓文、解注文、遣册等随葬文书。

汉代石祠中有四则长篇题记较为特殊，每篇五百余字，多用骈文，偶有散文，详细描述了逝者经历、建祠丧葬过程以及祠堂内部结构及画像，其用词之精妙、气势之恢宏不差于汉赋，体现了相当高超的文学功底，在惜字如金的题记中独树一帜，现将其中三篇题记摘录如下。

其一为东阿县铁头山发现了永兴二年（154年）芗他君祠堂石柱（图4-10），祠堂其他构石下落不明，仅石柱收藏于故宫博物院，题记十一行刻于石柱外向。题记似墓志一般详细记述了芗他君夫妇二人患病离世的过程，回顾了芗他君为官、治学、教子的一生经历，记录了子孙竭尽家财修筑祠堂的历程，表达了后辈对二亲思念、尽孝之情。

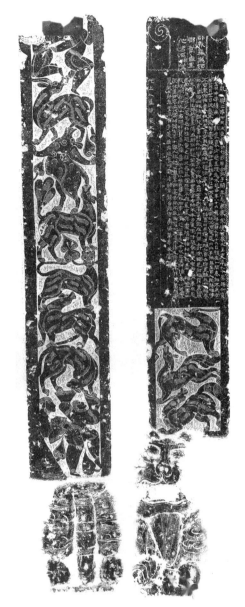

图4-10　东阿县永兴二年芗他君祠堂石柱

"东郡厥县东阿西乡常吉里芗他君石祠堂。永兴二年七月戊辰朔廿七日甲午，孤子芗无患、弟奉宗顿首。家父主吏，年九十，岁时加寅五月中，卒得病，饭食衰少，遂至掩忽不起；母年八十六，岁移在卯，九月十九日被病，卜问奏解不为有差，其月廿一日况忽不愈。旬年二亲蚤（早）去明世（世），弃离子孙往而不返。帝王有终，不可追还，内外子孙，且至百人，抱持啼呼，不可奈何。惟主吏夙性忠孝，少失父母，丧服如礼，修身仕宦，县诸曹、市掾、主簿、廷掾、功曹、召府。更离元二，雍养孤寡，皆得相振。浊（独）教儿子书计，以次仕学。大子伯南，结僮在郡，五为功曹书佐。□在门閤上计，守临邑尉，监蒨案狱贼决史，还县廷掾、功曹、主薄，为郡县所归。坐席未竟，年卅二不幸蚤终，不卒子道。呜呼悲哉，主吏早失贤子。无患奉宗，克念父母之恩，思念忉怛悲楚之情，兄弟暴露在冢，不辟晨夏，负土成墓，列种松柏，起立石祠堂，冀二亲魂灵有所依

图4-11　嘉祥县永寿三年许安国祠堂顶盖石

止。岁腊拜贺，子孙欢喜，堂虽小，经日甚久，取石南山，更逾二年，这今成已。使师操义，山阳瑕丘荣保，画师高平代盛、邵强生等十余人。段（价）钱二万五千。朝莫（暮）侍师，不敢失欢心，天恩不谢，父母恩不报。兄弟共处甚于亲在，财力小堂，示有子道，茌（差）于路食。唯观者诸君，愿勿贩攀伤，寿得万年，家富昌。此上人马，皆食大仓。"[1]

　　其二为永寿三年许安国祠堂题记。在嘉祥县宋山大队村再建墓第二批画像石中，出土祠堂屋顶石九块，均为中间圆钮、四周柿蒂纹样式，原收藏于山东石刻艺术馆，后转入山东博物馆。其中一石即为永寿三年（157年）许安国祠堂顶盖石（图4-11），在柿蒂纹画像右侧刻有一行题记，为"国子男，子字伯孝，年这六岁。在东道边孝有小弟字闻得，夭年俱去，皆随国"。左侧刻有十一行题记，记录了许安国病逝及族人"竭孝行"修筑石祠的艰辛过程，其中对于石祠内部画像的描述精妙细致、颇具文采，有汉赋文风，表达了失亲的悲痛及对后世子孙的祝愿。

　　"永寿三年十二月戊寅朔廿六日癸巳，惟许卒史安国，礼性方直，廉言敦笃，慈仁多恩。注所不可。禀寿卅四年遭□。泰山有剧贼。军士被病，徊气来西土。正月上旬，被病在床，卜问医药，不为知闻。闇忽离世，下归黄泉。古圣所不勉，寿命不可诤（增）。呜呼哀哉！蚤离父母三弟，其弟婴、弟东、弟强与父母并力奉遗，悲哀惨怛。竭孝行，殊义笃。君子嘉之；内脩家事，亲、顺、勑，兄弟和同。相事悲哀，思慕不离冢

[1]　罗福颐：《芗他君石祠堂题字解释》，《故宫博物院院刊》1960年，第178-181页。

侧。草庐□窀，负土成坟。徐养凌柏，朝莫祭祠。甘珍噫味嗛设，随时进纳。省定若生时。以其余财造立此堂。募使名工高平王叔、王坚、江胡、栾石、连车，采石县西南小山阳山。琢疬摩治，规柜施张，襄帷反月，各有文章。调文刻画，交龙委虵、猛虎延视、玄猿登高，陬熊□戏、众禽群聚。万狩云布、台阁参差、大兴舆驾。上有云气与仙人，下有孝友贤仁。遵者俨然，从者肃侍，煌煌濡濡，其色若备。作治连月，功扶无哑，贾钱二万七千。父母三弟莫不竭思，天命有终，不可复追。惟倅创伤，去留有分。子无随没寿，王无扶死之臣，恩情未反。迫褾有制财帑，务隐藏。魂灵悲痛夫何！涕泣双并，传告后生，勉修孝义，无辱生主。唯诸观者，深加哀怜。寿如金石，子孙万年。牧马牛羊诸僮，皆良家子，来入堂宅但观耳。无得刻画令人寿；无为贼祸，乱及孙子。明语贤仁四海士，唯省此书无忽矣。□以永寿三年十二月十六日大岁□一目戌。"[1]

其三为邹城博物馆收藏的邹城市北龙河村东汉顺帝汉安元年（142年）祠堂构石（图4-12）。2013年于邹城市峄山镇北龙河村发现的四座北宋时期墓葬，共出土汉画像石五块，属于北宋再建墓用石，其中在1号墓发现了汉安元年文通食堂题记，此构石高47厘米、长192厘米、厚28厘米，应属祠堂后壁构石。题刻有目前文字最多的一篇题记，共四十一行，六百零六字，详细记述了"鲁国邹亭掾、主簿掾"的里籍、官职、建祠、祔葬、叙哀、言孝和丧葬习俗，尤其详记的祠主男丁、女眷的家族世系，极似墓志文本。题记明确阐明了祠堂"作成石庙堂，以俟魂神"和"供祭魂神"的功用，表达了子孙对于逝者"常受吉福，永永无极，万岁无央"的祝愿。现录题记如下。

"鲁国驺亭掾、主薄掾、文通食堂。掾少小读《严氏春秋》，经召县掾、功曹、府文学、薄曹掾、县三老。掾年八十六，以永和六年十月八日已未以寿终。母年八十四，以永和五年丁卯以寿终。掾有子男女八人，大女蒨候，字惠迈，适戊父。其大男宗，字伯宗，年五十病终，有子男久卿，久卿弟宝公。伯宗弟般，字孟卿，年卅病终，有子男如，字伯商。孟卿弟寅，字仲玉，年五十病终，有子男熹，弟阿奴。仲玉弟识，字元玉，

[1] 朱锡禄：《山东嘉祥宋山1980年出土的汉画像石》，《文物》1982年第5期，第60—70页。
作者注：因原题记中有部分不易识读的异体字和假借字，通过吸收近些年相关研究成果，对部分引文进行订正，所以本书引用与原文有所出入。

图4-12　邹城市汉安元年文通食堂后壁

有子男方，弟扶、弟羡、弟愿。元玉弟竟，字仲忽，有子男吉，弟福。仲忽弟强，字季卿，有子男高，弟宝、弟时、弟少贵。季卿弟兴，字季起，有子男伯张。季起兄弟八人，诸兄薄命蚤终。季起秉掾、母奉终。得备衣冠印绶，长姊虽无，思孝之心，尤识子道，反哺之恩，躬率诸孙，举家竭欢，奉进甘珍。子孙念无堂，各欲尽□，制□曰愁。□欲兄姊不使，少子欲养亲不往，掩忽欲供养，悲痛达心丧魂魄。岁置自造归幽冥，孤子肠断，维五感常欲□悲伤，掾、母命终，何其垂念之，悲结忉怛无穷，其子无随没之寿，王无附死之臣，唯愿有此石显阙，以奉四时，供祭魂神，以传世禄，永享其道。愿勑霜护，且子孙祭。无寿子季起、兴、伯张、高、宝等作成石庙堂，以俟魂神往来休息，孝之然也。所以置食堂，虽鄙陋，万世墓表，颂之皆昌，逆之者亡。后子孙免崩落无子。愿毋绝缘，常受吉福，永永无极，万岁无央。伯宗妻□□□，字惠卿，年六十终，有子女潼之□□。孟卿妻高平孔叔阳女，四十八终。仲玉妻徐忠□女，字淑，有子、女、孙女等□之。元玉妻瞿春□，字睦信，有子女潼去。仲忽妻安天□小卿女，字敬郎，有子女□。季卿妻资稚候女，字敬淑，有子女□。季起妻徐季文女，字义亲，有子女。年十五遭命夭折附葬此，竭家痛切，治此食堂，以汉安元年六月七日甲寅，毕成。石工高平□、高平□□、直五万。此中人马皆食大仓。"[1]

相比其他石祠这三篇题记行文流畅、辞藻华丽，与其他题记差异较大，一方面体现了宗族丰厚的文化底蕴以及"使师操蒙"的雄厚财力，另

[1]　胡新立：《邹城新发现汉安元年文通祠堂题记及图像释读》，《文物》2017年第1期，第76-85页。

一方面此文或融碑文与题记于一体。汉碑属于神道碑，是丧葬祭祀制度的组成部分，东汉的曲阜、泰安地区遗存下来如《礼器碑》《孔彪碑》《孔庙碑》《孔君神祠碑》等大批庙堂碑刻，行文规整，气势宏大。嘉祥地区武氏墓地的《武班碑》《武开明碑》《武梁碑》《武荣碑》属于家族墓园碑刻，内容与文风跟芗他君石祠和许安国石祠题记类似。有多处碑刻记述建祠的艰辛过程，芗他君石祠刻有"负土成墓，列种松柏，起立石祠堂……取石南山，更逾二年，这今成已"；许安国石祠刻有"负土成坟。徐养凌柏，朝莫祭祠……采石县西南小山阳山"；《武梁碑》云："选择名石，南山之阳，擢取妙好，色无斑黄。前设坛墠，后建祠堂"[1]，三文分别描述了采石、建坟、植柏、立祠的丧葬流程，展现了相近的行文方式。许安国石祠题记对于石祠内部画像的描绘极具特色且颇为写实，"褰帷反月，各有文章。调文刻画，交龙委虵、猛虎延视、玄猿登高、陁熊口戏、众禽群聚。万狩云布、台阁参差、大兴舆驾。上有云气与仙人，下有孝友贤仁。遵者俨然，从者肃侍"；《武梁碑》也有大量对于武梁祠画像的描绘，"雕文刻画，罗列成行，撼骋技巧，委蛇有章"[2]；东汉王延寿的《鲁灵光殿赋》记载殿内的壁画"悬栋结阿，天窗绮疏。圆渊方井，反植荷蕖……猿狄攀橡而相追。玄熊舐馊以断断……神仙岳岳于栋间。玉女窥窗而下视"[3]；西汉司马相如的《上林赋》描绘了上林苑宏大的规模，记录了天子在上林狩猎的场景，云："玄猨素雌，蜼玃飞鸓，蛭蜩蠼猱，獑胡縠蛫"[4]；东汉张衡的《西京赋》描绘长安宫殿内部"蒂倒茄于藻井，披红葩之狎猎。饰华榱与璧珰，流景曜之韡晔[5]"。从现复原的武梁祠以及与许安国石祠类似的宋山一号小祠堂的结构和画像内容来看，辞赋与碑刻对于画像与壁画的描述，基本还原了建筑及画像的神韵，"操蒙"的名师借鉴了汉赋的文风，让整个题记颇有"煌煌濡濡"的宫廷特色。

有一点值得注意，芗他君石祠的画匠是高平人代盛、邵强生，许安国石祠的名工是高平人王叔、王坚、江胡、栾石、连车，汉安元年文通食堂的工匠也是高平人，一祠位于肥城县东阿镇，一祠位于嘉祥县满硐镇，一

[1]　[法]沙畹：《华北考古记》，中国画报出版社 2020 年版，第 223 页。

[2]　[法]沙畹：《华北考古记》，中国画报出版社 2020 年版，第 223 页。

[3]　龚克昌：《全汉赋评注》，花山文艺出版社 2003 年版，第 717 页。

[4]　[梁]萧统撰，[唐]李善注：《文选·卷四》，清嘉庆重刻宋淳熙刊本。

[5]　龚克昌：《全汉赋评注》，花山文艺出版社 2003 年版，第 207 页。

祠位于邹城市北龙河村，三地相距数百里。这表明东汉时期山东地区有一支或数支建造汉画像丧葬建筑的队伍，其画工（也可能兼石工）由高平人带领，进行墓园设施的建设。信立祥认为题记中的"高平"为高平县人，认为在鲁西南一带活跃着一只来自山西省高平县的墓葬施工队伍。很难想象一直有石雕风俗的鲁西南地区的墓葬雕刻行业会由山西人掌握，而且东汉时期山西省地属边陲，常年受匈奴骚扰，建造画像石墓的时间极短且风格与鲁西南地区差异较大。

《后汉书·郡国三》云："山阳郡……昌邑刺史治。高平侯国。故橐，章帝更名。"[1] 山阳郡属兖州刺史部所治八郡之一，西汉始置，郡治所在昌邑，为今之山东省巨野县东南一带。山阳郡前身可追溯至秦时所置的橐县。《史记·高祖功臣侯年表》记载汉高祖七年（前199年）封将军陈锴为橐侯，治橐县，章帝刘炟时更名为高平县。西汉中元六年（前144年）梁国一分为五，汉景帝封梁王武之子刘定为山阳王，梁国北部数县置归山阳国，橐为属县。汉武帝建元五年（前136年），山阳国除为郡，橐为属县。王莽时山阳郡改曰巨野郡，橐县改曰高平县，亦为属县。东汉时又改称山阳郡，下辖高平等十县。晋泰始元年（265年），以山阳郡置高平国。可见，两汉时期高平县一直属山阳郡（国）管辖，沿革较长。高平之名源自县城附近的高平山，《水经注·卷二十五》记载："泗水南迳高平山，山东西十里，南北五里，高四里，与众山相连，其山最高，顶上方平，故谓之高平山，县亦取名焉。"[2] 高平山位于嘉祥县与金乡县之间的位置，高平县也应在此。故东汉题记中的"山阳高平"均指山阳郡（国）之高平县，济宁任城王墓题记中就记载"山阳高平钟生"之说，《水经注·卷八》亦记载"汉荆州刺史李刚，刚字叔毅，山阳高平人"[3]。山阳郡（国）在汉代就以建筑业而著称，定陶县马集镇灵圣湖 M2 墓属"黄肠题凑"墓，疑为汉哀帝之母丁姬的墓葬，椁室顶部及四周发现大量墨书、朱书青砖，其中发现多块类似"山阳昌邑炀里李长猛"（图4-13）等地名人名砖，注明砖工的籍贯和姓名。丁太后的"黄肠题凑"墓属"天子之制"，所用黄肠木均由都城长安加工并运至定陶，墓砖为山阳郡当地的工匠所制。可见，山

[1] ［宋］范晔撰、［唐］李贤等注：《后汉书》，中华书局1999年版，第2353页。
[2] ［北魏］郦道元著、陈桥驿校证：《水经注校证》，中华书局2017年版，第571页。
[3] ［北魏］郦道元著、陈桥驿校证：《水经注校证》，中华书局2017年版，第206页。

阳郡（国）的建筑产业发达且工匠水平高超，除了能够承建王侯等级的墓葬，也是修筑地方官吏墓祠的主要力量。汉代高平县的所在地临近嘉祥县、肥城县、邹城县，可能有数支"山阳高平"的石雕施工队伍服务周边地区墓葬建筑行业，并在所修筑的墓祠中留下了高平人的姓名题记。但"高平"可能并非指代实际地名，而是一种暗喻，如借"取石南山"和"采石县西南小山阳山"比喻取石的考究一样，此处意在突出施工队伍的技艺高超。可能东汉时期确实存在一支由高平人组成的施工队伍，建筑了或王侯陵园、或宗庙、或宫殿等极其复杂的建筑群落，使得高平人在当时的建筑领域声名在外。石祠题记中特意突出建筑队伍的籍贯，意在强调祠堂雕刻的精美、修筑的牢固，而施工队伍是否真的来自高平县反而不

图 4-13　定陶灵圣湖 M2 墓墨书青砖

重要了。有趣的是，高平人操刀的这三座祠堂的题记位置不同，有位于立柱，有位于顶盖，有位于后壁，但行文辞藻在题记中独具风格，且均洋洋洒洒五六百字，可以推测这只队伍中有一位"操蒙"之师，擅长长篇辞赋，撰文炉火纯青，上述三篇精彩的题记才得以流传至今。

第四则题记当属东汉永和二年（136 年）临为父作封刻石（图 4-14）。此石在清宣统元年（1909 年）由罗正钧收入山东图书馆附设的金石保存所，后转交山东省博物馆收藏。此石正面刻有题记，四面平整有凿纹，后部未施雕琢，应为嵌入墙面内部的丧葬建筑构石。因题记上刻"永和二年岁在丁丑丧父，来年腊月葬。□延熹六年……作封□"，可知临父 136 年去世，137 年下葬，163 年刻封石，题记中没有提及墓主夫人下葬及合葬

事宜，下葬 27 年之后再造之石不可能是墓室封石，此石当不是墓室构石或封石而是地上建筑构石。题记二句中"故刊石立碑"容易混乱此石性质，汉代未见多石砌合的石碑，"刊石立碑"当为"刊文立传"之意，后文接着以"铭辞"的形式叙述了临父一生治学为人的经历，故此石不当为碑。地上丧葬建筑除了碑还有阙，如武氏阙、平邑阙、沈府君阙等都是多石砌合而成，因题记中"将作□封，因序祖先，造□礿祠，蒸尝魂灵"，可知此石应属"礿祠"之封石而非墓阙之封石，故此石为临父石祠构件。此外，对于此石在石祠中的位置，笔者参考武氏祠前石室和左石室内龛两侧构石的配置进行复原。因为题记位于此石正面偏左的位置，右侧糙面应为石祠东侧壁与后壁衔接面，故可知此石位于祠堂后壁，西侧接内龛东壁石，东侧南向接东侧壁石，下抵基石，上顶后壁横石。祠堂可能为带有后龛的双开间悬山顶房屋式建筑（图 4-15）。此处简单探讨了临为父作封刻石在祠堂建筑中的配置，下录题记全文。

"惟汉永和二年岁在丁丑七月下旬，临乃丧慈父，呜呼哀哉。故刊石立碑，其辞曰：父通，本治白孟《易》、丁君《章句》，师事上党鲍公，故郡掾史、功曹、主簿。载□

图 4-14　临为父作封刻石侧面

十三，卦位衰微，遂不加起，掩然至斯。孤子推身，痛当奈何。妇孙敬请，靡不感悲。临兄弟四，兄长莫年死，伯、仲立子三人，季□子□弟□□过。蚤离春秋，永归长夜。昭代不立，言之切，痛伤人心。亦谓苗能不秀，秀能不实。昔武王遭疾，赖□周公，为王残命，复得延年。箅有罪讫，□□若丧。由斯言之，命有短长，追念父恩，不可称陈。将作□封，因序祖先，造□礿祠，蒸尝魂灵。富贵无恙，传于子孙，□之无竟。乱曰：阴阳变化，四时分兮。人命短长，徂不存兮。改华易宫，震垢尘兮。□□慕清，集神门兮。日月照幽，时昼昏兮。精灵维世，□□□兮。悲伤永别，失寿年兮。升车下征，赴黄泉兮。鸣□□□，义割恩兮。

永和二年岁在丁丑丧父，来年腊月葬。□延熹六年，岁在癸卯，积廿七年，□为父作封□，孙伯度、博、望佐侍，时工宪、工厎，功夫费□并直□万七千，二月卅日毕成。"[1]

"此上人马皆食大仓……如律令"等词句在汉代墓志、题记、镇墓文等丧葬文书中广泛使用，形成了一定的使用格式，后世演变为一种体现道教色彩的宗教文书，在汉代祠堂题记中有多种表述方式。如济宁市博物馆藏永元五年（93年）祠堂后壁画像的两阙柱上有题记二行，一行为"此

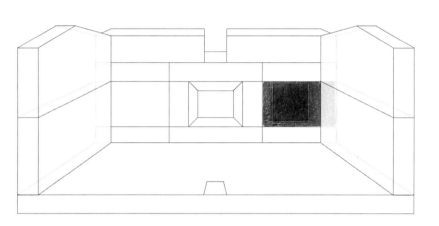

图 4-15 临为父作封刻石位置复原图

中人马皆食大仓"[2]。山东博物馆藏有嘉祥县宋山大队村再建墓 M3 第二批画像石第二十八石，右侧一行刻题记，"阳遂富贵，此中人马皆食太仓，饮其江海"。芳他君石祠题记刻有"此上人马皆食大仓"。安徽省博物馆藏的宿县褚兰镇建宁四年（171年）胡元壬祠后壁，中央题额为"辟阳胡元壬墓"，题记为"建宁四年二月壬子□□□□□□□□为家墓石□□□□□父以九月乙巳母以六月□□□□□□□□多子孙□□□□□□上人马皆食大仓□□□□□□律令□□□□□□□□禄慕高荣寿四敬要带朱紫车□□□□□金银在怀何取不导贵延年□□□□□□德子孙常为□□□□□□"[3]。宿县文物管理所藏有宿县褚兰镇宝光寺熹平三年（174

[1] 宋爱平：《东汉临为父作封刻石考述》，《文物春秋》2022年第3期，第81-91页。

[2] 杨爱国：《幽明两界——纪年汉代画像石研究》，陕西人民美术出版社2006年版，第44-45页。

[3] 王步毅：《安徽宿县褚兰汉画像石墓》，《考古学报》1993年第4期，第515-549+567-570页。

年）邓季皇祠堂后壁，碑额为"邓掾冢墓"，题记撰文七行，为"熹平三年十二月乙巳朔，廿一日乙丑，新广里，邓季皇，年七十四，薄命蚤离明世，长入幽冥，悲哉伤心，子男伯宗无兄弟持服……丰，造立石宫，垒墓□目十二□……氏之□尽矣，上人马皆食……山林饮湖泽，他如律令。"[1]徐州市铜山县大庙镇祠堂西壁右上部刻有题记一行，为"此□室中人马皆食太仓"[2]。徐州市铜山县茅村蔡丘祠堂右壁石，刻有题记三行（图4-16），为"……宰殒及下大堂用，作石室，殒用钱卅……律令"[3]。徐州汉画像石艺术馆征集一块无纪年祠堂侧壁石，题记三行，"□□作石室，人马皆食太仓，□□太岁在丑，□□石工属意好辟如律令"[4]。"此中人马"即为画像中的人物及题记中提到的墓主人及孝子孝孙，皆有饮不尽的江海之水、食不完的天仓（大仓）之食，寓意生死两界的族人都可以享受不尽的荣华富贵。此类题记最后会写有"律令""如律令""急如律

图4-16　铜山县茅村蔡丘祠堂题记

令""如天帝律令""如女青律令"等[5]。"律令"源自汉代的官府政令文书，在文末写书"如律令"强调政令强制执行，不得拖延。在墓志、题记、买地券中使用"律令"一词强调所写文书的权威性，这里的官方指的是天帝、女青之神，要求天下诸神听从天帝的号令，满足文书中"皆食大仓"的要求。

　　此外，还有五处祠堂题记，有的石面漫漶严重文字不清，有的仅刻时间缺乏必要的叙事成分，故在此统一记录，不再赘述。山东博物馆藏有山东省汶上县天凤三年（16年）路公食堂构石，题记两行，为"□□

［1］王化民：《宿县出土汉熹平三年画像石》，《中国文物报》1991年12月1日号。

［2］孟强、李祥：《江苏徐州大庙晋汉画像石墓》，《文物》2003年第4期，第61-70页。

［3］武利华：《徐州汉画像石通论》，文化艺术出版社2017年版，第343页。

［4］朱存明：《徐州汉碑刻石通论》，文化艺术出版社2019年版，第153页。

［5］黄景春：《中国宗教性随葬文书研究：以买地券、镇墓文、衣物疏为例》，上海人民出版社2018年版，第335-385页。

元年二月廿日□□□□□□荆路公昆弟"，"□天凤三年立食堂路公治严氏春秋不逾"[1]。肥城市博物馆藏有肥城县桃源区西里村永平十六年（73年）祠堂后壁，一侧题刻一行，为"永平十六年八月廿五日过中时诵梁里羽记去修马□□□□□"[2]，下方二十余字，大部模糊，可辨识的有"病、定、明、仲、遗、升、题"等字。滕州市博物馆藏有滕州埇城永元十年（98年）祠堂支枋石，上刻题记四行，为"（上泐）□□□□□永元□□年□月十五日□□□父礼□子孙无以□日□佳石□□颜文□昆弟六人弟□文伯□仲□文母以永元十年七月二十七日□□不幸母□□亡"[3]。滕州市汉画像石馆藏有滕州市前进小学东门出土的延光元年（122年）祠堂左壁石，外立面刻有题记一行，为"延光元年三月二十五日戊巳石仓□□□□□□□"[4]。睢宁县古邳镇发现祠堂残石，上刻题记两行（图4-17），为"故下邳终郭乡东石谏议三……传后子孙敬祖先孝顺□门……"[5]

二、后刻的题记

在汉代石祠中有大量题记非原石工所刻，有些是往来路人观赏过祠堂画像后所刻的感言；有的画像石用于再建墓中被新墓石工重新刻绘了文字；有的是金石学家为保护刻石而重新进行的记录编号。这类题记在相关金石著作中记载较少，一方面，

图4-17 徐州市下邳终郭乡祠堂题记

[1] 傅惜华、陈志农：《山东汉代画像石选编》，山东画报出版社2012年版，第130页。
[2] 程少奎：《山东肥城发现"永平"纪年画像石》，《文物》1990年第2期，第92—93页。
[3] 山东省博物馆、山东省文物考古研究所编：《山东汉画像石选集》，齐鲁书社1982年版，第39页。
[4] 滕州汉画像石馆：《滕州汉画像石精品集》，齐鲁书社2011年版，第16页。
[5] 武利华：《徐州汉画像石通论》，文化艺术出版社2017年版，第342页。

汉代石祠建筑能够保存下来的数量稀少；另一方面，大部分题刻多属于游历后的留言，历史文献价值不大，书体雕刻随意，历代金石学家对此类题刻的关注有限。虽然这些题记与祭祀建筑的原本意义及升仙信仰无关，但它们从另一个侧面反映了石祠建立之后的两千年间不同朝代民众对这类汉代石祠遗迹的观点，是我们了解汉代丧葬文化发展演变的重要因素。

在后刻题记中内容最丰富的当属长清孝堂山石祠。因为后人不断修缮，石祠屹立山顶两千年完好，且位置毗邻官道，有无数游人赏客观后题辞。石祠包括西壁外墙的北齐皇室外戚胡长仁的《陇东王感孝颂》[1]在内共计145条题刻，还有祠外修缮的碑刻数石，时间跨度从东汉到大清乾隆年间，内容大多记述了"何人何时来记"等内容。祠堂原属附近大族的家族墓地，祠堂周边现已发现四座东汉墓，但随着墓主家族的衰落，祠堂疏于管理，关于墓主信息的碑刻、牌位大多不在，后来之人因为祠堂内部丰富的画像内容误将石室认为是孝子郭巨的祠堂，石室的身份由家族祠堂转变为孝子堂。如东汉"平原湿阴邵善君以永建四年四月廿四日来过此堂叩头谢贤明"，前梁"李休叔以太始八年四月三日来"，北魏"延昌二年五月十八日营州建德郡韩仪棋故过石堂念美名而咏之"。北齐胡长仁的《陇东王感孝颂》（图4-18）中也记述此石室为"郭巨之墓，马鬣交阡；孝子之堂，鸟翅衔阜"，其铭辞提及的"重华曾闵，莱子乐春"亦被赞为孝子之行的"美迹"。后来石祠可能被信者供奉了某类神像或牌位，孝子堂被赋予了某种神圣性，转变为宗教性场所，成为许愿之处，如北魏"景明二年十月十六日王兴国青州人李三龙二人至此愿愿从以……"北齐"天保九年山荏县人四月廿七日刘贵刘章兄弟二人回阡过孝堂观使愿愿从心"，北齐

[1] 蒋英炬、杨爱国：《孝堂山石祠》，文物出版社2017年版，第99-107页。《陇东王感孝颂》全文如下：惟夫德行之本，仁义之基，感洞幽明，扰驯禽兽。清音带冰而挺汤，华采映雪而流辉。根矩定于一丸，丘吾绝于三光。开府仪同三司、尚书右仆射、尚书左仆射、尚书令、摄选新除特进、使持节、齐州刺史陇东王胡长仁，雌黄雅俗，雄飞戚里。入膺北斗，执柄端衡；出牧东秦，摁条连率。未脱崔林之雇，聊惜贾宗之檐，视听经过，访询耆旧。郭巨之墓，马鬣交阡；孝子之堂，鸟翅衔阜。君王爱奇好古，历览徘徊，妃息在傍，宾僚侍侧。璧疑秦镜，炳焕存形；柱识荆珉，寂寥遗字。所以敛眉长叹，念昔追远。遂若羊公登岗，还同处墨饮泉，慨贤胜之多弊，嗟至德而无纪。兰溪傥不见松，谷城何以知石？于时开府中兵参军梁恭之，盛工篆隶，骑兵参军申嗣邕，微学擒藻，并应命旨，俱营颂笔。以大齐武平元年正月廿二日，权舆雕莹，肂建庭宇，栋刻苍文，檐栽翠柏。庶令千叶之下，弥振金声；九原之中，恒浮玉树。其词曰：天经地义，启圣通神，重华曾闵，莱子乐春，时多美迹，世有芳尘。前汉逸士，河内贞人，分钗双季，独养一亲，客舍凶弱，儿埋福臻。穹隆徼异，旁薄贻珍。悬车遽落，夜台弗晨，千龄俄古，万祀犹新。朱骖紫盖，抚俗调民，高山达节，景慕萦唝。式凭不朽，永播衣巾。居士慧郎侍从至，能草隶，世人称朗公书者是也。开府行参军王思尚侍从，能文有节操。

图4-18　《陇东王感孝颂》局部

"天保十年四月廿四日张□□匡□四人来过孝堂书字愿公从心"。因为石室残破，到了宋代，信者将祠堂的修缮视为一种功德，后世题刻又增添了诸多修缮记录，如宋"大宋崇宁五年岁次丙戌七月庚寅朔初三日郭革自备重添此柱并垒外石墙""当村王宣德男天民助缘匠人国青张皋并特质牌额绰揳门一座"。随着佛教在此地的兴盛，孝堂山下兴建了佛寺院落，这座石室的原本建造目的已无从知晓，众多过路僧人也来此祭拜，石室从道教祭祀建筑神奇转变为佛教的遗存，如"青州丈八寺智光吊孝""比丘僧不□故来此山观山室""丙申年十月十七日新罗金良吉昔居丘同徒随僧人高原"。值得注意的是，孝堂山北临沿黄河官道，是连接中原与朝鲜、日本的一条要道，石祠也留下了多处新罗人的题记，表明历史上中朝两国文化交流频繁，如唐"总章元年新罗使人金元机金人信见"，唐"新罗善食金葛贝仪凤二年二月廿四日"，"新罗江深满二月廿九日"。长清孝堂山石祠上的后刻题记看似杂乱无章，细细梳理则明确勾勒出长清一带民间宗教文化的演变情况。

有一批早期嘉祥县出土的祠堂画像石经山东石刻艺术馆转藏入山东博物馆，很多刻石的一侧都有铲地楷书阴刻编号及出土地点（图4-19）。这一类题刻为清宣统时期罗正钧所刻，其将收藏的嘉祥村、洪福寺、蔡氏园等地的画像石依次编号入藏，其余均移入武氏祠保护室中。对于这批祠堂画像石的来历，罗正钧刻有题记刊录此事，此题记详细说明了两批画像石的出土地及后续流转过程。此石原存于济南金石保管所，后归山东省图书馆，后亦归山东博物馆收藏。其题记为："右汉画像凡十石。甲至己，新从嘉祥蔡氏园中出土，其阳文庚字一方，旧在县中关庙。三小方，辛云得自肥城。壬与癸二方，不详其所得之处。光绪三十四年，先后为日本

图4-19　罗正钧所刻画像石信息

人所购，运过济南。予以此石为吾国古物，出资购留之而薄惩出售之人。汉代画像存于山左者尚多，山崖屋壁间往往见之，然历世已千有余年，后之人其益爱护之也，宣统元年冬十月罗正钧记。"后面又有小字七行，文曰："嘉祥武梁祠画像，著名海内。予所购留汉石，其七方皆得之嘉样。乃檄县令吴君荐年益求之境内，先后获画石二十有七方，归之县中学宫明伦堂，而辇致十方于金石保存所，即下所嵌之十石也。吴君后来言武梁祠画石凡五十五方，自钱塘黄氏易为建石室，中间曾一修葺。其散置室中，未嵌诸壁者，尚二十方。拟捐廉增建石室三楹。予与姚君鹏图集资助之，工甫竣，吴君受代还济南，不敷数月，遽以疾卒。吴君，字霞村，泾县人，以儒雅，为吏有声，复留意护持古物如此！故予尤惜之，目行著焉。宣统二年夏六月正钧又记。"[1]

关于朱鲔石室现存最早的记录是北魏郦道元的《水经注》，认为石室属于汉平狄将军扶沟侯淮阳朱鲔，北魏时期墓园内或仍保存相关碑刻，尚可辨认。在清代黄易的《小蓬莱阁金石目》中提及"朱长舒之墓""金吾""汉朱氏鲔嘉亭万吉祥"等字，在清代王昶的《金石萃编》中"朱长舒墓石室画象题字"条著录"汉朱氏□□始□□□□□□鲔□□□□嘉……相……与可韦□分□□□□豫□□□□叶万□□祥。"[2]目前仅在石

[1]　朱锡禄：《嘉祥汉画像石》，山东美术出版社1992年版，第145页。

[2]　[清]王旭撰：《历代碑志丛书·金石萃编一百六十卷》（第四册），清嘉庆十年经训堂刊本，江苏古籍出版社1998年版，第378页。

室西壁 4 号石近门角的位置可见 "朱长舒之墓"[1] 五个字题记，阮元认为这五个字 "天斜不工"，似与官至大司马之墓不符。笔者认为 "朱长舒之墓" 五字为后人题刻，大概因为下方四行题记残泐严重，不可识读，故重新刻字以重新标识此祠，但与原题刻差异过大。

此外，徐州汉画像石馆征集有睢宁古邳镇祠堂后壁石，画像中间为双阙，两侧各刻有两字隶书，武利华认为是 "观者之石[2]" 或 "顾君之石"。[3] 汉代祠堂题记中或刻时间、或刻造祠费用、或刻墓主人经历，大多于画像旁铲地雕刻或刻于边栏，未有似牌匾一样刻于中间者。无论是 "观者之石" 还是 "顾君之石" 均与丧葬、祭祀无关，可见此题刻为后人再用此石所刻。微山地区出土一石祠堂侧壁，画像主要表现微山地区常见的亭台水榭画面，边栏后刻有 "道号慧玄俗名强思□住"[4]，可见此石亦被临近道观移至他用。

三、叙事性榜题与画像

在石祠题刻中有一类文本以榜题的形式叙述了先秦到汉代的历史典故，这些典故既包括历史（神话）人物、先贤列女的故事，也包括诸多祥瑞。先贤典故的画像在有石祠建造传统的地区均有发现，而仅有武氏祠的武梁祠和左石室通过榜题叙述历史人物、历史故事及天降祥瑞。武氏祠的叙事榜题是我们了解汉代历史文化的一面镜子，它既反映了民间的丧葬习俗，也揭示出王侯贵族祭祀所用建筑的样子。同时，武氏祠的画像榜题又是一个特例，除此之外再没有发现有如此丰富叙事性榜题的汉画像石。武氏祠的叙事性画像不能代表汉代民间中小型丧葬建筑画像的基本形式，但恰恰是它的特殊性使其成为连接王侯宗庙与民间祠堂的桥梁。

这类叙事性榜题与汉画像在叙述故事方面相辅相成。虽然画像中的人物和典故具备众所周知的特性，但没有深厚的汉学基础或者专人讲解，尤其是那些动作雷同、缺乏特征的人物画像，很难将其与历史典故建立关联，而一个人物的姓名榜题就可以确认人物的身份以及整个画像所指代

［1］ 蒋英炬、杨爱国：《朱鲔石室》，文物出版社 2015 年版，第 76 页。
［2］ 武利华：《徐州汉画像石通论》，文化艺术出版社 2017 年版，第 341 页。
［3］ 武利华：《徐州汉画像石通论》，文化艺术出版社 2019 年版，第 147 页。
［4］ 山东省博物馆、山东省文物考古研究所编：《山东汉画像石选集》，齐鲁书社 1982 年版，第 16 页。

的意义。长清大街汉墓墓室横梁石中的孔子见老子画像（图 4-20）刻画人物最多，一排四十一位肃立人物，如果没有解释，人们很难理解为什么在墓室如此重要的位置刻画一群站立之人，而"孔子"的榜题就解决了整个画像的识读问题，老子、项橐、孔子及弟子的身份一目了然，所叙述的故事也与汉代的丧葬习俗有了关联。有大量姓名榜题揭示了画像所叙述的历史典故，包括"孔子见老子""周公辅成王""西王母东王公"等常见的画像题材。武氏祠文物保管所收藏了嘉祥县齐山村汉墓出土第三石，上层刻有十三人，为"孔子见老子"的故事，榜题"孔子也""老子也""颜回""子路""子张"表明了人物身份和故事背景。滕州市桑村镇西户口村出土的祠堂东壁上亦刻有"东王父""泰山君""孔子""老子"的榜题，交代了东王公所在东方仙境、泰山君所在的蒿里地府以及孔子见老子隐喻的助葬含义。肥城市博物馆藏的肥城县桃源区西里村永平十六年（73 年）祠堂后壁，两人身旁也刻有"孔子弟子"的榜题。邳州占城杨庙村的祠堂山墙上刻有"周公""成王"的榜题，点明了"周公辅成王"的典故。嘉祥县刘村洪福院的大殿佛座下石也有"鲁公""周公""成王"的题记。孝堂山石祠亦刻有"相、令、孔子、二千石、大王车、胡王、成王"等题记。傅惜华在《山东汉画像石汇编》中录有一石，此石上层为"乐舞图"，下层为"庖厨图"，上层左右两人榜题上刻"吴王""齐桓公"（图 4-21）。如果没有榜题仅凭二人坐像是无法确认画像中人物身份以及所发生的故事，而榜题揭示这二人一位为手抚黄帝之琴的齐桓公，一位是《河图·绛象》中入包山灵墟盗得禹书的吴王阖间。这二人虽同处东周称霸一方，在乐舞演奏方面却没有任何联系，但成仙后却均与辅助墓主人升仙有密切关联。齐桓公持有道家始祖黄帝之琴，此琴为"天帝神物"，吴王乃"北上包山入灵墟，乃造洞庭窃禹书，天帝大文不可舒，此文长传六百初，今强

图 4-20　济南市长清大街村汉墓"孔子见老子"画像石

取出丧国庐"[1]。因此，在画像石中齐桓公与吴王的身份不再是称霸一方的诸侯，而是持有"黄帝之琴"和"禹书"两件神物的仙人，具有了助葬的寓意。在画像中二人既在演奏乐舞以"娱西王母"，又均位列仙班接引墓主人升仙。以此格套我们可以辨认出大量类似的祠堂画像，如嘉祥隋家庄画像第一石（图 4-22）中，左侧抚琴的是齐桓公，右侧吹竽的是吴王，中间端坐的是西王母。对于逝者和生者都有重要意义的祠堂，其内部画像都是精心设计的。邳州占城祠堂山墙刻有四层画像，共计二十九个人物（图 4-23），均磨泐严重，有榜无题，可能原为墨书题记，可以想象在占城祠堂修建之初每个画像人物都有自己的名字和故事，他们对于墓主人升仙都有重要意义。曲阜孔庙所藏的微山县两城镇永和二年（137 年）祠堂东壁，画面所刻的"蜚鸟、乌生、山鹊、长卿、伯昌、女黄"榜题就揭示了各个画像人物在辅助墓主人升仙过程中所起到的重要作用，下文会以此为例详细阐述祠堂画像隐喻的升仙流程。

有些祠堂画像人物的榜题不但有人物的姓名，还有一段题记概述他的身份及经历，这种榜题仅出现在武梁祠画像中。武梁能够"治韩诗经，阙帻传讲，兼通河洛、诸子传记。广学甄彻，穷综典口，靡不口览"，题记内容与其"广学诸子、兼通河洛"的治学经历密切相关。武梁祠西壁第二层十位帝王像的一侧均有一列题记概述其身份（图 4-24），有的赞其贡献，有的表其血统，有的赞其品德，仅夏桀榜题有名而无赞，如"伏戏苍精，初造王业，画卦结绳，以理海内。祝诵氏，无所作为，末有耆欲，刑罚未施。神农氏，因宜教田，辟土种谷，以赈万民。黄帝，多所作为，造兵井田，垂衣裳，立宫宅。帝颛顼，高阳者，黄帝之

图 4-21　西泠印社藏"吴王、齐桓公"画像石

[1]　逯钦立辑校：《先秦汉魏晋南北朝诗》，中华书局 1983 年版，第 43 页。

孙，而昌意之子也。帝喾，高辛者，黄帝之曾孙。帝尧放勋，其仁如天，其智如神，就之如日，望之如云。帝舜名重华，耕于历山，外养三年。夏禹长于地理，脉泉知阴，随时设防，退为肉刑。"在长清孝堂山下小石祠的东壁正面及外立面第二层也刻有八位帝王像（图4-25），人物有榜无题，但外立面头戴斗笠手持木耒的人物应为神农氏，其画像构图、雕刻技法均与武梁祠一致，应为逝者族人请同一画工队伍依祠大小而制。

图4-22　嘉祥县隋家庄画像第一石

在武梁祠屋顶石内面也刻有大量祥瑞内容的榜题，与前石室及左石室残留屋顶石的神仙出行画像不同，其形式与武梁祠东壁帝王像榜题一致，画像以界格分界各类祥瑞，一侧榜题记录有祥瑞名称以及可使祥瑞降临的王者品德。如"浪井，不凿自成，王者清净则应。神鼎，不炊自孰，五味自生。麟不刳胎，慘少则至。不漉池则渔，则黄龙游于池。六足兽，某及众则至。白虎，王者不暴虐则白虎至，仁不害人。玉马，王者清明，尊贤者则至。玉英，五常并修，则至。赤熊仁，奸息则至。木连理，王者德纯，洽八方为一家，则连理生。璧流离，王者不隐过，则至。

图4-23　邹州市占城祠堂山墙

玄圭，水泉流通，四海汇同，则至。比翼鸟，王者德及高远，则至。比肩兽，王者德及鳏寡，则至。白鱼，武王渡孟津，入于王舟。比目鱼，王者幽明无不衙，则至。银瓮，刑法得中，则至。白马朱猎，王者任贤良，则至。泽马，王者劳来百姓，则泽马至。比目鱼，王者德广明，无不通，则至矣。"（图4-26）班固在《白虎通》中称"祥瑞"为"符瑞"，并从阴阳五行观解释了"符瑞"所至乃是"应德而至"，体现了王道正统，阴阳调和，万物顺序的特征。依据王充的天人感应论，王者之德是瑞相的根本。其文曰："德至天则斗极明，日月光，甘露降；德至地则嘉禾生，蓂荚起，秬鬯出，太平感；德至文表则景星见，五纬顺轨；德至草木朱草生，木连理；德至鸟兽则凤皇翔，鸾鸟舞，麒麟臻，白虎到，狐九尾，白雉降，白鹿见，白鸟下；德至山陵则景云出，芝实茂，陵出黑丹，阜出萐莆，山出器车，泽出神鼎；德至渊泉则黄龙见，醴泉通，河出龙图，洛出龟书，江出大贝，海出明珠；德至八方则祥风至，佳气时喜，钟律调，音度施，四夷化，越裳贡。"[1]

值得注意的是，武梁虽为"广学甄彻"的儒生，但其面对"州郡请召，辞疾不就，安衡门之陋，乐朝闻之义"，安于授书传经且"不窥权门"，他的祠堂何以会遍布上古帝王的画像，题记内容何以多为传授王者之德、任贤治国之法以及降临国泰民安的祥瑞？祥瑞题记叙述的对象皆为王者，王者品德高尚，浪井、玉马、比肩兽等汉代谶纬经学中的祥瑞自会出现。武氏家族为仕者众多，在武氏祠的几通碑刻中记载，武荣任京都执金吾，武班任西域敦煌长史，武开明任吴郡府丞，均为千石俸禄以上的官职。他们虽居高位，但与诸侯王、列侯的贵族身份相距甚远，更不及帝王皇族，这些题记中的帝王之法、王者之德跟墓主人儒生的身份极不相称，在丧葬礼制森严的汉代属逾制之罪。《潜夫论·浮侈篇》记载了逾制一例，"明帝时，桑民枞阳侯坐冢过制髡削"[2]。在汉代武梁祠保存完好，一直到北宋欧阳修和洪释记录武氏祠碑刻和榜题时武氏墓园也尚存，这表明武梁祠的"逾制"画像可能得到了汉桓帝的特许。东汉时期，汉帝常会赐去

图 4-24　武梁祠西壁第二层十帝画像

[1]　[汉]班固：《白虎通》，中华书局 1985 年版，第 144-145 页。
[2]　杨树达：《汉代婚丧礼俗考》，江西教育出版社 2019 年版，第 95 页。

世的重臣或其家属赙赠冢地。《后汉书·卓茂传》记载："茂建武四年，薨，赐棺椁冢地，车驾素服亲临送葬。"[1]《后汉书·伏湛传》记载："湛因谒见中暑病卒，赐秘器，帝亲弗祠，遣使者送丧修冢。"[2]《后汉书·冯勤传》记载："勤中元元年，薨，帝悼惜之，使者吊祠，赐东园秘器，赗赠有加。"[3]赐予"弗祠修冢"者大多会召集当地知名的石工画匠为其修筑祠墓。这些工匠可能曾服务于地方的诸侯、列侯，熟知"王者之图"。这样诸多本应属于宫廷建筑的图像榜题就出现在民间的祠堂之中，原本属于王侯的丧葬礼俗开始世俗化，乃至于嘉祥地区众多平顶式小石祠也会仿照其画像模式修筑。

　　除此之外，武氏祠中还有一类画像表现出明显的情节性，记录了某个故事的重要瞬间，旁边还有配合画像的叙事性榜题，像连环画一样将故事的人物、环境、情节娓娓道来。在武梁祠中有多处画像、榜题、题记相结合的叙事画像。在西壁三层有曾母投杼的故事（图4-27），曾子下方有榜题"谗言三至，慈母投杼"，曾子与曾母上方有题记"曾子至孝，以通神明，贯感神祇，著号来方，后世凯式，以正抚纲"。在西壁曾母投杼故事的左侧有闵子骞失棰的故事（图4-28），闵子骞父亲坐于马车，马头上方有榜题"闵子骞后母亲""子骞父"，闵子骞上方有题记"闵子骞与假母居，爱有偏移，子骞衣寒，御车失棰"。在西壁闵子骞失棰故事

图 4-25　东京国立博物馆藏
孝堂山小石祠东壁八帝王画像

图 4-26　武梁祠屋顶石祥瑞及榜题

[1]　[宋]范晔撰、[唐]李贤等注：《后汉书》，中华书局1999年版，第583页。
[2]　[宋]范晔撰、[唐]李贤等注：《后汉书》，中华书局1999年版，第600页。
[3]　[宋]范晔撰、[唐]李贤等注：《后汉书》，中华书局1999年版，第609页。

图 4-27　武梁祠中"曾母投杼"画像

图 4-28　武梁祠中"闵子骞失棰"画像

图 4-29　武梁祠中"老莱子娱亲"画像

图 4-30　武梁祠中"专诸刺王僚"画像

的左方有老莱子娱亲的故事（图 4-29），莱子父母下方有榜题"莱子父""莱子母"，跪地的老莱子上方有题记"老莱子，楚人也，事亲至孝，衣服斑连，婴儿之态，令亲有欢，君子嘉之，孝莫大焉"。西壁中还有专诸刺王僚的故事（图 4-30），吴王持剑端坐，背后有榜题"吴王"，榜题为"二侍郎"武士执戟守卫，专诸上方有"专诸炙鱼，刺杀吴王"的题记。在后壁二层有韩伯榆被母笞的故事，母亲上方有"榆母"的榜题，韩伯榆上有题记"伯榆伤亲，年老气力稍衰，笞之不痛，心怀楚悲"。东壁二层右方有梁节姑姊的故事（图 4-31），画像刻画三个人物，有榜题三处"梁节姑姊""长妇儿""捄者"，故事左侧有题记一处，"姑姊，其室失火，取兄子往，往辄得其子，赴火如亡，示其诚也"。此外，丁兰供木人故事（图 4-32）上方有一处题记，"丁兰二亲终殁，立

图4-31　武梁祠中"梁节姑姊"画像

图4-32　武梁祠中"丁兰供木人"画像

木为父，邻人假物，报乃借与"。

武氏祠左石室也有多处画像采用了画面、榜题、题记相结合的叙事模式。左石室第一石有颜叔握火的故事，颜叔和乞妇上方有榜题"颜叔握火"和"乞宿妇"，上有题记一处，"颜叔独处，飘风暴雨，妇人乞宿，升堂入户，然蒸自烛，惧见意疑，未明蒸尽，搉苲续之"。同为第一石，颜叔握火故事左侧有信陵君求贤的故事，信陵君车后有榜题"侯嬴"，右侧题记为"公子无忌，魏信陵君，虚左招贤，夷门监者，侯嬴下车，立候朱亥，言语多时，颜色不改"。同为第一石有王陵母伏剑的故事，有榜题二处"楚将""王陵母"，右侧有题记一处，"王陵母□获于楚，陵为汉将，与项相距，母见汉使，曰汉长者，自伏剑死，以免其子"。第一石下层有狗咬赵盾的故事，画像有两主人公的榜题"赵宣孟"和"灵公"，右方有题记"宣孟晋卿，餔辄翳桑，灵公□怒，使用嗾獒，车右提明，断獒绝柯，灵辄乘盾，爰发甲中"。

武氏祠收藏的第十二石中也有类似故事，如榜题"孔子""何馈"反映的何馈丈人听孔子击磬的故事，题记为"何条仗人，养性守真，子路从后，问见夫子，告以勤体，煞鸡为栗，仲由拱立，无词以语。"此石还有赵氏孤儿的故事，榜题为"公孙杵臼"，右侧题记一则，"程婴杵臼，赵朔家臣，下宫之难，赵武始娠，屠颜购孤，诈抱他人，臼与并殪，婴辅武存"。

四、叙事文本与图像的流变

武氏祠至少在上述三座石祠中出现了情节性画像、姓名榜题和叙事题记结合叙事的模式。早在武氏祠出现之前，这种叙事模式就已经出现在西汉海昏侯刘贺墓的孔子衣镜中。孔子衣镜为落地屏风式青铜镜（图4-33），由镜框和镜体组成，长70.3厘米，宽46.5厘米，正面的《衣镜赋》[1]描述了镜框与镜面正反两面图像的布局及内容。上方边框两侧绘有赋中的"西王母兮东王公"，右左两侧边框绘有"右白虎兮左苍龙"，上边框中间绘有"上凤凰"，镜面是中间"下有玄鹤兮"，边框背面有子张与曾子的画像与题记，衣镜背面为"□□圣人兮孔子"及"□□之徒颜回"[2]等五位弟子的画像及题记（图4-34），衣镜下方有"据两蜚虡兮"样子的镜座支架。一首《衣镜赋》将衣镜上各个单体画面及所隐喻的阴阳五行思想表述清晰，题记的内容和形式与苍山县城前村元嘉元年再葬汉墓中的题记相似，均是以所赋对象的描述来体现阴阳五行思想。这种描述性文本还常见于汉代的博局铭文镜中，如绍兴刻镂博局铭四神规矩镜上有镜赋："新有善铜出丹阳，和已银锡清且明。左龙右虎掌四彭，朱爵玄武顺阳阴。八子九孙治中央，真尚安作出阳方，刻镂博局去不羊。"[3]衣镜上铸造的图案与镜赋契合，跟武梁祠东壁用题记叙述十位上古帝王的身份模式如出一辙。衣镜背面用墨书界格分割孔子、颜回、子赣、子路、堂驷子羽、子夏的画像，在人像头部后上方用榜题书写姓名，人物两侧分别墨书孔子及五位弟子的生平和言行的题记。这种人像、姓名榜题与叙事题记的形式与武梁祠、左石室及武氏祠第十二石的叙事性画像题记的艺术表现形式基本一致。

在北魏琅琊王司马金龙墓中出土了五幅较完整的木板漆屏风

[1] 《衣镜赋》曰："新就衣镜兮佳以明，质直见请兮政以方，幸得降灵兮奉景光，脩容侍侧兮辟非常，猛兽鷙虫兮守户房，据两蜚虡兮圆凶殃，傀伟奇物兮除不详，右白虎兮左苍龙，下有玄鹤兮上凤凰，西王母兮东王公，福憙所归兮淳恩臧，左右尚之兮日益昌，□□圣人兮孔子，□□之徒颜回卜商，临观其意兮不亦康，□气和平兮顺阴阳，□□□岁兮乐未央，□□□□□皆蒙庆，□□□□□□□□。"

[2] 王意乐、徐长青、杨军、管理：《海昏侯刘贺墓出土孔子衣镜》，《南方文物》2016年第3期，第61-70+50页。

[3] 张宏林：《博局铭文镜刍议》，《收藏家》2021年第10期，第45-47页。

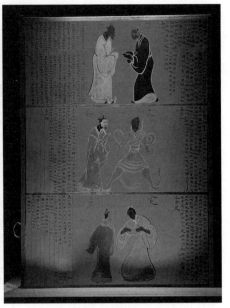

图 4-33　南昌市汉代海昏侯国　　　　　图 4-34　南昌市汉代海昏侯国
　　　　　遗址博物馆复原的孔子衣镜正面　　　　　　　　遗址博物馆复原的孔子衣镜背面

（图 4-35），每幅画面约长 80 厘米、宽 20 厘米，通过卯榫拼插，尺
寸与刘贺的孔子衣镜相差不多，画面以金线绘界格划分四层，朱漆
髹地，线描勾勒人物，采用墨书人物榜题以及大段叙事题记。屏风
画面大多采用《列女传》或《汉书》等记载的列女、忠臣、孝子、圣贤
的故事，大篇题记有"有虞二妃""周室三母""鲁师春姜""汉成帝班健
伃""孙叔敖""齐宣王""孙叔敖母""灵夫人""田稷母""刘灵"[1]等多个故
事。如"齐宣王"的故事（图 4-36），画面中"齐宣王"端坐榻上，"匡
青"恭手站于王前，画面下方有九行题记，记述了二者谈话的内容，"故
德行宽容而守之以恭者荣，土地广大而守以俭者安，位尊禄重而守之以卑
者贵，人众兵而守之以畏者胜，聪明辩智而守之以恩者益，博闻强记而守
之以浅者侇，此六者皆谦德也。未有守而不善者也。夫太山不让土石，乃
能成其高，江海不让清浊，乃能成其大。口子省揽愚夫之智，乃能成其德。
高言妄说德之弃，反……内外辞乱之原。"[2]屏风以图画、榜题、题记的组
合讲述了圣贤的典故，向观者暗喻了为官、为人的德行，形式与武氏祠画
像及东晋顾恺之插图性画卷《女史箴图》相似，画风体现出明显的延续性，

---

[1]　殷宪、董其高：《北魏司马金龙墓屏风漆画题记》，《中国书法》2014 年第 7 期，第 133–135 页。

[2]　殷宪、董其高：《北魏司马金龙墓屏风漆画题记》，《中国书法》2014 年第 7 期，第 134 页。

图4-35　大同市司马金龙墓木板漆屏风之一

图4-36　大同市司马金龙墓木板漆屏风之二

具备典型的叙事特征。

刘贺的孔子衣镜、司马金龙的漆画屏风与武梁祠上的题记一样，题记文本与叙事图像密切结合，用通俗的方式向观者讲述儒家经典。而题记这一类文本的诵唱属性在我国由来已久，从先秦的《诗经》《楚辞》，到秦汉的辞赋，再到唐宋的变文与宋词，这一类流行的韵文大多可以诵唱，而可以诵唱的文本一旦与叙事性画面相结合，就体现出超出儒家经典文本的故事性和传播性。《诗经》是先秦最早的一部诗歌总集，传为孔子编订，很多诗歌原为周王室及诸侯宗庙祭祀的乐歌，这些诗歌文本原本就具有叙事和表演的属性，如《泮水》中"穆穆鲁侯，敬明其德。敬慎威仪，维民之则。允文允武，昭假烈祖。靡有不孝，自求伊祜"[1]就以叙事性的手法歌颂鲁僖公的德行。战国流行于楚地的《楚辞》多为国家祭祀或民间神祇祭祀的歌辞，是楚地宗伯主持祭祀仪式的一部分，如《九歌·礼魂》中"春兰兮秋菊，长无绝兮终古。成礼兮会鼓，传芭兮代舞，婷女倡兮容与"[2]就是祭祀诸神后的送神曲，曲辞形式已经接近汉赋。长沙市子弹库战国楚墓帛书使用了诵唱文本与图像结合的模式，这件帛书的图文布局类似汉墓经常出土的"式"盘，内容更像祭祀占卜仪式中的唱辞。甲乙两篇相对中间布置，甲篇讲述了"春夏秋冬，日月星辰"[3]等月份、天

[1] 王秀梅译著：《诗经》，中华书局2019年版，第794页。
[2] 弘丰译著：《楚辞》，中国文联出版社2017年版，第45页。
[3] 李零：《中国方术考》，中华书局2019年版，第151页。

象是上天掌控，若"乱逆其行"则会"天帝乍殃"，体现了阴阳五行思想；乙篇内容紧接甲篇，若出现"日月允生""沌泔渊溢"不详之状，则会种种灾祸降临，属于甲篇祭祀占卜的结果；丙篇则环绕于帛书四周，属于占验之法，通过占星、堪舆以四方神及十二次神的图像形式来预示当月婚丧嫁娶等诸事的凶吉，占卜结果即在周边的十二段文本中，其内容和形式类似放马滩秦简《日书》、睡虎地秦简《日书》以及磨咀子汉简《日书》等占卜时日吉凶宜忌之书。可以推测西汉马王堆汉墓出土的 T 字形帛画在祭祀仪式使用时，一定也有类似宗伯的祭祀官口诵骈文，通过占卜与铭旌上画面的呼应，赞扬墓主人的品行功绩以及丧葬之礼顺应阴阳五行。

在汉代宫廷的祭祀礼仪中，天地神灵的祭祀仪式常有奉常领头诵唱祭文，祭文的文本骈散结合，常用"兮"等语气字，句式类似博局铭文镜中的镜赋以及武氏祠四座碑中的铭辞。《汉书·礼乐志》中记载了众多祭祀山川河流诸神的郊祀歌，原为祭祀中的诵文，在很多汉赋中都可以感受到源自其中的文风，如祭祀北方玄冥之神的《邹子乐》，云："……精建日月，星辰度理，阴阳五行，周而复始。云风雷电，降甘露雨，百姓蕃滋，咸循厥绪。继统共勤，顺皇之德，鸾路龙鳞，罔不肸饰。嘉笾列陈，庶几宴享，灭除凶灾，烈腾八荒。钟鼓竽笙，云舞翔翔，招摇灵旗，九夷宾将。"[1]汉武帝刘彻的《秋风辞》属于唱词的一种："秋风起兮白云飞，草木黄落兮雁南归。兰有秀兮菊有芳，怀佳人兮不能忘。泛楼船兮济汾河，横中流兮扬素波。箫鼓鸣兮发棹歌，欢乐极兮哀情多。少壮几时兮奈老何！"[2]张衡的《四愁诗》用大段的叙事描述张衡对生命终极的四种困惑，云："我所思兮在太山，欲往从之梁父艰。侧身东望涕沾翰。美人赠我金错刀，何以报之英琼瑶。路远莫致倚逍遥，何为怀忧心烦劳？"[3]汉代的诗赋大多辅以曲进行颂唱，内容体现了较强的叙事性和画面感，形式自由灵活，语句气势恢宏，这与整个汉代体现出的"大风起兮云飞扬"的雄壮之势相一致。济南魏家庄汉墓出土了一面昭明皎光重圈铭带镜（图4-37），两重铭文运用了典型的汉赋文风，以唱诵的形式歌颂了铜镜隐喻的日月之辉，内重铭文为"内清质以昭明，光辉象夫日月，心忽穆而愿

[1]　[汉]班固：《汉书》，中华书局 2015 年版，第 794 页。
[2]　余冠英：《汉魏六朝诗选》，中华书局 2022 年版，第 5 页。
[3]　余冠英：《汉魏六朝诗选》，中华书局 2022 年版，第 9 页。

忠，然壅塞而不泄"，外重铭文为"妙皎光而曜美兮，挟佳都而承间，怀獾察而性宁兮，爱存神而不迁，得并执而不弃兮，精照晰而侍君"[1]。魏晋南北朝时期，诵唱的文本出现在皇室的屏风之上以及宫廷流行的文人画中，打开卷轴，对应着故事画面，以伴唱叙述着列女忠贤的经典故事。

唐代的敦煌变文是古代图像与文本相辅形成的一种艺术形式。"变文"相对于经文而言是"变化"之文，或可称为"俗讲"，变文所讲的故事就是敦煌石窟中的壁画、雕塑以及绘于手卷上的形象化故事。与武氏祠画像的叙事性一样，石窟寺的壁画同样具有叙事性，这种叙事性体现在某些佛教仪式中主持者诵读变文叙述壁画中的故事以及不同画面间的叙事关系。在"地域变""降魔变""维摩变"中，变相图与变文相辅相成，

图 4-37 济南市魏家庄汉墓出土的昭明皎光重圈铭带镜

成为佛教仪式中的一部分，变文甚至可以脱离图像仅凭主持者的颂唱就可以完成向信徒传诵经义的叙事手段。敦煌莫高窟北魏第 254、260、263 窟，北周第 428 窟，唐代第 23、112、156、196 窟，西千佛洞第 12 窟，榆林窟五代第 33 窟，西夏第 3、10 窟均有"降魔变"壁画。敦煌西千佛洞第 12 窟的北周"降魔变"壁画（图 4-38）根据《贤愚经》叙述了寻找佛教圣地祇园并打败外道劳度叉守护佛法的故事，窟中壁画与题记相得益彰。壁画的核心是释迦牟尼佛坐在于植被环绕的楼阁之中，舍利佛立于一侧，须达向他们跪拜，一侧榜题为："须达长者辞佛□向舍卫国□精舍，佛口舍利弗共□建造精舍辞佛之时"。释迦牟尼佛的右侧，两人物向右而行，其人物头上的榜题点明了它们的身份："须达长者共舍利弗向舍卫国为佛造立精舍口口行……"画面下方一只大鸟抓取一条龙，一侧榜题为："劳度差化作龙，舍利弗化作金翅鸟。"画面中有一棵倾斜的大树，一侧书

[1] 济南市考古研究院：《济南镜鉴》，文物出版社 2021 年版，第 57 页。

有榜题为："劳度差化作大树，舍利弗化作□风吹时。"[1] 变文与壁画内容一致，但与《贤愚经》原文略有差异。原文讲外道二鬼见舍利佛"即时屈伏，五体投地，求哀脱命，辱心已生，火即还灭"，而变文和壁画中演变出二鬼幻化称牛、龙、大树、山、夜叉等众多形态，与舍利佛相互激战的过程。相较精炼的原经，世俗化的变文与壁画增加了打斗、变幻的过程，吸引信众，这是外来宗教思想本土化必要的世俗化过程。可以想象佛教初来中原时教义的艰涩难懂，世俗化的壁画向观者描绘了形象的极乐世界，可诵唱的叙事性变文进一步诠释了壁画的内容，这是形象化教化信者的手段，而且这种手段并非佛教的独创，而是中原文化中对宗教信仰的传统表达方式。虽然我们不能从唐代变文这种叙事性文本与故事壁画的关系推演汉代祠堂中榜题与画像的关系，但我们可以从先秦到汉唐之际诵唱文本与画面的延续发展历史，推测汉代石祠

图 4-38　敦煌市西千佛洞第 12 窟"降魔变"壁画

中的榜题与画像在祭祀仪式中的作用。

通过前文的梳理，先秦到汉唐时期的文本大多服务于皇室阶层，较多用于战争占卜、神灵祭祀、生老病死等关系国家存亡及统治正当性的大事，在太一庙、五畤坛、甘泉宫等汉代国家祭祀建筑中绘有云气仙人、山川神灵、帝王先贤等诸多画像，塑造了建筑本身成为沟通天地神灵的神圣空间。在仪式中，祭祀官主持且口诵赋辞，内容如子弹库楚帛书一样描述天人感应之象以及仙人幻化的情景，并奉上三牲，奏起乐舞，诵唱郊祀歌，引得神仙降临，赐予占卜之祥瑞，以保社稷安稳。随着汉帝"赐冢茔地""初作寿陵"以及在京官员回乡安葬，大量原本属于皇室的祭祀礼仪流行于民间。鲁西南及其周边地区的中小型墓葬仿照帝王及诸侯、列侯的祭祀和丧葬礼仪装饰祠堂

[1]　[美] 巫鸿：《礼仪中的美术》，生活・读者・新知 三联书店 2018 年版，第 368-369 页。

和墓室，众多原本与帝王对话的画像图案作为粉本以世俗化的形式出现在地主豪强的家族祠堂当中。相对宫廷华丽流畅的绘画，石祠粗犷的雕刻与艳丽的色彩更深得民众的喜爱。祭祀官气势恢宏、叙事清晰的诵文，在世俗化的过程中更加口语化，并赋予画像更多生活化情节以及隐喻性含义。在家族墓园的祭祀中，主持者依据画像图像诵唱墓主人灵"魂"升仙的过程以及描绘逝者与帝王先贤为伍的天界生活，人物榜题和长篇题记就是祭祀过程中对主持者的提示。地方民间的识文者远少于京城，原本的儒家经典如敦煌变文的演化一般，在祭祀主持者的改编下增添了更多的细节及故事性延伸，使得叙事题记与画像情节相辅相成，在不同的地域形成了不同的祭祀内容，也就出现了不同地域的题记文风及画像雕刻风格。王侯祭祀礼仪的下沉还体现在画像的内容上，地方的地主豪强的财富虽远超平民，但远无法承担帝王诸侯礼仪中的年祭、月祭、日祭中的祭品及娱神乐舞的经济重负，石祠中祭台上的鱼、耳杯、盘，以及侧壁上雕刻的庖厨、百戏、乐舞等画像就是中小型墓葬的族人对于祭祀礼仪的替代之物，这种权宜之计最终也演变成祠堂画像的格套。以武梁祠为代表的榜题、题记、画像相辅相成的汉代叙事模式，就是以民间的艺术形式对皇室祭祀建筑和丧葬礼仪的模仿，集汉代石祠画像艺术之大成，是东汉早期道教思想、神仙信仰从上而下世俗化的重要过程。塑造了从东周帛书、两汉画像石到魏晋文人画卷、唐敦煌变文变相画，这样一个演变、传承有序的叙事性艺术史。

第五章 画像的叙事性表达

　　从古至今，我们对祠堂画像石的认识逐步深入，从金石学家传拓榜题，考据每个画像的历史典故，到形成全面的研究方式，将画像还原于所在的祠堂建筑去考虑它们对于整个祭祀的意义，这在认识的广度和深度上无疑是一种巨大的进步。石祠整体性研究的基础在于找到画像与画像之间的联系，这种联系原本存在于汉代石工的头脑中，或者蕴含在整个汉代人的观念信仰之中，而不是当代研究者将当代的意识强加给祠堂，赋予画像石原本并不存在的意义和关联。诚如前文所讲，汉画像是汉代人对思想信仰的规律性总结，对汉画像的研究就是对规律本身的研究，研究结果诚然也是一种规律，我们对事物规律认识的方法之一就是叙事。叙事原本是源自 20 世纪西方的哲学思潮，它提供了一种可借鉴的分析事物关系的方法，依靠各种考古材料，通过叙事的方法去寻找画像之间原本存在的关系，认识和发掘出汉代人给祠堂赋予的意义。祠堂画像本质是一种图形化的叙事方式，通过空间结构、画像联系、历史内涵几个维度去描述汉代人对于生命的观念。叙事学从文本的逻辑角度去揭示汉画像对于当时社会和民众的意义，去分析汉代石祠画像这样一种叙事形式所体现的事件本身、叙述过程以及叙述结构。祠堂画像之间除了典籍文献所描述的历史意义之外，画像之间也存在着紧密的逻辑结构，这个叙述逻辑所组织的画像可能是线性关系、因果关系、并置关系，也可能是几种叙事关系的杂糅，但它们都整体性表达同样的宗教主题。如果我们进一步提问，为什么石工在雕刻侧壁时选择这一幅画像而非其他？石工对于画像的"选择"和"阐释"依赖于他头脑中所建立的叙事表达方式，反映了石工及墓主家族对逝者升仙的倾向性表达，对地域画像风格的形成也具有重要作用。同时，"阐释"塑造了不同叙事单元间的关系，赋予其在祠堂空间中明确的指代意义，这些叙事单元的使用依赖于它们在祠堂祭祀的叙事中起到的提喻、转喻等作用。

一、线性叙事揭示的升仙仪轨

祠堂作为祭祀设施的核心，起到沟通天地、教化信众的作用，源自天地、山川、神灵祭祀的画像图案流传至民间的祭祀建筑中，塑造了祠堂空间的神圣性。虽然单幅画像雕刻简单，但密集的图案遍布祠堂内部空间，祠堂中的祭祀者所感受到的压抑会转化为天地神灵所隐喻的威严，从而使小小的祠堂空间具备了其他建筑所不具备的神圣感与威严性。对于信者而言，祠堂不仅是墓主人接受祭拜并升仙的场所，更是体现早期道教信仰的宗教场域，空间内外从而具有一个明显分界，遍布的汉画像让这个石质建筑和它所处的土地分属不同的空间。通往祠堂内部的入口代表着一种空间连续性的中断，把墓园空间一分为二，祠堂入口表示着世俗和宗教的两种存在方式的距离[1]。祠堂入口是"人神"或"阴阳"世界的分界线，祠堂内部蕴含的力量使得两个世界得以沟通，也正是这个地方成为世俗世界得以过渡到神圣世界的通道。祠堂空间的特殊性在于凝聚着某个家族或共同群体的集体记忆，它们在情感上总是起着统合和聚集的作用[2]，墓主人的族人或是路过墓园的旅者也正是在祠堂内部能够得到一些关于天地间或心灵内的启示。

空间的神圣性外化于画像从而带来了震撼感。如果石祠画像作为一种故事的再叙述形式，那么其画像必定遵循某种规律进行叙事表现，对于画像石叙事最基本的方式就是线性叙事。这种叙事完全遵照人们对事物的认识规律，即相邻的画像依照某个线索建立起单向唯一的联系，从而具备前后因果的秩序性及时间的连贯性，并依此使一个祠堂中相连的画像具备了

---

[1] 龙迪勇：《空间叙事学》，生活·读书·新知三联书店 2015 年版，第 115 页。

[2] 龙迪勇：《空间叙事学》，生活·读书·新知三联书店 2015 年版，第 388 页。

叙事的逻辑性，进而单幅画像、多幅相关画像组成的叙事单元与祠堂整体形成了部分与整体的关系。

鲁西南地区是汉代画像石祠堂遗迹最丰富的区域之一，其画像内容及雕刻技法辐射周边广大地区，此地的嘉祥宋山小石祠和武梁祠的某些画像内容体现了典型的线性叙事逻辑。嘉祥宋山小石祠由两座再建墓室构石复原而来，两墓出土的大量祠堂构石的形制、纹饰相似，体现出典型的作坊式批量制品特征。这种批量制品的出现，表明汉代嘉祥地区民众普遍需求此类形制和纹饰的祠堂建筑，这种石祠的构造与画像甚至影响到北至长清县、南至灵璧县广大的中原区域。藏于山东博物馆的二号祠堂建筑结构基本完整，其画像的线性叙事方式具有一定的代表性。

宋山一号小石祠后壁的画像总体称为"楼阁拜谒图"（图 5-1），根据叙事情节及升仙流程又将其划分为"车马出行图""拜谒图""射鹊图"三幅，画像之间具有明显的时间和因果顺序，描述了汉代人升仙仪轨的主要步骤，指引着墓主人羽化成仙的过程。"拜谒图"的画像格套基本固定，一般画面中心为一栋重楼，双阙分居两侧，重楼下层有墓主人或夫妻二人接受小吏拜谒，上层有众多女眷端坐环视，屋顶常驻有羽人、凤凰、翼龙等祥瑞。"射鹊图"画像的核心是神木扶桑，树下有骏马及张弓者，树梢有朱鹊停落或盘旋。"拜谒图"与"射鹊图"多成组出现，"射鹊图"居于"拜谒图"或左或右，如宋山四座小石祠后壁以及同时期的武氏祠三座祠堂后壁或内龛后壁呈现出两种不同的格套；有的祠堂壁石狭小，两者无法在画像中一同出现，常常"拜谒图"居后壁，"射鹊图"居东壁。微山县及其西南地区的祠堂体量较小，画像风格较少使用分栏的形式，每一壁面雕刻一个主题画面，如微山县两城镇永和二年祠堂西壁为西王母图，将

图 5-1　嘉祥县宋山一号小石祠三壁画像展开图

图 5-2　曲阜市张家村出土石祠东壁的
"射鹊图"

"楼阁拜谒图"分为"拜谒图"与"射鹊图"分别刻于后壁及东壁两石，东壁画像所刻榜题丰富，为梳理汉代升仙仪轨提供了可靠依据。曲阜孔庙藏的张家村出土的石祠东壁石，画像的风格与微山地区类似，壁面画像主题明确，石祠东壁也主要刻画"射鹊图"（图 5-2）。

祠堂后壁下格画像为"车马出行图"。如果将祠堂三壁画像连接起来观察，三壁下格的"车马出行图"应为一个连续的画面，从西壁第三石经后壁第十四石延续到东壁第六石，形成了一幅完整的墓主人出行场景，其车骑仪仗与苍山县元嘉元年汉墓的前室东壁横额画像石[1]如出一辙。常任侠藏东汉"车马出行"拓本中的榜题，记录了车马队伍的人员组成，即"君车""铃下""门下小吏""门下书佐""主簿"（图 5-3）。《后汉书·舆服志上》记载："公卿以下至县三百石长导从，置门下五吏：贼曹、督盗贼、功曹，皆带剑，三车导；主簿、主记，两车为从。"[2]前驱者称导，后随者称从。画像石中贼曹、督盗贼、功曹、主簿、主记名为汉代官职，象征着守护墓园的园寺舍吏，护送墓主人魂魄及族人一行至墓园宅邸。西壁一骑吏护送车队离开宅府，车队有三辆轺车和一辆轩车，前面两辆轺车为前导，后一辆为从车，中间轩车中靠前乘坐且体型硕大的应是墓主人，轩车前有两导骑和导从，车队两端各有恭送和接迎的官吏。如果从画面本身去解读这一载有墓主人的车马队伍，它可能描绘了墓主人生前气派的出行仪仗场景。但墓葬艺术并非历史真实的写照，而是宗教信仰的衍生物。如果从整体建筑的视角审视祠堂画像，无论是东西两壁的东王公、西王母，还是大量无榜无题的帝王名士，祠堂内部空间渲染了一个神秘的神仙世界，这个世界是汉代民众想象出来的人逝后的去所。祠堂最下格的"车马出行图"之于祠堂的作用应当与汉代人的想象与信仰一致。苍山县元嘉元年汉墓画像以枢车载空位的形

[1] 张露胜：《山东苍山城前村汉墓题记与画像石考》，《大众考古》2020 年第 3 期，第 19—24 页。
[2] ［宋］范晔撰：《后汉书》，中华书局 1999 年版，第 2495 页。

图 5-3　常任侠藏"车马出行图"拓本

式将墓主人的"魂"送入墓园府宅，宋山小石祠后壁画像则以轩车护送墓主人，完成墓主人灵魂升仙的第一个步骤。

　　与"车马出行图"行进方向一致，上格的"拜谒图"和"射鹊图"也应是从右向左观察，经过"拜谒"和"射鹊"两个步骤完成后壁呈现的升仙仪轨。墓主人乘轩车经墓园阙门来到了其阴间的府邸，即为画像中心的楼阁，屋中端坐身形硕大的墓主人，接受众官拜谒。拜谒的亭长、游徼一类小吏原属看守墓园的寺园舍吏。在"视死如生"的观念下，掌管阴间事务的官吏拥有与世间相似的官僚体系。墓主人体型被刻画的硕大，一方面向阴官展示其在世时的显赫地位，另一方面他的形象位于祠堂后壁的中央，在子孙祭奠时起到神位的作用。正如嘉祥县五老洼再建墓出土的祠堂画像石，墓主人身上铭刻了"故太守"题记，也起到同样作用。目前所发现的祠堂画像石中，有的"拜谒图"为男主人接受拜谒，有的是夫妻双方接受拜谒，如微山县两城镇永和六年桓彘祠堂北壁（图 5-4），画面正中是一座四阿式悬山顶建筑，男女主人拢手端坐在屋内接受官吏拜谒，可以推测桓彘石祠修建于夫妻二人合葬之后。重楼上层女眷的身份有不同的推断，有西王母说，有妻妾说等。就宋山一号小石祠而言，西王母像居于西壁上层，与捣药的玉兔、九尾狐等神话形象构筑成西方的昆仑仙境，在一座规划严谨的祠堂中难以想象作为主神的西王母会重复出现于多石。西汉帝王、诸侯王陵园中会有大量陪葬墓、祔葬墓、殉葬墓，亲属、女眷逝后会陪伴在墓主人左右。虽然东汉诸侯墓普遍使用陶俑取代人殉，但中小型墓葬采用了更节省的画像方式表达陪葬主题。重楼上层可能是陪葬的妻妾女眷，也可能是降临的天界神仙。汉代墓葬中出土了大量的陶楼，虽属明器，但也体现了《汉书·郊祀志》中"仙人好楼居"的寓意。神仙下临当属祥瑞之兆，神仙在家中居住有助于主人增寿延年，重楼越高就越接近天上的仙境，高耸的楼阁常与仙人的居所联系起来，所以山东省德州及河南省焦作等地出土的高达三四层陶楼，就表达了"神仙住寿"的观念。汉代人追求"长生"与"不死"，其生命观属于"一世说"，生命可以无限延续并无生死轮回，肉体消亡只是生命的另一个阶段，死去的魂魄是生时躯体的延续。"事死如生"的生命观使得墓主人的子孙通过"神仙住寿"的美好愿望来延长墓主人的福祉。在已发现的东汉祠堂中，重楼画像都占据了重要的位置，除了作为神位受子孙祭拜，它在汉代人信仰的升仙仪轨中也具有重要作用。《抱朴子内篇·论仙》曰："上士举形升虚，谓之'天仙'；中士游于名山，谓之'地仙'；下士先死后蜕，谓之'尸解仙'"[1]。"天仙"与"地仙"对于普通信众而言可望而不可即，他们只好退而求其次选择"尸解仙"。要达到尸解而仙需要有一个"太阴炼形"[2]的仪式空间，墓主人在地下墓室完成尸解的过程，灵魂升至祠堂完

图5-4　微山县两城镇永和六年桓弩祠堂北壁

[1]　张松辉译著：《抱朴子内篇》，中华书局2016年版，第59页。

[2]　姜生：《汉墓的神药与尸解成仙信仰》，《四川大学学报（哲学社会科学版）》2015年第2期，第28—42页。

成画像所描绘的升仙仪轨，从而步入仙界，祠堂中的重楼画像就是仪轨中的重要一环。祠堂中的"拜谒图"描述了逝者的阴间居所，反映了墓主人逝后的享乐生活，当仙界的神仙祥瑞纷纷来到重楼之上，这预示着墓主人即将完成升仙的过程，被接引为仙班一员。

在重楼的屋檐及两阙之上驻有大量的羽人和瑞兽，凤凰、朱雀、猿猴等神兽与重楼二层的仙人隐喻了祠堂之上的神仙世界，与上天的仙境相呼应。西王母身边伴有各色瑞兽，它们代表着仙界神物下凡，暗合世间万象。从先秦时代但凡发生国之大事必然体现上天的意志，这些意志通过羽人、朱雀一类祥瑞以瑞象的形式呈现出来，以至于当重要瑞象出现，国家甚至会改元。谶纬神学中的祥瑞思想深刻影响到民众的生命观，祥瑞降临暗示着逝者死后能够得道成仙，宋山小石祠的墓主人振瞥升仙同样以天降祥瑞的方式获得上天的感应。东汉于吉的《太平清领书》将神仙分为神人、真人、仙人、道人、圣人和贤人六级。"神人主天，真人主地，仙人主风雨，道人主教化吉凶，圣人主治百姓，贤人辅助圣人"[1]。羽人是修仙升天的道人，他们在汉代道教观念中起到接引墓主人升天的作用，是沟通人神两界的使者，带领着仙界的凤凰、朱雀等神兽降临人间，赐不死仙药，其背生双羽的形象成为汉代艺术作品的典型代表。汉乐府《长歌行》中记载羽人延命长生的作用，云："仙人骑白鹿，发短耳何长。导我上太华，揽芝获赤幢。来到主人门，奉药一玉箱，主人服此药，身体日康强，发白复又黑，延年寿命长。"[2]楼宇上的朱雀在葬仪中的作用与羽人相近。朱雀是古代神话中的四灵之一，属方位神，其原本由龙凤所变，自然也具有引导与延生的神力。《淮南子》记载："羽嘉生飞龙，飞龙生凤皇，凤皇生鸾鸟，鸾鸟生庶鸟，凡羽者生于庶鸟。"[3]祠堂画像中常见朱雀立于西王母身边，顶盖石中常有"朱雀衔珠"的画像，所衔之物就是西王母赐予的不死药丸。"拜谒图"中猿猴也是祥瑞之一，天干地支中的"申"本意指猴，在金文和甲骨文中以"申"表示"神"。古代就以猴这一智慧的物种作为氏族崇拜对象，神话中的黄帝就号称"轩辕"（在很多文献中"轩猿"仍然是"轩辕"的异写），到了汉代攀援于阙顶的猿猴成为有灵性

[1] 杨寄林译注：《太平经》，中华书局 2013 年版，第 1020 页。
[2] ［宋］郭茂倩编：《乐府诗集》，中华书局 1979 年版，第 442 页。
[3] 顾迁译注：《淮南子》，中华书局 2012 年版，第 71 页。

的神兽。

这些祥瑞从先秦时代就被赋予了各种吉祥的寓意，他们形成了"拜谒图"的基本图像形式，甚至可以脱离墓主人和重楼的形象独立表示升仙的环节。重楼上的瑞兽与墓主人接受拜谒的画面可以共同出现于同一幅画像中，也可以仅取其一，同样代表了这一个升仙阶段。同时，众祥瑞也可以与"射鹊图"结合在一起，在扶桑树之上环绕有羽人、朱雀、猿猴等，成为墓主人升仙的下一步骤。仅就宋山小石祠后壁画像而言，汉代人的升仙过程可以分为三个阶段：通过导骑、游檄等园寺舍吏护送魂魄进入墓园的府宅是第一阶段；第二阶段，墓主人的魂魄在阴宅中接受阴间官吏的拜谒，在墓室中完成尸解成仙的过程，并随着重楼上羽人和瑞兽的降临准备升仙的下一阶段；重楼一侧的"神木扶桑图"就是升仙的最后阶段，墓主人骑天马越过扶桑树进入仙界。作为升仙过程的最重要阶段，"射鹊图"为我们提供了大量的细节去推演出汉代升仙的必要因素和详细过程。宋山四座石祠的"射鹊图"源自汉代常见的升仙图式，"树""马""雀""张弓者"构成汉代升仙环节的基本元素，而微山两城村出土的永和二年石祠东壁的"射鹊图"，以其丰富的刻画细节和大量榜题有助于我们重新梳理升仙的最终环节。

在永和二年石祠东壁的"射鹊图"（图5-5）中，神木扶桑居于画面中心。扶桑树是连接阴间、人间与神界的纽带，树根下抵泰山地狱，树梢上触仙界祥云，从先秦时期就有神仙居住，既是羲和所生十日升起的地方，也是羽化登仙的必经之处。《山海经·海外东经》最早记载了扶桑树的位置，"汤谷上有扶桑，十日所浴，在黑齿北。居水中，有大木，九日居下枝，一日居上枝"[1]。北宋类书《太平御览》引用晋代郭璞的《玄中记》，文中记载了晋人对于扶桑树连接三界作用的认知，"天下之高者，扶桑无枝木焉，上至天，盘蜿而下屈，通三泉"[2]。顾名思义，扶桑即为两棵相互扶持缠绕的桑树，在武氏三祠残存的屋顶石中就描绘了作为"王者之德"的连理树，旁有榜题曰："木连理，王者德洽八方为一家，则连理生。"[3]微山县两城村的"射鹊图"描绘了枝干相互缠绕的一棵巨大神木，树梢

［1］ 郝懿行：《山海经》，上海古籍出版社2015年版，第275页。

［2］ 李昉编撰：《太平御览》，河北教育出版社1994年版，第80页。

［3］ ［美］巫鸿：《武梁祠：中国古代艺术的思想性》，生活·读书·新知三联书店2015年版，第259页。

挂满了形似桑葚的果实，神木的形象符合文献记载中扶桑树的样子。在汉代东方朔撰写的志怪集《海内十洲记·扶桑》中，对于神木扶桑的记述与流传下来的画像石图像基本一致，"地多林木，叶皆如桑，又有椹子，树长者数千丈，径三千馀围。树两两同根偶生，更相依倚，是以名为扶桑"[1]。不同地区对于神木形象的理解有所差异，山东省、安徽省、江苏省出土的祠堂画像石多以扶桑树作为升仙

图 5-5　微山县两城镇永和二年石祠东壁

的神木，内蒙古和林格尔汉墓壁画却用"立官桂木"替代扶桑树来行使连接三界的作用，四川地区深受楚文化影响，神木演变成摇钱树的样子。

　　"射鹊图"叙述了墓主人在羽人接引下来到了扶桑树下，树下常刻画有一或两人张弓射鹊的形象，有观点认为是"后羿射日"，也有观点认为是墓主人"射爵射侯"。永和二年祠堂的画像榜题清晰表述了张弓者的身份，一位是"长卿"，一位是"伯昌"。"长卿"是西汉辞赋家司马相如的字，其文风有明显的道家思想与神仙色彩，后人称之为"赋圣"和"辞宗"。"伯昌"即周朝奠基者周文王姬昌，因继承了西伯侯之位，史称西伯昌。相传姬昌演绎周易，使《周易》成为儒学经典，是神仙观中上古圣贤明君的代表。《史记·周本纪》记载："西伯曰文王，遵后稷、公刘之业，则古公、公季之法，笃仁，敬老，慈少。礼下贤者，日中不暇食以待士，士以此多归之。"[2]从榜题可知张弓者并非后羿也并非墓主人，而

[1]　[宋]张君房：《云笈七签》，华夏出版社1996年版，第152页。
[2]　[汉]司马迁：《史记》，中华书局1974年版，第116页。

是位列仙班的两位先贤。墓主人为东汉人，司马相如是西汉人，周文王是周代人，二者相差千年，这二人何以会一起穿越到东汉为墓主人升仙代为张弓？在汉代道教的叙事逻辑中，"长卿"和"伯昌"已非历史中的真实人物，而是已经羽化登仙的两位仙人，从《太平经》对神仙的划分可以推测，"伯昌"为圣人，"长卿"为贤人。圣贤二人为墓主人张弓射鹊体现了墓主人已具备成仙的德行，由上天安排仙人助其升仙。张弓者的形象已经成为"射鹊图"的基本元素之一，唐李白的《代寿山答孟少府移文书》将射与扶桑树联系起来，"将欲倚剑天外，挂弓扶桑"[1]。以"射"的动作完成升仙也是源自上古礼仪的传承，射礼出自六艺，是中国周朝的官学，是要求学生掌握的六种基本才能之一。《周礼·保氏》记载："养国子以道，乃教之六艺：一曰五礼，二曰六乐，三曰五射，四曰五驭，五曰六书，六曰九数。"[2]《仪礼·大射仪》中记述诸侯有朝觐、会盟、祭祀、息燕诸大事而与群臣习射的礼节仪式。射礼传到两汉不仅仅代表了王室的礼仪，在民间更多与宗教联系成为一种吉祥的仪式。汉赋《临高台》将"射鹊"与增寿相

图 5-6　随州市战国曾侯乙墓漆箱正面

图 5-7　绥德市四十里铺汉墓门楣"拜谒图"

图 5-8　济南市长清孝堂山石祠后壁的"拜谒图"

[1]　王琦：《李太白全集》，中华书局 1977 年版，第 1220 页。
[2]　杨天宇撰：《周礼译注》，上海古籍出版社 2004 年版，第 200 页。

关联，有"关弓射鹄，令我主寿万年"[1]的诗句。在湖北省随县出土的战国时期曾侯乙墓漆箱上，清晰描绘了一位射手张弓射落了大树上的一只乌鸟的场景（图5-6），这幅绘制于陪葬器上的"渔猎图"是汉代射鹄图像的早期雏形，表达了具有仪式性的渔猎活动与山神祭祀对于王侯葬仪的作用。在绥德四十里铺汉墓的门楣处的"拜谒图"（图5-7）和长清孝堂山石祠的"拜谒图"（图5-8）中，墙上都悬挂了弓弩，除了

图5-9 西安博物院藏唐三彩武士俑及故宫博物院馆藏唐三彩武士俑

表示墓主人善于射猎，祭祀建筑中的"射"礼也暗示了其隐喻的升仙的意义。故，永和二年祠堂"射鹄图"中的"伯昌"和"长卿"张弓的形象，同样有吉祥、升仙的寓意。通过祠堂画像石中的榜题可知所射之鹄名为"乌生"，"乌"为乌鸟，早在汉乐府《相和歌辞·相和曲》中就记载了《乌生》的曲词，与《诗经·商颂·玄鸟》中的"天命玄鸟，降而生商"[2]中的玄鸟同属黑色神鸟。西汉琅琊人王吉的《射乌辞》中也表达了射乌鸟增寿封爵的美好寓意，"乌乌哑哑，引弓射，洞左腋。陛下寿万年，臣为二千石"[3]。甲骨文和金文中"爵"是"雀"的通假，射"雀"在后世逐步演化出射"爵"的含义，射"猴"亦为之射"侯"。《后汉书·舆服志》曰："武冠，俗谓之大冠，环缨无蕤，以青系为绲，加双鹖尾，竖左右，为鹖冠云。"[4]汉代的武冠也称鹖冠，原为鹖形帽冠，后简化为双插鹖羽，原本形容武官具有鹖鸟"勇斗不至"的品质。西安博物院藏的唐三彩武官俑和故宫博物院藏的唐三彩武官俑均头戴鹖冠（图5-9），鹖冠正中有一鹖鹄造型。如果神鸟落在头冠上就意味着此人有上天首肯之才，鹄鸟有了"飞鸟坠入贵人头"的美好寓意。

[1] 逯钦立：《先秦汉魏晋南北朝诗》，中华书局1983年版，第161页。
[2] 王秀梅：《诗经》，中华书局2006年版，第817页。
[3] 逯钦立：《先秦汉魏晋南北朝诗》，中华书局1983年版，第164页。
[4] ［宋］范晔撰、［唐］李贤等注：《后汉书》，中华书局1999年版，第3670页。

"拜谒图"中伴飞羽人左右的两只神鸟在"射鹊图"中也有明确的榜题，一为"蜚鸟"，一为"山鹊"。"蜚"同"飞"。从图像上看，永和二年石祠的"蜚鸟"与永和六年石祠中口衔羽人仙药的神鸟相似，应为替西王母传授仙药、接引升仙的神鸟朱雀。《楚辞》中描述了朱雀引导升仙的能力，"飞朱鸟使先驱兮，驾太一之象舆"[1]，《楚辞补注》释为"言己吸天元气得道真，即朱雀神鸟为我先导"[2]。"山鹊"在画像石中常刻画为人首鸟身的扁鹊形象。扁鹊原本并非春秋战国时期的名医秦越人，而是古代传说中西王母身边能为人解除病痛的一种鹊鸟，掌管不死仙药，可以给人延寿，只是秦越人医术高超，秦汉时期被喻为神医，给他冠以"扁鹊"之名。在神仙信仰中，能够解除病痛的神鸟扁鹊时常出现在画像中，显然受到了汉代以来"注"病思想的深刻影响。汉墓出土的魂瓶瓶身常有名为解注文的镇墓文书，如东汉永康元年的解注文记有："……神药绝钩重注军央，使死利生"[3]。汉晋以来那些不明原因"暴亡"之人，虽在镇墓文中以"醉酒而亡""驾鹤西去"等吉祥语描述，但子孙后辈仍然惧怕无由的病"注"不会因尸体埋葬而消失，甚至会贻害子嗣，殃及全族。因此在升仙仪轨中就需要神鸟扁鹊来解除尸"注"，以利生人。微山县两城镇画像石榜题中的"蜚鸟""山鹊""乌生"都是鹊鸟，后期被道教赋予了不同的能力，在先秦文献中常出现的鷫、鵕、鷞、踆乌、乌、凤鸟、玄鸟等都是帝王权力的象征，也是古代氏族崇拜的象征，这些鸟均可称为乌鸟或鹊鸟。此外，鹊作为仙界祥瑞与扶桑树下的骏马也有密切联系。

扶桑树下的马匹也是"射鹊图"的重要组成部分。有观点认为此马有墓主人"停车致仕"的喻义，也有观点认为墓主人骑马到阴宅将马拴于树下。根据整个石祠叙事所表达的神仙观，树下之马也并非人间之物，而是驮运墓主人升仙的天马。甘肃博物馆藏的东汉铜奔马（图5-10左）是一件明器，出土时在墓室仪仗队伍的最前面，这匹脚踏飞雀的铜马显然与那三十八匹"脚踏实地"的"真马"显得"与众不同"，说明这匹"马"在墓葬中所蕴含的意义是天空中的"天马"。据最早接触这件铜奔马的考古人员回忆，当时马身上有残留的彩绘纹，在胸部两侧绘有"羽翅纹"或

［1］ 林家骊译注：《楚辞》，中华书局2009年版，第51页。

［2］ 洪兴祖：《楚辞补注》，中华书局1983年版，第166页。

［3］ 刘昭瑞：《考古发现与早期道教研究》，文物出版社2007年版，第13页。

"云气纹"，这与汉代龙虎等神兽背生羽翼的形象相一致。马蹄所踏的飞雀也表明天马已飞达祥瑞所在的仙境，也可以认为天马所踏的飞雀就是扶桑树下圣贤二仙张弓所射的鹊鸟，射中的鹊鸟引领天马和墓主人升仙。1909年—1917年法国人谢阁兰在中国考察时拍摄了乾陵神道一侧的"天马"（图5-11），马背雕刻有双翼，表明"天马"助人升仙的信仰延续已久。在西安博物院同样陈列着一件唐墓出土的骑马俑（图5-10右），胯下的马匹四蹄悬空显得与众不同，在它的腹部有一个类似神座的构件使其悬空，虽其结构相较甘肃铜奔马略显粗拙，但这匹马腾飞的姿势与铜奔马如出一辙。这些明器同画像石一样寄托了后人希望墓主人骑马飞升的美好凤愿。先秦诗人屈原的《离骚》幻想了"魂"升入仙境云游四方的情景，"饮余马于咸池兮，总余辔乎扶桑"[1]，牵着马的缰绳来到了东方的扶桑树。魏晋诗人陆

图 5-10　甘肃博物馆藏汉铜奔马及西安博物院藏唐骑马俑

图 5-11　1909 年—1917 年谢阁兰拍摄的乾陵天马

[1] 林家骊译注：《楚辞》，中华书局 2009 年版，第 19 页。

机在《前缓声歌》中描述了神游仙境的故事，也提到了牵着缰绳飞升到扶桑树梢的天门之外，"揔辔扶桑枝，濯足汤谷波。清辉溢天门，垂庆惠皇家"[1]。宋代陈德武的《望海潮·山涯海角》描写了"海色沧凉，金乌拍翅上扶桑"[2]。宋代李复书有"阳乌出扶桑，振辔驰六龙"[3]。宋代王之道书有"悬弧何早，乌辔上扶桑"[4]。这些不同朝代的诗句都一致地描述了古人对升仙过程的认知，这些认知源自从先秦到两汉流传下来的宗教观和生命观，也表明了扶桑树下天马对于升仙的重要意义，正是仙人射下的鹊鸟引领着骑着天马的"魂"飞天升仙。"射鹊图"中由"女黄"为墓主人备好天马，榜题之"女黄"应为"女皇"，在两汉之前可称得上女皇的只有帝尧之长女"长娥皇"，西汉刘向的《列女传》以及北魏司马金龙墓中的漆木屏风上都记有"有虞二妃"的典故。故事讲述了帝尧之二女娥皇与英嫁于帝舜，二女"思尽妇道"，助舜脱险。此处"女皇""长卿"和"伯昌"均为仙人，奉上天之命侍奉墓主人升天。

　　山东省梁山县后银山东汉墓中也有一幅类似"射鹊图"的壁画，在前室的东壁上绘有一棵大树，树上落一只鹊鸟，树下立有九人，墨书榜题可辨别的有"子元""子礼""子任""子仁""子衬""子喜"等（图5-12）。与榜题名字相关的人物有楚文王的弟弟王子常，字"子元"，春秋战国时任楚国的令尹；汉哀帝、平帝时期的儒学博士蔡茂，字"子礼"，任广汉太

图 5-12　梁山县后银山东汉墓前室东壁南侧壁画（摹本）

[1] 逯钦立：《先秦汉魏晋南北朝诗》，中华书局 1983 年版，第 665 页。
[2] 唐圭璋：《全宋词》，中华书局 1965 年版，第 3455 页。
[3] ［清］纪昀：《四库全书第七卷》，线装书局 2007 年版，第 305 页。
[4] 唐圭璋：《全宋词》，中华书局 1965 年版，第 246 页。

守，为官公正，不惧权贵，后任司徒，是后汉贤者的代表。但显然树下站立的九人并非毫无关联的九位圣贤，而是关系密切的一组人物，推测为孔子的九位弟子。因为孔子弟子的"字"中多带"子"字，如冉求字"子有"、宰予字"子我"、公西舆如字"子上"、南宫括字"子容"等，后银山汉墓的画匠并不了解孔子弟子的名"字"，故编写了一系列有"子口"模式的名字象征孔门众弟子。树下的孔门弟子如微山县两城祠堂东壁的"女皇""长卿""伯昌"一样起到助墓主人升仙的作用[1]。

在以宋山小石祠为代表东汉祠堂通过画面、榜题及出土明器的相互印证，将汉代的升仙观念和丧葬习俗以叙事的方式呈现出来，这些习俗有的早已湮没在历史的长河中，有的在中原地区的农村流传至今。祠堂后壁画像建立了以车马出行、拜谒、射鹊为主题的叙事逻辑，依据汉代人升仙仪轨的步骤为主要线索，从观者视角自右而左，自下而上梳理各个画像元素，并将这些画像依序串联成一个脉络清晰的线性叙事。无论是参与祭祀仪式的观者，还是汉代人想象中墓主人的魂魄，都可以在这个神圣空间中获取整个祠堂所要表达的叙事信息，最终完成汉代人信仰中人神之间以及神鬼之间的故事。如果从整体的视角来审视"楼阁拜谒图"，那么祠堂后壁画像以升仙仪轨的步骤为线索，以时间逻辑为序，叙述了墓主人由死及仙的故事：墓主人在园寺舍吏的车马队伍护送下，从世间的府邸出发，穿过石祠三壁最下方的神道来到画像中间子孙为他构筑的阴间府宅。在重楼中墓主人端坐中央接受守护墓园的地下阴官的拜谒，上天的各种瑞兽、羽人纷纷降临于重楼之上，预示着即将有祥瑞之事发生。接受完拜谒，墓主人的魂跟随羽人、朱鹊来到连接三界的扶桑树之下，先贤神仙为其搭弓射下枝头的朱鹊，在朱鹊引导下驾乘扶桑树下的天马登临仙界。在祭祀主持者的诵唱下，后壁的画像在观者脑中形成一幕幕的画面，无数个耳熟能详的画像元素组合串联成一个前后有序、逻辑清晰的故事，这个故事在空间和时间上遵循着固定的发生顺序，因而就形成了祠堂画像的线性时间叙事。相近地域的武梁祠后壁、前石室小龛后壁、左石室小龛后壁与宋山小祠堂一样具有类似的画像格套，也形成相近的叙事风格；滕州汉画像博物

---

[1] 信立祥在《汉代画像石综合研究》一书中认为"长卿"和"伯昌"是微山两城祠堂主人的儿子，"女皇"是他的女儿；认为"子元""子礼""子任""子仁"等九位是梁山汉墓墓主人的九个儿子。但从文献可知，这些人物均为历史上著名的先贤，在汉代人心目中具有极高的地位。

馆收藏的大量汉代石祠后壁构件虽雕刻风格独树一帜，但升仙的叙事形式也基本一致。实际上，绝大部分画像石都采用了线性叙事方式去组织图像，这是人类思维对以时间为序的"故事"的最直接和最真实的反应。因此，汉代的工匠总是按照时间律或因果律来选择故事或画面，武梁祠西壁的十帝王画像从内到外排列形成了从神话时代到虞、夏、商的时间逻辑，两壁的十几个儒家经典画像按照孝子忠臣、勇士刺客、贞洁列女等几个类别形成不同的叙事单元（图 5-13）。如西壁帝王画像下层形成了以"孝子"为主题的叙事单元，自内而外的"曾母投杼""闵子骞失棰""老莱子娱亲""丁兰供木人"的故事依据王侯圣贤的历史典故及二十四孝两类故事组织画面，"曾母投杼"的典故形成了帝王画像与二十四孝故事之间的过渡和衔接，在空间和内容上塑造叙事逻辑。同时，很多其他主题的画像内容由于不符合画匠因果或时间逻辑的选择标准而被排除，这种叙事逻辑的差异也导致了祠堂画像的不同地域风格。

就像武梁祠一样，还有其他祠堂中的画像从内容上体现了因果律，这里的因果律并非线性叙事当中的因果叙事，而是某些孝子、列女、忠臣、刺客画像的主人公因忠孝之举而闻名于天，死后升仙，位列仙班。这些画像中的忠臣孝子故事给观者起到了示范和教化的作用，在谶纬神学将儒学宗教化以后以及道教形成的初期，宣扬了儒家之忠孝与升仙之间的因果律。在武氏祠三座石祠、东京国立博物馆藏孝堂山小石室等祠堂画像中有大量表现帝王圣贤、孝子列女的画像，像佛教教义一样体现了宗教性的因果律。武梁祠用三分之二的壁面表现三皇五帝、列女、孝子、忠臣和刺客的故事，仅保留"车马出行图""拜谒图""射鹊图"这些具有祭祀核心地位的画像。显然，这些历史人物与历史典故对于墓主人及其家族成员具有重要的升仙及教化意义。这类画像表明墓主人生前完成了如画像中历史典故类似的孝举或其他事迹，当像圣贤一样取得了登仙的正果时，即位列仙班。这种历史故事的因果律与盛唐流行的变相画极为相

图 5-13　武梁祠西壁画像

似，都是一种宗教教义的世俗叙事形式，变相画是把佛教经典艺术化、形象化，祠堂画像是将历史故事和民间传说进行图像化表现，都强调人与事件的因果关联，从中也可见当时儒学的宗教化过程。

二、主题并置叙事与嵌套叙事

与宋山小石祠后壁表现升仙仪轨的线性叙事不同，东西两壁画像的叙事方式属于主题并置叙事。除去环绕三壁下方的"车马出行图"，西壁的"西王母图"与下层的"周公辅成王""骊姬下毒"以及东壁的"东王公图"与其下层的"庖厨图""乐舞图"之间没有必然的时间联系和因果联系，三个祠壁表现的主题之间也没有直接关联。但是对于观者而言，三壁的主题画像似乎同时发生，有主次之分但没有先后的区别。如果西壁以西王母为中心的昆仑神山和东壁以东王公为中心的东海仙山描绘了两个仙境的场景，不体现叙事性，那么他们下方"骊姬下毒"中毒发倒地的犬以及"乐舞图"中的演奏者手中的竽笙鸣瑟等画像内容则体现了明显的故事情节。如何看待这些叙事画像在各自侧壁中的作用，以及三壁画像主题之间的逻辑关系，这需要在主题并置叙事的范畴中去讨论。与一条逻辑主线的线性叙事不同，很多画像故事的发生具有同时性，每个故事的发展有自己的逻辑主线，显然有一个共同主题把几条故事线索联系到一起，形成类似于"故事集"一样的结构，这个"故事集"的范畴可能是宋山小石祠整个侧壁的画像，可能是武梁祠侧壁中的一层画像，也可能是孝堂山石祠一层画像中的某个局部，共同主题及空间上的关系让这些画像成为一个完整叙事文本的"叙事性联系"，这就是叙事性画像的主题并置叙事方式。当然，主题并置叙事的概念并非汉代人的创造，但汉代工匠在"选择"和"阐释"众多题材的画像时，有意或无意地使用了这个逻辑方法，借助这个方法可以尝试去厘清祠堂中纷繁的画像，并梳理出汉代人对于祠堂的思维逻辑。

主题并置叙事在祠堂画像中应用广泛，不同地域的祠堂通过各个情节完整的子叙事的集合达到叙事主题的目的。升仙的主题是祠堂中建立此类叙事方式的纽带。同时，在祠堂空间的不同壁面或壁面中的某个局部上往往存在着多个自成体系的子叙事，而子叙事之间在逻辑上具有平行性，没有明确的时间联系和因果关系，即便更换子叙事之间的空间布局也不影

图5-14 嘉祥县宋山再建墓第一批画像石第五石

图5-15 嘉祥县宋山再建墓第一批画像石第六石

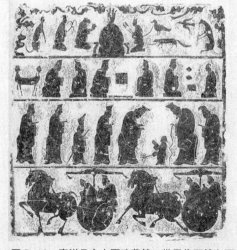

图5-16 嘉祥县宋山再建墓第一批画像石第七石

响共同的叙事线索和目的。实际上，对于同一个工匠队伍修筑的一批祠堂，如宋山村风格祠堂、东沿村风格祠堂、滕州地区风格祠堂、五老洼村风格祠堂等都是采用调整壁面子叙事在空间上的布局来满足不同地区家族祠堂的修筑要求。对于宋山村再建墓出土的十六块小石祠壁石而言，后壁的"车马出行""拜谒""射鹊"构成一个完备的时间叙事，描述了墓主人逝后登仙的程式；西壁的"孔子见老子""周公辅成王""龙去鼎湖"从汉代葬仪的三个逻辑暗喻了助葬中择日、相地、升仙的过程；东壁的"庖厨""乐舞"主题同样体现了平行叙事，描述了祭祀过程中"宴享"与"娱神"这两个接引神仙的场景。如"孔子见老子图"或"庖厨图"均属于子叙事，在不同祠堂中反复出现，工匠团队在家族墓园的修筑过程中会调整不同子叙事的画像细节以及其所在祠堂的位置，大多是调整某壁中的层次位置或在东西壁之间调换。"庖厨图"出现在第一石的第三层；"孔子见老子图"出现在第五石（图 5-14）第二层，第三层为"庖厨图"；"庖厨图"出现在第六石（图 5-15）的第二层；"孔子见老子图"又出现于第七石（图 5-16）的第三层。子叙事的平行性使得它们可以在相近主题的并置叙事中调整位置，以满足不同祠主、宗族对祠堂画像的要求。而后壁则主要改变"拜谒图"与"射鹊图"的左右位置，可见于宋山大队村再建墓第二批画像石第十四石、第十五石、第十六石、第十七石。此外，我们可以扩大子叙事的概念范围，每个壁面的画像总和也可以称为一个子叙事。对于宋山小石祠而言，这三个壁面子叙事之间没有明确的线性关系，它们分别从祭祀、葬仪、助葬三个维度叙述了墓主人升仙的过程，如果不考虑墓主人像居正位，与牌位一样接受族人祭拜因素的话，三个子叙事可以更改顺序而不会对叙事主题和祭祀效果产生影响。嘉祥地区如宋山村、五老洼村、纸坊镇敬老院等地的石祠构石，尤其是东西壁石，因为内容相似、雕刻技法相同、遗存数量众多，在汉代祠堂中体现了典型的主题并置叙事特征，形成了画像子叙事的模块化应用方式。

在嘉祥地区的祠堂侧壁中经常出现"乐舞图"和"庖厨图"，如宋山大队村第一批画像石第一石两图共同出现，有的仅出现其中一幅并搭配其他历史故事画像。"乐舞图"和"庖厨图"有各自的叙事线索，两者之间也呈现出并置性特征，他们共同的叙事主题源自汉代的祭祀传统。班固在《白虎通》中对于汉代的祭祀有比较详细的解释，他认为"人之所处出入、所饮食，故为神而祭之"，祭祀是为了顺应阴阳五行，只有"阴阳和"才能"万物序"。不同身份地位的人有不同的祭祀方式，行祭者有天子、诸侯、卿大夫、士等阶层，所祭祀对象有天地、山川、五祀、先祖等，如《白虎通》引《礼》曰："天子祭天地，诸侯祭山川，卿大夫祭五祀，士祭其祖。"[1] 祭祀的目的就是祈求福祉，天子祭祀天地当获得"承统理"与"天下太平"之福，而逾制祭祀则属淫祀而无福，《白虎通》引《曲礼》曰："天子祭天地四方山川五祀，岁遍；诸侯方祭祀，山川五祀，岁遍；卿大夫祭五祀；士祭其先……非所当祭而祭之，名曰淫祀。淫祀无福。"[2] 东汉中小型祠堂的墓主身份虽大部分属地方豪

[1] ［汉］班固：《白虎通》，中华书局 1985 年版，第 35 页。
[2] ［汉］班固：《白虎通》，中华书局 1985 年版，第 35-36 页。

强，但常有逾制祭祀五祀者，很多东汉墓葬的随葬品中常有井架楼、陶灶等明器，墓室中经常出现"升鼎图"和"庖厨图"等画像题材，均是对"祀五祀"的反映。在宋山大队村第一批画像石第六石（图5-15）的第二层"庖厨图"中，所宰杀加工的食材有鱼、羊、鸡、牛头及排骨，中间有二人宰鱼，右下角有人悬吊屠狗，可见这些加工的食材既是宴请神仙的珍馐也是祭祀供奉的祭牲；在已发现的大部分祠堂的祭台上也都刻有盛鱼的盘子和盛酒的耳杯。《白虎通》曰："祭五祀，天子、诸侯以牛，卿、大夫以羊，因四时祭牲也。一说：户以羊，灶以鸡，中霤以豚，门以犬，井以豕。或曰：中霤用牛，不得用牛者用豚，井以鱼。"[1]"庖厨图"中刻画的食材全部源自汉代祭五祀的牺牲，很明显"庖厨图"所表现的并非墓主人阴间享乐的场景，而是叙述了墓主人升仙仪轨的一部分，即通过对加工烹饪各类牺牲场景的描绘，来暗示即将到来的祭祀仪式。这个仪式属于整个侧壁或祠堂所要叙述的升仙仪轨的一部分。在祭祀中如何使用"庖厨图"中所加工的食材，显然汉代人想象了一个神仙降临去享用食物、欣赏乐舞百戏的虚拟场景，这个场景就发生在墓主人的阴宅之中，也许就发生在"拜谒图"与"射鹊图"所叙述的故事之间。

在祠堂画像中有三类"娱神"画像，一种是以嘉祥地区小石祠为代表的"乐舞图"，主要表现盘鼓舞、飞丸、演奏笙竽箫琴等乐器；另一种是以滕州地区祠堂为代表的"建鼓舞"（图5-17），以高大的建鼓为画面核心，周边分布有倒立、飞丸、杂技、飞剑、跳舞等诸戏的表演场景；第三种画像称为"漫衍鱼龙"，

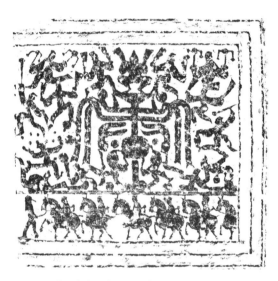

图5-17　滕州市龙阳店出土祠堂侧壁

图5-18　鱼台县文物保管所藏祠堂后壁石

[1]　［汉］班固：《白虎通》，中华书局1985年版，第37页。

在以建鼓舞为中心的表演场景中有诸多瑞兽参与其中（图 5-18），如有共头二兽顶起建鼓，各种鹊鸟盘旋其中，瑞兽在杂技表演者之间穿梭。张衡在《西京赋》中详细描述了"漫衍鱼龙"的盛况："乌获扛鼎，都卢寻橦。冲狭燕濯，胸突铦锋。跳丸剑之挥霍，走索上而相逢……总会仙倡，戏豹舞罴。白虎鼓瑟，苍龙吹篪。女娥坐而长歌，声清畅而蜲蛇……熊虎升而拏攫，猿狖超而高援。怪兽陆梁，大雀踆踆。白象行孕，垂鼻磷囷。海鳞变而成龙，状蜿蜿以蝹蝹。含利颬颬，化为仙车，骊驾四鹿，芝盖九葩。蟾蜍与龟，水人弄蛇。奇幻倏忽，易貌分形。吞刀吐火，云雾杳冥。画地成川，流渭通泾。东海黄公，赤刀粤祝。冀厌白虎，卒不能救。挟邪作蛊，于是不售。尔乃建戏车，树修旃。侲僮程材，上下翻翻。突倒投而跟絓，譬陨绝而复联。百马同辔，骋足并驰。橦末之伎，态不可弥。"[1] 无论是何种表演形式，"乐舞百戏图"整体渲染了一种欢快、热闹的表演场景，这个场景与"庖厨图"有相似升仙寓意。"百戏"与"乐舞"作为一种"娱神"仪式，原本就具有祭祀神灵、调和阴阳的作用，是汉代阴阳五行思想的延伸。《乐纬·叶图徵》引《初学记·乐部》曰："鼓和乐于东郊，致魂灵，下太一之神。"[2]《乐纬·动声仪》引《类聚·乐部》记载了鼓乐风俗与"漫衍鱼龙"的关系，云："是以清和上升，天下乐其风俗，凤皇来仪，百兽率舞，神龙升降，灵龟晏宁。"[3]《诗纬·汎历枢》则指出了礼乐在谶纬中的意义，"乐者非金石之声、管弦之鸣，谓阴阳和顺也"[4]。

对于祠堂的神圣空间而言，每一个画面都经过仔细甄选，并且符合整个建筑的宗教寓意，在狭小的祠堂中留出这样一块宝贵的空间，绝不仅是记录汉代人饮食及娱乐的世俗文化和生活方式，或者构建一个反映汉代民众或墓主人富足生活的虚拟场景，而是与"庖厨图"一样是整个祠堂祭祀叙事主题的子叙事部分，是墓主人升仙仪轨的一部分，是描述升仙仪轨的一条叙事辅线。对于祠堂叙事主题而言，"乐舞图"和"庖厨图"是并置的子叙事，在祠堂中没有先后顺序，因为它们原本描述的就是祭祀事件的

[1] 龚克昌：《全汉赋评注》，花山文艺出版社 2003 年版，第 424-425 页。

[2] ［清］赵在翰：《七纬》，中华书局 2012 年版，第 351 页。

[3] ［清］赵在翰：《七纬》，中华书局 2012 年版，第 339 页。

[4] ［清］赵在翰：《七纬》，中华书局 2012 年版，第 250 页。

两个部分，具有同时性，使用宴享和乐舞这两个祭祀手段吸引神仙降临，助墓主人升仙。《左传·文公》记载了鲁文公十五年六月的日祭，"日有食之，鼓，用牲于社，非礼也"[1]。《后汉书》中的郊祀歌《惟泰元》曰："嘉筵列陈，庶几宴享，灭除凶灾，烈胜八荒。钟鼓竽笙，云舞翔翔，招摇灵旗，九夷宾将。"[2]这段天地、山川祭祀歌叙述了"嘉筵"与"宴享"可以"灭除凶灾"，"竽笙"与"云舞"可以吸引上天的"九夷宾将"，描绘的场景与画像石中的庖厨与乐舞基本相同。郊祀歌《天地》也有大段描述宴享和乐舞的文本，这些文本不仅是"娱神"的记录，也是"娱神"礼仪中乐舞的歌辞。"天地并况，惟予有慕，爰熙紫坛，思求厥路。恭承禋祀，缊豫为纷，黼绣周张，承神至尊。千童罗舞成八溢，合好效欢虞泰一。九歌毕奏斐然殊，鸣琴竽瑟会轩朱。璆磬金鼓，灵其有喜，百官济济，各敬厥事。盛牲实俎进闻膏，神奄留，临须摇。长丽前掞光耀明，寒暑不忒况皇章。展诗应律铏玉鸣，函宫吐角激徵清。发梁扬羽申认商，造兹新音永久长。声气远条凤为鸟羖，神夕奄虞盖孔享。"[3]宴享和乐舞是吸引神仙降临的重要条件，在天神泰一的国家祭祀诵文中，描述了"千童罗舞"的乐舞表演具有"虞泰一"的作用，诸神因为"盛牲宝俎"而"奄留"享用，"角、徵、宫、商、羽"的五音声气引得"鸟祥"与"神享"。民间的家族墓园祠堂吸收了国家祭祀天地山川礼仪的元素，将祭祀礼仪的核心理念世俗化为祠堂画像石的"庖厨图"和"乐舞图"，使之成为汉代信仰中升仙的仪轨之一。"庖厨图"和"乐舞图"对于"娱神"及"升仙"寓意使其作为独立的叙事单元融合于祠堂整体的叙事逻辑之中。对于两者内容

图 5-19　沂南县北寨汉墓中室东壁上横额乐舞百戏画像（摹本）

[1] 王守谦、金秀珍、王凤春译著：《左传全译》，贵州人民出版社 1990 年版，第 451 页。
[2] [汉] 班固：《汉书》，中华书局 2015 年版，第 974 页。
[3] [汉] 班固：《汉书》，中华书局 2015 年版，第 975 页。

图 5-20　诸城县前凉台公社东汉墓乐舞百戏图、庖厨图（摹本）　　图 5-21　菏泽市巨野县东汉多室墓西耳室

刻画最丰富的画像石不是在祠堂而是在沂南北寨汉墓（图 5-19）及诸城前凉台汉墓（图 5-20）的墓室之中。沂南北寨汉墓中室东壁门楣上的"乐舞百戏图"刻画了飞剑、跳丸、掷倒伎、戴杆、跟挂、腹旋、走索、马术、戏龙、戏凤、车戏、七盘舞、建鼓舞等十余项表演，一侧有钟、鼓、磬、錞、箫、笛、笙、瑟、埙等二十余人演奏表演。前凉台汉墓的"庖厨图"由割肉、切菜、烫鸡、宰鱼、锥牛、宰羊、杀猪、击狗、烤肉串、汲水、酿酒等诸多内容组成，其中"酿酒图"反映了蒸煮、搅拌、沥酒、挤酒、贮酒的生产过程。汉代很多多室墓辟出了专门的空间用于下葬过程中的祭祀流程，如巨野县文庙陈列的一座东汉多室墓，西耳室（图 5-21）被塑造成一个小石祠一般的祭祀空间，虽然被盗扰，但耳室内仍发现了零散的祭器，起到了地上祠堂祭祀升仙的作用。

　　与结构简单的小石祠相比，体量较大的悬山顶祠堂的叙事方式更为复杂，在并置的子叙事中存在有线性叙事及嵌套叙事多种形式，即在子叙事中依然嵌套有主题并置的叙事画像，这种多重的画像叙事组织形式体现了祠堂画像的复杂性。孝堂山石祠大致建造于东汉初年，虽然建造较早且雕刻手法古朴，但所表现的画像内容异常丰富，尤其是东西两壁的画像内容，包括河伯出行、仙人驾鹿、狩猎、历史故事等众多题材，囊括了当时丧葬、祭祀相关的绝大部分图像类型。如果侧壁中每一层画像内容的总和归为子叙事，那么内部不仅有线性叙事描述升仙仪轨，还包含嵌套的主题并置叙事描述祥瑞故事，甚至以多层嵌套的方式将某些故事的情景嵌套至其他的某段叙事当中。

孝堂山祠堂东壁画像从上到下分为六层（图 5-22）。第一层以东方的仙界景象为主题，叙述了以东王公为画面核心的多个神仙故事，如果整

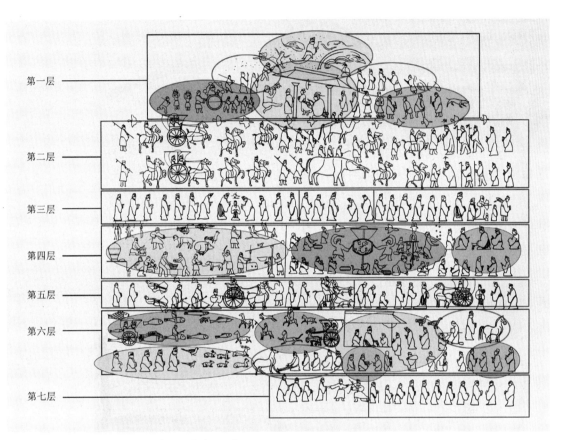

第一层

第二层

第三层

第四层

第五层

第六层

第七层

图 5-22　济南市长清孝堂山石祠东壁画像分层示意

个东壁画像作为一个与升仙相关的叙事主题，那么第一层画像可以被称为一个子叙事。画像的中心是"风伯吹屋"的故事，屋中端坐的人物虽然没有榜题，但按照西壁戴胜的西王母可以推断此人物为东王公[1]。"风伯吹屋"场景的上方是手持矩蛇首人身的伏羲，伏羲身边有层卷的云气和星点，象征着东方的宇宙空间。"风伯吹屋"的左侧是"雷公出行图"，四人拉着雷车出行，后面两人头顶草盆，似乎是另一个故事。"雷公出行

---

[1]　有学者对此处屋中人物有不同观点，但早在西汉海昏侯刘贺墓中的《衣镜赋》中就东王公、西王母的表述，那时东王公与西王母就已经成为阴阳对称的神祇，而东汉早期的孝堂山石祠东壁，屋中端坐的人物应为与西壁头戴胜的西王母相对应的东王公。

图"的右上方有三人手持仙草向伏羲拜谒。"风伯吹屋"场景右侧有二人持刀砍向手被捆的两人,似为"献祭图"。可见,第一层画像的子叙事用"风伯吹屋""雷公出行""拜谒伏羲""献祭图"等几个并置地位的故事,描绘了东方仙境中的场景。值得注意的是,这几个故事的发生不具有同时性和同空间性,画像选取了各自叙事中的一个瞬间,它把不同时间点上的场景或事件要素挑取最重要的部分并置在同一画面上,第一层画像中的主题并置叙事也可以称为分形叙事。

第二层画像作为子叙事叙述了一个完整的故事,名为"大王车马出行图"。两列气势壮观的车马出行队伍自左向右行进,横贯祠堂三壁上方,其出行的目的体现在队列中来自西域的骆驼及东南亚的大象。队伍上方刻有榜题"大王车",大王车在饰有建鼓、葆羽的辂车带领下凯旋,骆驼与大象显然是大王征战回朝的战利品,早已守候的"相"和"令"带领执戟武士及侍者迎接王车队伍。两排车马队列自左向右刻画了来自西域及汉朝的各色人物一百一十七人、马七十四匹,这是目前发现的规模最为宏大的车马出行队伍画像。整体而言,这层画像描绘了汉朝王师征战胜利后,携战利品回朝,官员迎接护送的场景。

第三层画像自左向右分为三个并置的故事,左侧依榜题为"周公辅成王";中间为五人对拜,按照宋山小石祠画像的布局,此处似为"孔子见老子";右侧一人射箭,一人毕上中箭,内容似为历史典故。这一层子叙事以平铺方式将嘉祥地区小石祠东壁常见的"周公辅成王""孔子见老子"的历史故事画像并置于一行。

第四层同样并置了三个故事,左侧为"庖厨图",中间为"乐舞图",右侧上方是"仙人六博图",下方人物两两对坐,似是另外的故事。这一层似乎将嘉祥地区小石祠西壁常见的画像依次并置于这一层的子叙事之中。

第五层左侧是"狩猎图",前方有两骑牵猎狗带路,中间一人乘坐辂车,后面有两人用手张弓,两人用脚张弓。右侧七人拜谒王车。"狩猎图"在汉代有超出狩猎活动本身的意义,《白虎通义》中将"狩猎"称为"巡狩","巡狩"是天地山川祭祀的一种形式,体现了王者对其疆域掌控。班固从天人感应的角度提出:"王者所以巡狩者何?巡者循也,狩者牧也,为天下循行守牧民也。道德太平,恐远近不同化,幽隐有不得所者，必亲自行之，谨敬重民之至也。考礼义，正法度，同律历，叶时月，皆为民也。"[1]可见，祠堂画像石中刻画的"狩猎图"不再是一种王权的象征，而成为一种"道德太平"的瑞象，是王者德及天下所带来的祥瑞之气。

第六层嵌套的故事较多，有多个画像反映了神仙世界的故事。这一层左上角是"河伯出行图"，有骑鱼的仙人和乘鱼车的河伯；右侧与其相对的是"山神出行图"，前方有人面兽身神及骑兽持幡的仙人引领，后方山神乘鹿车前行；下方为五人与虎、兔、鹿、鸟同坐；右侧一人向鹿抚琴，后有四位观者，似是历史典故；右侧有三人持牍对坐；中间高台的屋中主人端坐，台下有人负重上行；右侧有"相马图"和对拜的人物。这一层画像中记录了九个故事，虽然有些画面反映的内容不易释读，但应该与"河伯出行"与"山神出行"主题类似，描述了各界神仙的故事。最后一层画像较少，左侧为"比武图"，右侧有十一人对立拜见。

东壁的七层画像刻画众多的人物和故事情节，使用了典型的嵌套叙事方式，从天界仙境、历史典故、升仙仪轨、洞山仙人等几个维度去向观者展示汉代人信仰中的神仙世界。有趣的是，宋山小石祠东西两壁的画像内容以主题并置的方式分布于二层画像之中，如"雷公出行""风伯吹屋""河伯出行"等大量反映民间神话的画像也集中出现在孝堂山石祠中，似乎祠堂东西两壁有意汇集了各地祠堂画像的绝大部分题材，很多画面可能因为雕刻技法的简练而不易分辨。这七层并列的叙述构成了东壁整体的主题并置叙事，每一层叙事都又嵌套了各自的故事，第一层以分形叙事的方式将各类天神所代表故事画面置于同一场景；第三层叙述了相地、择日的助葬程式；第四层嵌套了庖厨与乐舞两个主题并置性叙事；第六层如第一层一样嵌套了众多神仙故事。孝堂山石祠的多重嵌套叙事方式并非孤例，嘉祥的武氏三祠也都采用了这种叙事方式去构建祠堂墙面复杂的画像图案。如武梁祠东壁的十帝王像独立成行排列，名士、孝子、列女、勇士的儒家经典故事也以分层的形式分类刻画，每一层子叙事中的画像也按照某种秩序排列。观者在阅读时，画像刻画的"闵子骞失棰""老莱子娱亲""丁兰供木人"等故事与刘向《孝子图》的顺序一致，列女的

---

[1] ［汉］班固：《白虎通》，中华书局1985年版，第148页。

故事基本与刘向《列女传》中顺序一致，甚至屋顶上的祥瑞图也类似《白虎通义》中对瑞祥的描述。此外，还有一些祠堂结构简单，画像内容直截了当，没有复杂的叙事技巧。如淮北市的石鼓形小石祠和微山地区的小石祠，每个壁面大多由一幅画像组成，虽然也表现了拜谒、射鹊、乐舞的含义，但其中并置叙事和嵌套叙事的逻辑并不明显，主要体现了升仙仪轨的线性叙事。朱鲔石室空间巨大，除了两个山墙上沿刻画了东王公和西王母代表的两方神界，其他空间全部用于刻画宴享主题的画像，似乎是对某幅画作的摹刻或对某一场景的还原，叙事方式与其他汉代石祠遗迹不同。淄博市王阿命石祠将汉代祠堂的结构简化到极致，由一块整石雕刻而成，后壁刻有简单的墓主画像，基座部分就是供台，整个祠堂的设计是基于功能性的，仅有的墓主画像也缺乏叙事功能。

三、选择与编排转喻与提喻

无论"线性叙事""主题并置叙事"还是"嵌套叙事"都是当代人对祠堂画像逻辑的分类，汉代的工匠或出资人在构建祠堂时会无意识地遵循这些基本逻辑规律去构思画像的画面和排布，这个构思过程或称其为叙事表达过程需要依据空间的大小对众多画像进行"选择"和"编排"。"选择"和"编排"是叙事学中的基本概念，它们是遴选和组织叙事素材的重要方式。对于汉画中不同类别的遗存，无论是祠堂画像、屏风漆画还是铜镜上的浮雕都由诸多独立的画面组成，这些画面遵循儒家经典的理念，囊括孝廉、升仙、教化等美好寓意的题材，这一类图像有的源自《孝子图》《列女传》等社会流传的叙事文本。由文本延伸出的图像数量难以穷极，随着现代考古发掘的深入会有更多题材的汉代图像不断充实此类研究。由于祠堂空间、屏风和镜面平面空间的局限，不可能把所有汉代经典故事都囊括进来，这需要依据叙事的主题进行"选择"。就祠堂画像而言，需要根据墓主家族的意图、财力以及所聘用石工队伍擅长的雕刻题材和风格，去选择最能反映祠堂祭祀先祖、助墓主升仙主题的重要故事进行雕刻，而排除与主题无关的一些故事。如果祠堂画像是一种信仰和观念的图形化记录，那么它也符合莫米利亚诺（Amaldo Momigliano）对于其"选择"的理解，"任何记录都是一种选择，虽然对事实的选择不一定意味着诠释的原则。选择记录某些事件可能因为它们能解释一种变化，或者能指向某种道德准则，或者能显示某种循环往复的方式"[1]，"如果人们希望有所发现，就要经过系统的选择，这以后，不仅对问题的陈述会更具体，而且也能更清晰地显示事实之间的联系和内在的变化。"[2]当前所发现的石祠画像都是汉代人经过"选择"的结果，应当是最符合当时条件的画像表现方式，绝大部分祠堂西壁都会选择与西方昆仑仙境关系最密切的西王母及其诸神画像，下方总有与其相关的祭神场景。而属于祠堂西壁的宋山第二批画像石第二石（图 5-23）却刻画了极为特殊的画像，上层左侧汉骑执戟、射箭追击胡骑，右侧胡兵向胡王报告战况，中层是"献俘图"，下层是除役仪式的"蛇戏图"。虽然不知道墓主人的身份，但祠堂画像不同常规的画像"选择"，显然是考虑到墓主人的身份背景并排除了庖厨、乐舞等祭祀题材的画像，而选择了"胡汉交兵"这一类反映历史事件且隐喻西方昆仑山的画像题材。

同时，当石匠通过画像石努力构建历史上特定时期"发生的故事"或希望重现历史故事时，所选择的画面间总会缺乏必要的、过渡性的重要事件来构成叙事的链条，这就需要对某一画面或系列画面在空间上进行适当地"编排"，进而将一个个离散的故事变为一个完整的叙事。如同"选择"一样，我们看到的画像都是精心"编排"的结果，可以通过逻辑分析了解画像如此"编排"的缘由，揭示画像背后的意义，同时某幅画像上的榜题和题记也成为故事叙事的线索，揭示了这个小叙事中人物、环境等元素被"编排"的结果。武梁祠西壁的五层画像分别具有各自的逻辑线索组织画面，分别为"西王母与昆仑诸神""帝王图""孝子图""刺客图"及"车马出行图"，第四层以东周时期的"刺客"为主题选择故事（图 5-24），从内到外分别为"曹子劫持齐桓

图 5-23　嘉祥县宋山再建墓第二批画像石第二石

[1] ［意］莫米利亚诺、冯洁音译：《现代史学的古典基础》，生活·读书·新知 三联书店 2009 年版，第 38 页。
[2] ［法］马克·布洛赫：《历史学家的技艺》，张和声、程郁译，上海科学院出版社 1992 年版，第 113-114 页。

公""专诸刺吴王僚""荆轲刺秦王"。画像以成组人物的背身布局自然分割
成三个画面，工匠以曹沫、专诸、荆轲三个刺客的故事引出了春秋战国时
期齐、吴、秦三个主要国家，这种编排方式既突出了刺客的智慧勇猛、对
国家忠诚，又概括了东周时期混战割据的局面。第二层的"帝王图"同样
使用了类似的"编排"方式，十位帝王依序排列既表现了王者及朝代的更
替有序，也描绘了神话时期帝王创世的场景。对于单幅画像，如"曹子劫
持齐桓公"也体现出"编排"对于画像叙事的意义。这个典故出自司马迁
的《史记·刺客列传》，《公羊传》记载曹子让鲁庄公劫持齐桓公，自己去

图 5-24　武梁祠西壁第四层画像

阻挡齐国的士兵，曹子非曹沫而是曹刿，《谷梁传》也记载如是，武梁祠
的画像是以《史记》为版本绘制。"管仲""齐桓公""鲁庄公""曹子劫桓"
四处榜题揭示了人物的关系和故事情节，画面选择了曹子劫持齐桓公的瞬
间，而管仲持牍的形象显然没有参与紧张的行刺过程。显然，石工既选择
了曹子刺杀紧张的场景，又保证管仲这位儒家先贤的端庄形象，有效衔接
了欲刺的曹子、紧张的鲁庄公、劝说齐桓公不要背信弃义的管仲三个故事
情景，简练的榜题保证了这个叙事的准确性与完整性。

　　转喻与提喻这一对概念，原本属于本文对象的修辞关系，描述了整体
与局部之间的指代关系，在图像学维度中属于经常使用的艺术表现方式，
可以用于揭示画像对于祠堂主题的意义。转喻的画像叙事手法建立在邻近
的空间、共存关系、时间关系、因果关系的基础上，形成以原因指代结
果、以手段指代主体、以部分代表整体等相关性来表现图像延伸的意义。
转喻所代表的相关性正是祠堂画像经常使用的表达祭祀含义的重要手段，
通过建立因果或指代联系揭示画像本身对于汉代人信仰的意义。

　　嘉祥五老洼西晋墓属再建墓，出土了画像石十五石，其中第一石、第
七石、第九石均属于祠堂西壁构石（图 5-25），有相近画像主题，壁面画
像运用了转喻的手法，用原因和结果互代、表象和内涵互代的方式展现葬

仪的过程及祈求墓主人登仙的美好愿望。第七石画像分为四层，除了最下层两组人物互拜的画像因为没有榜题暂不知叙事内容，上层的"孔子见老子""周公辅成王""升鼎图"在祠堂画像中经常出现，对于它们所反映的历史典故学者们有过详尽的论述。如果在此基础上进一步思考，为何在极为有限的祠堂空间中用大幅画面去表现三个不同时代历史典故？汉代人选择这三幅画像置于祠堂侧壁，对于祠堂的叙事而言，其意义是什么？这两个问题可以通过五老洼出土第七石中画像的转喻含义得出答案。

"孔子见老子"被认为是描绘了《史记·孔子世家》所记载的孔子适周问礼的场景，"鲁君与之一乘车，两马，一竖子俱，适周问礼，盖见老子云"[1]，学者释读为早期的儒道关系。西汉海昏侯刘贺墓中"孔子立镜"的《衣镜赋》中提到"□□□圣人兮孔子，□□之徒颜回卜商，观临其意兮不亦康，心气和平兮顺阴阳"[2]。赋中的语句除了描述衣镜上孔子及弟子的画像，还表明孔子及弟子颜回、卜商与西王母、东王公、四神同处于明器之上，在西汉诸侯王的葬仪中同样起到了避邪、顺阴阳的寓意。"孔子见老子"图像超出了儒家文化本身，转喻为宗教性的含义。

对"周公辅成王"画像的释读集中于周公圣贤的品格方面，突出其"周公吐哺、天下归心"[3]的儒家品格，传为儒家之经典。周公与孔子及弟子均位列《太平清领书》中"神人主天，真人主地，仙人主风雨，道人主教化吉凶，圣人主治百姓，贤人辅助圣人"[4]的仙班一员，属于仙人及圣人之列，与微山县两城镇永和二年石祠榜题中的"长卿"和"伯昌"一样，起到助墓主升仙的作用。武梁祠"十帝

图 5-25　嘉祥县五老洼西晋墓画像石第七石

［1］［汉］司马迁：《史记》，中华书局 1974 年版，第 983 页。

［2］王意乐、徐长青、杨军、管理：《海昏侯刘贺墓出土孔子衣镜》，《南方文物》2016 年第 3 期，第 61-70+50 页。

［3］逯钦立：《先秦汉魏晋南北朝诗》，中华书局 1983 年版，第 349 页。

［4］杨寄林译注：《太平经》，中华书局 2013 年版，第 1020 页。

图"中的帝王亦如圣贤一样位列仙班，即便如纣王奢淫亡国，也是稽合天命，受命为王，死后成仙，在《礼纬·稽命征》曰："天秩天叙，定命之符，稽古同天，古帝道孚，圣神征应，匪曰矫诬"，[1]只是不像其他三代明君在祠堂画像中有名有赞。汉代道教的神祇与基督教、伊斯兰教、印度教的神有本质的区别，大部分并非生而为神，而是依据生时的贡绩、品行而封神，即便是玉皇道君在造神时也被赋予了从人到神的经历。

相对于"泗水捞鼎"的画像名称，"升鼎图"显得更为贴切。画像描绘了井架楼上端坐的观者、周边跪拜的民众、鼎中有龙窜出咬断鼎绳的情节，画像中信众的虔诚表现显示鼎中之龙当属瑞象。画面叙事与《史记·秦始皇本纪》中"始皇还，过彭城，斋戒祷祠，欲出周鼎泗水。使千人没水求之，弗得"[2]的记载差异较大。姜生先生将"泗水捞鼎"的寓意引申为"秦人不得真道"[3]，很难想象汉代人会在家族的私人祭祀空间宣扬前朝统治正当性的政治论点，画像表现意义与《史记》中的故事有所区别，其叙事更应该接近祠堂的避邪、祭祀的功能。

"孔子见老子""周公辅成王""升鼎图"位于祠堂侧壁，依据画像内容与祠堂方位的关联，显然这三幅画像对于祠堂建筑的意义绝非历史上的儒家典故本身，而应进一步转喻为墓主祭祀、升仙的助葬图。班固在《白虎通》指出圣人的无所不知，从唯物主义历史观的视角虽有神化历史人物的意味，但如果从汉代的神仙观来审视这些早已位列仙班的圣人，那么孔子、老子、周公、黄帝均已成神，黄帝之宫甚至在昆仑山上，这些神确实有无所不知的异能。"圣人者何圣者？通也，道也，声也，道无所不通，明无所不照，闻声知情舆，天地合德，日月合明，四时合序，鬼神合吉，凶礼别名。"[4]由人而神的神祇有"皆天所生"的异能，与天神"通精"。随着东汉儒学宗教化之后，圣贤甚至可以开辟通天的道路，这个升天之路成为世俗世界的终极信仰，《易纬·乾凿度》引《太古文目》云："《乾凿度》，圣人颐，乾道浩大，以天门为名也。乾者天也……乾训健，壮健不息，日行一度。凿者开也，度者路也。圣人凿开天路，显彰化源。"[5]圣贤

[1]（清）赵在翰：《七纬》，中华书局 2012 年版，第 17 页。

[2]［汉］司马迁：《史记全本》，北京联合出版社 2015 年版，第 140 页。

[3] 姜生：《"秦人不得真道"考》，《文史哲》2021 年第 1 期，第 125-142+167 页。

[4]［汉］班固：《白虎通》，中华书局 1985 年版，第 175 页。

[5]［清］赵在翰：《七纬》，中华书局 2012 年版，第 4-5 页。

的异能又体现在身体之异相，《白虎通》曰："又圣人皆有异表……黄帝龙颜，得天匡阳，上法中宿，取象文昌。周公背偻，是谓强俊，成就周道，辅于幼王。孔子反宇，是谓尼丘，德泽所兴，藏元通流。圣人所以能独见前亲，与神通精者，盖皆天所生也。"[1]这些画像石中的圣人已非历史中的人物，而是能理顺阴阳、日月广明、引导升仙的神仙，他们所转喻的意义也应该超越历史文本，以通俗化的形式从汉代人信仰以及神话的维度去推演。

儒者尊孔子为圣人，在谶纬神学中，孔子不仅是圣人，而且被塑造为一个能知过去未来，无所不知，无所不晓的"神"。谶纬神学认为凡是受命的帝王、神圣都是由天上降到人间的"神"。孔子在东汉神化过程中成为可与帝王等同的"素王"，属受天命为王，其身份已经进行了转换，在《论语谶·摘辅象》记载："仲尼为素王，颜渊为司徒，子路为司空，左丘明为素臣。"[2]即便是孔子弟子也并非凡人，都是天降奇人，《论语谶·摘辅象》云："颜回山庭日角，曾子珠衡犀角"，"子贡山庭斗绕口"，"子夏、子张日角大目"，"仲由珠衡"，"樊迟山额"[3]。东汉永兴元年（153年）的《鲁相乙瑛请置孔庙百石卒史碑》之碑文已经神化了孔子的功绩，"孔子作春秋，制孝经，□□五经，演易系辞，经纬天地，幽赞神明"。东汉永寿二年（156年）的《韩明府孔子庙碑》刻有"孔子近圣，为汉定道"，因孔子编五经、定汉道，始称为圣人。《易纬·乾凿度》认为伏羲建立阴阳八卦，周文王进行演绎卦辞，而孔子则揭示天地运行之理，定汉道之五经，"苍牙灵，昌有成，孔演明经"[4]。汉郑康成注曰："苍牙，有熊氏庖牺得易源，入万业作用，尔后昌成。昌成者，滋蔓昌溢孔甚。其引明经纬，大行于后世。以代后人，苍牙庖氏作易，文王昌成繇辞，孔子演行。"《易纬·通卦验》曰："遂皇始出握机矩，表计宜，其刻曰苍牙通灵，昌之成，孔演命，明道经。"[5]孔子在谶纬中的贡献远超过"定五经"，其"演命"之能具有了理顺天地阴阳之用，掌握世间万物运行根本之力，孔子的"神格"可见一斑，"孔子之所以定五经者……故五常之经咸失，其所象易

---

[1] ［汉］班固：《白虎通》，中华书局1985年版，第777页。
[2] ［清］赵在翰：《七纬》，中华书局2012年版，第250页。
[3] ［清］赵在翰：《七纬》，中华书局2012年版，第777页。
[4] ［清］赵在翰：《七纬》，中华书局2012年版，第12页。
[5] ［清］赵在翰：《七纬》，中华书局2012年版，第127页。

失理，则阴阳万物失其性"[1]。此外，《史记·孔子世家》记载："夫儒者滑稽而不可轨法；倨傲自顺，不可以为下；崇丧遂哀，破产厚葬，不可以为俗……"[2]孔子重视儒家礼仪，推崇操办婚丧嫁娶的礼仪、规矩，主张汉代的厚葬生死观。贵为"玄圣""素王"的孔子自然能够掌控墓园中阴阳事宜，以保逝者之魄在地下幽宁，勿扰生者，逝者之魂及时升仙。《七纬》中的孔子不再是好学博知的教育家，而是转喻了其谶纬神祇的身份，引申为可保阴阳两界助葬的作用。

画像中孔子与项橐所见之老子在汉代的神鬼信仰中也具有特殊身份。信者若登仙须有神仙授予的神书。《河图·绛象》记载吴王阖闾为成仙偷入包山灵墟盗得禹藏真文，此禹书即为得道所授之书。神书的来源有的是西王母授予，有的是昆仑山下的黄帝授予，有的是神仙幻化为老子授书。《尚书纬·帝命验》引《御览·道部三》记载了神书与昆仑山的关系，"王母之国在西荒，凡得道授书者，皆朝王母于昆仑之阙"[3]。《尚书纬·帝命验》引《玉海·地理门》记载了西王母因舜的德行授舜神书以升仙，"西王母于太荒之国得益地图，慕舜德，远来献之"[4]。老子是道家师祖，诸神也常幻化为老子形象传道授书，《诗纬·诗含神雾》引《史记·留侯世家》索隐，曰："风后，黄帝师，又化为老子，以书授张良"[5]。那么，在汉画像中贵为"素王"的孔子携众弟子见神仙幻化的老子应当是为墓主人求得道神书，"孔子见老子图"应转喻为墓主人的助葬图，后又被赋予了占卜"择日"之意。

《周易》中"重卦"出自周文王之手，"卦爻"为周公所作，周公在汉画像中的辅成王的形象转喻为"卦爻"。在谶纬神学中周文王、周公所演绎的《周易》可以"调和阴阳""太平光明"，"……所以演易，何商王受不率仁义之道，失为人法矣，已之调和阴阳尚微，故演易使我得幸，至于太平日月之光明，则如易矣"[6]。周公之所以演绎周易、协调阴阳致"太平日月之光明"，在于谶纬神学中其在"相成王"之时得到了蕴含宇宙奥秘

[1]　［汉］班固：《白虎通》，中华书局1985年版，第246页。
[2]　［汉］司马迁：《史记》，中华书局1959年版，第1911页。
[3]　［清］赵在翰：《七纬》，中华书局2012年版，第224页。
[4]　［清］赵在翰：《七纬》，中华书局2012年版，第224页。
[5]　［清］赵在翰：《七纬》，中华书局2012年版，第236页。
[6]　［汉］班固：《白虎通》，中华书局1985年版，第247页。

的《河图》《洛书》,《春秋纬·运斗枢》引《中侯摘洛戒》记载:"周公相成王沈璧洛河,青龙衔玄甲之图,元龟背甲刻书,赤文成字。"[1]同时,知天地奥秘的周公又因为史书记载的洛邑营造之功在民间转喻为有相宅之能。《尚书·大传》记载周公"五年营成周"的功绩,其中《尚书·召诰》记载成王使周公相宅营洛邑,"惟太保先周公相宅……越三日戊申,太保朝至于洛,卜宅。厥既得卜,则经营"[2]。虽然《周公解梦》是后人托周公之名而作,但相对于儒家的"天下归心"思想,周公在卜地、相宅等方面在民间具有更大影响力。周公形象在祠堂空间的意义不仅是儒家经典中辅佐帝王的贤臣,更是知宇宙阴阳,懂卜兆堪舆的神仙。

在先秦文献中黄帝与龙有密切联系,黄帝的相貌是"龙颜",登仙所乘瑞兽亦是龙,《礼纬·含文嘉》引《五行大义》也记载了黄帝因德行引黄龙至的瑞象,"黄帝修兵革以德行,则黄龙至,凤皇来仪"[3]。黄帝的授道之书《河图》《洛书》也是黄龙负出,其与龙的关联可见一斑。《春秋纬·运斗枢》引《路史·帝桀纪注》曰:"黄帝得龙图,中有玺章,文曰天皇符玺";引《文选·吴都赋》曰:"黄龙负图出,置帝前鸟文";引《易是类谋》曰:"河龙洛图龟书,圣人授道真图"[4]。在《史记·封禅书》中记载了"龙去鼎湖"的故事,"黄帝采首山铜,铸鼎於荆山下。鼎既成,有龙垂胡髯下迎黄帝。黄帝上骑……故后世因名其处曰鼎湖"[5]。鼎,自三代以来就是天赋神权的象征,武梁祠屋顶内刻有"不炊自孰,五味自生"的神鼎画像,《礼纬·含文嘉》引《史拾广览》记载:"神鼎者,质文精也。知吉凶存亡,能轻能重,能息能行。王者兴,则出。"[6]黄帝铸成祭天之鼎,乘黄龙升仙,升仙之地为鼎湖。"升鼎图"暗喻了"鼎""龙""湖"几个图像元素的关系,同时画像石中井架楼周边伏地跪拜的民众也表明所刻画之物的非凡身份,画面以黄帝升仙的故事转喻了墓主人在黄帝的接引下乘龙升仙。嘉祥五老洼出土的第七石以"孔子见老子""周公辅成王""升鼎图"三幅耳熟能详的历史典故画像引出孔子、周公、黄帝等谶

———————

[1] [清]赵在翰:《七纬》,中华书局2012年版,第499页。
[2] 慕平译著:《尚书》,中华书局2009年版,第198页。
[3] [清]赵在翰:《七纬》,中华书局2012年版,第280页。
[4] [清]赵在翰:《七纬》,中华书局2012年版,第496—499页。
[5] [汉]司马迁:《史记》,中华书局1959年版,第1393页。
[6] [清]赵在翰:《七纬》,中华书局2012年版,第282页。

纬神学中诸神，其顺阴阳、占卜、祥瑞的异能转喻为东汉民间流行的升仙信仰，后世的丧葬文书又赋予了他们"择日""相地""升仙"三个助葬概念，隐喻墓主人在孔子、老子、周公、黄帝几位圣贤的协助下登龙西去成仙。

　　与转喻相互指代的相关性不同，提喻可以用部分喻指整体，用整体喻指部分，在画像石呈现出的某幅画面来象征某一整体性事物。前文讨论了"射鹊图"在祠堂中对于墓主人的意义，这一类图像对于不同时期、不同地域的工匠有繁或简的表现形式。永和二年石祠东壁整面刻画了"射鹊图"，茂盛的扶桑树充满整个画面，"长卿"和"伯昌"两位仙人为墓主人搭弓射箭，枝头的"蜚鸟"与"山鹊"在树梢萦绕，树下"女黄"为墓主人牵侍天马。这块画像石以"日之所出"的扶桑树从空间维度暗喻了东方的仙境，以"射鹊"和"天马"的局部刻画提喻了墓主人即将升仙的宏大场景。微山县两城镇出土的另一块石祠东壁画像石（图5-26）将"射鹊图"刻画得更加丰富，扶桑树交缠在一起，众多猿猴攀爬树梢，山鹊在天空翱翔，这种瑞祥出现当是墓主人德行所致。此

图 5-26　微山县两城镇东汉晚期祠堂东壁

图 5-27　淮北市西戈村出土石鼓形祠堂东壁

外，淮北市西戈村出土石鼓形祠堂侧壁（图 5-27）仅以寥寥数笔勾勒出树的外形，树下栓有一马就代表了射鹊登仙的寓意，此石将"射鹊图"的概念抽象至极致，使用简约的局部形象提喻了射鹊、骑马、登仙这一系列升仙过程，是局部替代整体的典型。如果对比东汉早期乃至西汉的石椁墓画像，早期简练的画像图案实际上提喻了丰富的内涵，穿璧纹、柏树、楼阁、比武等简单图案到东汉末期演变成具有复杂故事情节的画像，唯一贯穿其中的就是画像本身对于丧葬仪式的意义。对于祠堂而言，不同时代、不同地域画像的表现方式不同，雕刻的繁复程度代表了民间雕刻的技艺水平，代表了墓主家族的财力，但所表达的含义是相同的。简单的画像通过

转喻的方式表达了一个更宏大的理想世界，赋予它更久远、更丰富的内涵。同时，某些过于精炼的几何形元素给后人的释读带来了困难，比如汉代墓室中出现的八角星纹（图 5-28）就可以上溯至 4000 年以前的马家浜文化、崧泽文化、良渚文化、大溪文化、小河沿文化、大汶口文化、马家窑文化等多个古文化当中，至于两者是否有演变关系和相似的寓意，还需要考古材料的进一步证实。

将叙事学对于文本的研究方法引入汉代画像石研究，使得纷繁的汉画像资源变得更加有条理和清晰，为我们重新认识汉代丧葬文化和升仙信仰提供了新的方向。除了画像之间具有叙事逻辑，整个祠堂空间也遵循着某种逻辑去组织空间结构及画像。就像《汉代石祠构件与画像的空间配置》一章所探讨的画像内容与石祠构件及方位之间的关系，这个逻辑既不是叙事文本中的"空间叙事"概念也不是建筑学中的"叙事空间"概念，而是汉代宗教信仰与建筑画像的结合体。如果我们将祠堂看做儒学宗教化的神圣空间，每一幅画像、每一个建筑构件与建筑整体的关系都要服从以"儒教"为代表的谶纬神学的需求，对这个需求的认识随着自汉以后对《七纬》《河图》《洛书》等纬书的禁毁而变得愈加模糊了。好在《史记》《汉书》《后汉书》《白虎通义》中保留下来众多与谶纬的相关内容，让我们得以了解东汉流行于皇室与民间的宗教信仰。相对于独立的祠堂建筑，东汉时期中小型墓葬的墓园是一个更大的祭祀空间，祠堂作为地上建筑的核心，与墓表、石兽、神道等地上建筑设施以及地下的墓室的关系属于一个更大的"空间叙事"的范畴。

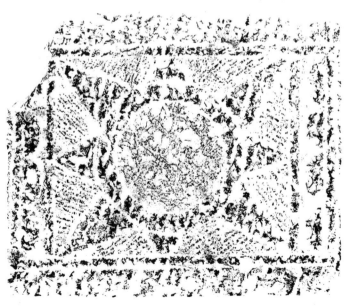

图 5-28　曲阜市东风公社旧县村出土画像石

第六章

墓葬内外的双重空间

　　中国古代墓葬系统在新石器后期有了较大发展，从无棺无椁的平民墓发展到多重棺椁的贵族墓，从竖穴墓发展到横穴墓、多室墓、崖墓等复杂形式，秦汉以后形成了较为完备的墓葬体系。这个体系中的中小型墓葬上承帝陵、诸侯墓的周礼规制，又发展出适应民间习俗的诸多特征，其中包括地下系统的墓室、陪葬墓、祔葬墓、陪葬坑、窑坑等地下建筑设施，也包括以神道、石表、石柱、石人、石兽、石碑、祠堂、封土、园寺吏舍、墙垣、排水、加工场等诸多地上建筑设施，并形成了以祠堂或寝殿为核心的丧葬建筑的群落。但横穴多室墓及地上祠堂建筑群落并非东汉中小型丧葬设施的主流，同时期还存在着竖穴墓、石椁墓、木椁墓并存的现象，在所发掘的汉代墓葬中具有精致画像的石室墓葬仅仅是少数，大部分民间墓葬依然十分简陋，仅有少量陪葬品，地上能保存下来的石质祠堂就更加稀少。虽然画像石墓室及祠堂级别低于帝陵及诸侯王墓，但墓主家族的社会地位与财力却远远超过绝大多数平民墓葬，与列侯的墓葬规模更接近，不同之处在于，列侯的地上建筑更多使用石木混合结构而非石板。汉代拥有画像石祠堂的家族大多属于社会的中层阶级，具有一定的公职以及财富，但没有王侯世袭的爵位。可见，具有画像石祠堂的墓葬继承了许多汉代王侯墓葬的基本特征，很多王侯陵园的建筑元素都可以在这一类家族墓园中找到痕迹，体现出汉代王侯墓葬与中小型墓葬建筑的统一性与继承性，以及民间墓葬建筑的宅第化和陪葬品的生活化特征。

祠堂作为地上建筑的核心、先祖祭祀的主要场所，与地下的墓室及地上的建筑群落有着千丝万缕的联系。诸多历史文献以及考古发现正在逐步揭示它们之间的联系。如《水经注·卷二十四》详细记载了汉太尉乔玄墓园中"冢、庙、碑、柱、兽"等丧葬建筑的配置及方位关系，"冢东有庙……冢列数碑……庙南列二柱，柱东有二石羊，羊北有二石虎，庙前东北有石驼，驼西北有二石马，皆高大，亦不甚凋毁。惟庙颓墉，石鼓仍存……"[1]虽然地上建筑存在洪水淤冲、人为挪移的可能性，但仍可据此推断出这些建筑本身与丧葬和祭祀的关系，以及所在墓园的空间位置对于整体丧葬叙事的意义。

一、地下墓室与地上祠堂的关联

墓室对丧葬建筑的意义在于"藏"，是藏尸之所，象征着逝者在地下世界的阴宅；祠堂对丧葬建筑的意义在于"祭"，是族人追忆逝者，向逝者灵魂供奉的场所。汉代祠堂又继承了商周宗庙中祭祀先祖的功能，一定程度上成为传播谶纬神学和早期道教思想的宗教化空间。因此，祠堂与墓室存在着一定的对应关系，地下的墓葬不一定配置地上的祠堂，但地上的祠堂一定有对应的地下棺墓，甚至存在一祠多墓的墓园建筑配置。三代不同时期对于祭祀建筑有不同的称呼，《尚书·帝命验》记载："五府，五帝之庙，苍曰灵府，赤曰文祖，黄曰神斗，白曰显纪，黑曰玄矩。唐虞谓之五府，夏谓世室，殷谓重屋，周谓明堂，皆祀五帝之所也。"[2]西周是古代宗庙祭祀制度的形成时期，且大多沿袭商朝制度，在西周王侯墓中仍然可以发掘出类似商代的甲骨卜辞及刻有祭祀相关铭文的青铜器。西周宗庙常与王权结合，是国家正统的象征，在镐京、洛邑及地方诸侯的都城墙垣内有高台型宗庙建筑遗迹，大多位于城市的重要位置。《周礼·考工记·匠人》中"左祖右社"[3]一句描述了西周都城营造的配置布局，清朝戴震在《考工记图》中绘制的王宫图（图6-1）就标识了都城中祭祀祖先的宗庙与祭祀天地的社庙所在的位置[4]。此外，还有大量都城中宗庙"择

［1］［北魏］郦道元著、陈桥驿校证：《水经注校证》，中华书局2017年版，第545页。

［2］［清］赵在翰：《七纬》，中华书局2012年版，第221页。

［3］［汉］郑玄注：《周礼注疏》，北京大学出版社1999年版，第1149页。

［4］张悦：《周代宫城制度中庙社朝寝的布局辨析——基于周代鲁国宫城的营建模式复原方案》，《城市规划》2003年第1期，第72-76页。

中而立"的记载，证明西周宗庙对于都城的重要意义。《吕氏春秋·慎势篇》曰："古之王者，择天下之中而立国，择国之中而立宫，择宫之中而立庙。"[1]《墨子·明鬼下》曰："且惟昔者虞夏、商、周三代之圣王，其始建国营都日，必择国之正坛，置以为宗庙。"[2]秦朝之后一改商周时期将宗庙、寝殿修筑于都城的规制，将寝殿从宗庙系统中迁移出来，设在陵墓旁，而王陵之寝殿在民间的中小型墓葬中与宗庙的功能合二为一，成为祠堂。《论衡·四讳篇》就记载了"古礼庙祭，今俗墓祀"[3]的礼制变化。汉朝是中国古代宗庙祭祀的鼎盛期，在继承秦制的基础上又有了新的发展。因为汉朝实行郡国并行制，除了都城长安、洛阳建有太上皇庙、高祖庙一类京庙，还有地方郡县、封国内建立的诸侯王奉祀的宗庙。此外，绝大部分祭祀建筑是立于陵寝附近的陵庙，将祭祀之礼由都城移至庙园。《后汉书·明帝纪》注引《汉官仪》云："古不墓祭。秦始皇起寝于墓侧，汉因而不改。诸陵寝皆以晦、望、二十四气、三伏、社、腊及四时上饭。"[4]

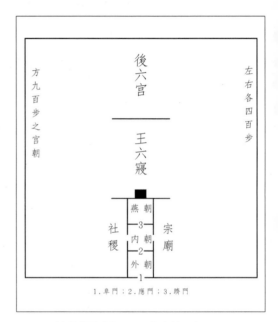

图 6-1　清朝戴震《考工记图》中的王宫图

　　汉代王陵中陵墓之旁设寝园和庙园，寝殿是寝园的核心，是祭祀的"陵上正殿"，便殿是寝园的别殿，供存帝王陪葬的衣履器物之用以及祭祀者休息闲宴的场所；陵庙是庙园的核心，是祭祀先祖的建筑。汉代石祠的丧葬规制远低于王侯陵园，列侯墓园尚有寝殿或便殿的设置，中小型画像石墓葬不再区分寝殿、便殿、宗庙，而将上述功能合并于石祠当中，通过祠堂内壁雕刻的丰富画像昭示这座建筑所承担的责任。石祠画像中的"乐舞百戏""庖厨图"等便体现了对天地山川神灵的社祭作用，帝王、名士、列女等画像寓意了先祖祭祀，而祠堂后壁中心的"拜谒图"以及下面祭台上雕刻

[1]　[战国]吕不韦：《吕氏春秋全译》，贵州人民出版社1997年版，第615页。

[2]　李小龙译著：《墨子》，中华书局2007年版，第123页。

[3]　[东汉]王充：《论衡》，上海人民出版社1974年版，第357页。

[4]　[宋]范晔撰、[唐]李贤等注：《后汉书》，中华书局1999年版，第67—68页。

的祭品体现了对墓主人的祭祀功能。

　　有多处早期历史文献记载了墓园的地上建筑，其中一些涵盖了部分祠堂与墓室的空间关系。《盐铁论·散不足篇》记载："今富者积土成山，列树成林，台榭连阁，集观增楼。中者祠堂屏阁，垣阙罘罳。"[1]《水经注·卷三十三》云："洨水四周城侧，城南有曹嵩冢，冢北有碑，碑北有庙堂，余基尚存，柱础仍在。庙北有二石阙双峙，高一丈六尺，椹栌及柱皆雕镂云矩，上罘罳已碎，阙北有圭碑……夹碑东西，列对两石马，高八尺五寸，石作粗拙……"[2]北宋赵明诚在《金石录》中就记录了孝堂山石祠与地下二座汉代墓室的空间关系[3]。日本人关野贞1908年被派遣到中国进行古代建筑研究，对于孝堂山石祠及其周边的环境进行了详细地调查，测量了石祠尺寸，绘制了祠堂与后部封土的前后位置图，发现了祠堂前方东西并列的两座汉代多室墓，但关野贞误用赵明诚"隧道尚存"的说法，将两墓室认为是通往坟丘的隧道。1981年蒋英炬先生考察石祠时重新勘测了孝堂山上的墓葬遗迹，除了祠堂后面的主墓室M5[4]以及赵明诚发现的祠堂南侧12米的M3、M4墓室，在孝堂山石祠保护院南门发现了M1墓，在保护院外东南角又发现了M2墓（图6-2），并未发现墙垣、环沟、阙门等建筑构件。通过几次考古过程，在孝堂山已发现了一座双开间祠堂、五座汉代墓葬，在山下发现多块平顶式小祠堂构石（其中四石藏于东京国立博物馆），以及两处不知年代的平地起坟式墓室。山顶应为一处家族式墓园，中心的双开间石祠既是M5墓对应的祠堂也是整个墓园的宗祠。山顶的M1—M4应属于M5的家族附葬墓，山下也形成了几处聚集性墓葬群，并且形成了以孝堂山为中心

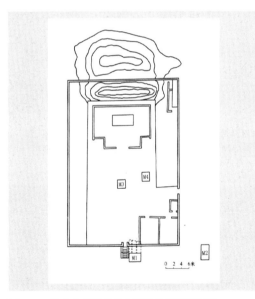

图6-2　济南市长清孝堂山石祠保护院平面图
（蒋英炬等1981年9月测绘）

［1］　［东汉］桓宽：《盐铁论》，山海人民出版社1974年版，第69页。
［2］　［北魏］郦道元著、陈桥驿校证：《水经注校证》，中华书局2017年版，第530页。
［3］　赵明诚认为石祠南侧暴露于外的M3墓的墓道是郭巨墓的甬道，原文为"隧道尚存，惟塞其后而空其前"。
［4］　在1981年蒋英炬先生绘制孝堂山墓葬平面图时，未标明主墓的编号，为了便于说明，故将此墓编为M5。

区域性的墓葬区。

金乡的朱鲔石室广受中外汉学家的关注，实际上它也属于汉代墓葬设施的一部分，只是其北侧的多室墓因为没有雕刻画像而缺乏关注。1907 年法国人沙畹第一次拍摄了朱鲔石室的照片（图 6-3），此时祠堂大部分淤积于土中，其西南侧大片矗立的墓碑表明过去这一带像孝堂山一样属于区域性的墓葬区。1934 年美国人费慰梅绘制了石室与其北侧封土及多室墓的关系图（图 6-4），两者前后相距 8.2 米，证明了汉代地上祠堂与地下墓室的空间关联，也表明朱鲔石室所在的墓园规模宏大，等级较高。此外，嘉祥武氏阙在原址上加盖了保护室，1981 年蒋英炬绘制的嘉祥武氏墓群平面图也清晰表明西北方向的墓阙与祠堂与东南方向两座石室墓之间的空间关系。

1985 年中国社会科学院考古研究所在河南省洛阳市东郊白马寺镇发现了一处列侯等级的墓园遗址。这座汉代墓园的地下墓室和地上附属建筑基址基本完好，有力证明了墓室与祠堂在墓葬建

图 6-3　1907 年沙畹拍摄的朱鲔石室照片

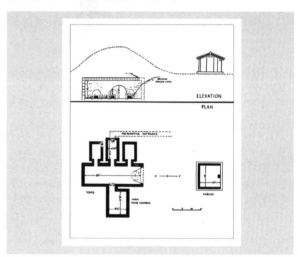

图 6-4　费慰梅绘制石祠与墓室关系图（A Structural Key to Han Mural Art, Fig.15.Plan and elevation of the tomb and shrine of Zhu Wei, Chin-hsiang）

筑体系中的双核心关系。墓园遗址东西约 190 米、南北约 135 米，总面积约 25650 平方米，四周有夯筑土墙垣，墙垣转角处设置罘罳，墓园分为东西二部分，西部为地上封土及地下墓室；东部有三组大型殿基为主体的建筑群（图 6-5）。墙垣内的 I 号院落仅剩东北部分，内设五个院落，中心为 F1 的大型殿基遗址，周边发现柱础槽十一处，应为面阔五间进深三间房屋式建筑。II 号院落在墓园的位置居中，由三道围墙组成，中间是天井式建筑，北侧有大型殿堂殿基。III 号院落由三道围墙组成，周边有十几座小型房舍类建筑，应为工作人员使用的园寺吏舍。墓园中 I 号院落的 F1 建筑可能为寝殿，II 号院落主建筑可能为便殿，III 号院落为园寺吏舍

195

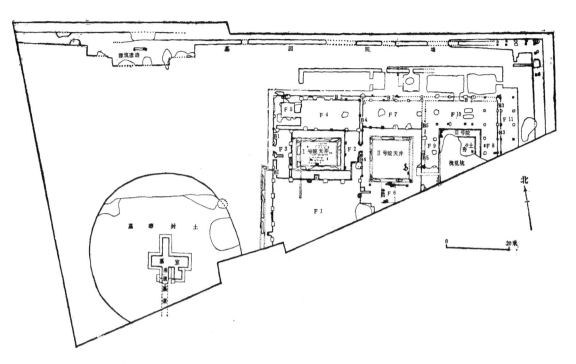

图 6-5　洛阳市白马寺镇墓园遗址发掘平面图

等附属建筑。墓室属横前室的多室砖券墓，坟丘距墓园殿基 6 米，虽然南侧的部分墓园损毁，但大致可以看出陵园与寝园东西方向并置的布局。这种布局方式与东汉刘秀的光武原陵自左向右的墓冢、石殿、寝殿、便殿、园寺吏舍的空间布局基本一致。因为墓室后室出土了五件玉衣片，可推知墓主人身份不低于列侯级别。白马寺镇东汉墓具备典型的皇家陵园特征，地上的木柱瓦顶结构建筑基本符合东汉帝陵的配置方式，只是面积较小，封土前方的 F1 主殿及其周边发现的三十五块神道柱石残件表明地上祭祀建筑与地下墓室之间的中轴对称关系。

　　宿县褚兰镇发现两座东汉画像石墓，M1"九女坟"墓地面有石祠和墓垣的遗存，M2 建宁四年胡元壬墓除石祠外也发现墓垣的遗存。M1 墓为夫妻合葬多室墓，墓门西向，墓冢四周有墓垣，"九女坟"祠为于墓冢之南。石祠坐北朝南，基座位于南垣墙的正中，两端与垣墙相接，内壁为封土掩盖，墙顶雕刻瓦垄，檐头刻云纹圆瓦当，连檐刻水波纹。因为墓垣、石祠后方与封土相连，地上建筑与地下墓室形成一个建筑整体。M2 墓亦为前堂后室结构，属夫妻合葬墓，地上胡元壬祠及墓垣相对完整（图 6-6），石祠建于墓冢之南，距墓室 2.2 米，两侧山墙与墓垣连接，三者形成一个建筑整体。两座汉墓相距不远，时代接近，石祠均为悬山顶建筑，除了祠堂、墓垣未发现其他地上建筑设施，可知两座墓园面积较小，墓主身份等级不高，封土与祠堂距离较近，地上地下建筑联系更加紧密。

河南省偃师阁楼东汉墓园是一处结构清晰、遗址基本保存完好的东汉家族墓园（图 6-7）。墓园遗址外围有环沟，内部有七座墓葬封土，墓室甬道均朝南向，墓园东侧有一处较大的建筑遗址堆积，应为木柱瓦顶的祭祀类建筑。这类墓园除了 M2 墓面积较大，其余面积相差不多，祠堂与某个墓葬的位置关系不明确，应属于家族祭祀的宗祠，其余六个墓葬属于祔葬墓，整个墓园具有陪葬墓的特征。

河南省卫辉市大司马墓 M1 的北侧发现了一座大型地面建筑遗迹，建筑基址东西长约 12.2. 南北宽约 9.7 米（图 6-8），应为木瓦结构祠堂，建筑四周有鹅卵石堆积的散水遗迹，西侧有一条灰沟，沟内出土大量建筑材料和陶器。祠堂与墓室为对应关系，墓室甬道开口几乎贴近祠堂，显示了祠堂建筑与墓室甬道之间可以连通的关系。类似封土前建有祠堂的墓葬还有武清县的鲜于璜墓，在鲜于璜碑发现地与封土之间，发现了花纹方砖铺地的遗迹，此处距离墓门 6 米，此处遗迹应为祠堂一类的祭祀建筑。

可见，从秦朝将寝殿移至陵园，汉代的祭祀建筑就与墓室形成了相互关联的系统，地面是阴阳两界的界限，两者划分为既关联又独立的丧葬建筑体系。列侯墓及中型墓葬中的陪葬墓、祔葬墓和陪葬坑围绕主墓形成了延伸于地下的建筑系统，既藏尸于幽室，又有陪葬品供"魄"使用；地上形成了以祠堂为中心的祭祀建筑系统，周边的碑、阙、石人、石兽、房舍、

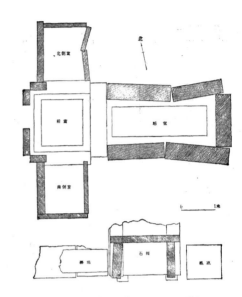

图 6-6　宿县褚兰镇 M2 墓室、石祠、墓垣平面图

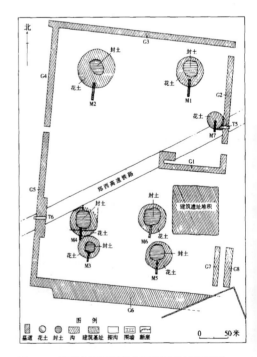

图 6-7　洛阳市偃师阁楼东汉墓园遗址平面图

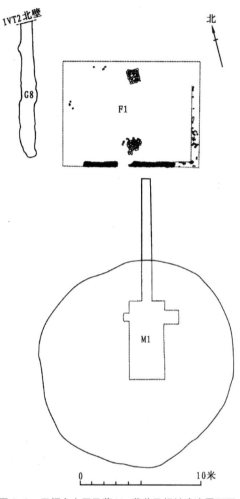

图6-8　卫辉市大司马墓 M1 墓葬及相关遗迹平面图

垣墙等辅助设施，以供生人使用，以祀死者。这两个系统以地面为界可以独立存在，实现各自的功能，同时因为汉代的鬼神信仰使两个系统具有了因果联系。对于中小型墓葬祠堂与封土的前后或者南北之间的距离不会太远，大部分平顶式祠堂和悬山顶单开间祠堂的后部都与封土相连，即便是白马寺镇东汉列侯墓两者也仅 6 米，如卫辉市大司马墓 M1 的甬道实际上是隐喻了墓室与祠堂中相连的虚拟通道，祭祀时墓主人的魂魄既可以升至祠堂享用祭品，接受子孙的祭拜，也可以藏身幽冥不扰生者。

二、墓葬建筑的地上设施体系

汉代中小型墓葬的地上建筑大部分南北朝向，呈中轴对称式布局，外围有的修筑墙垣，有的挖有环沟，形成了一个南向开门的半封闭空间。墓葬地上建筑的选址与所居住宫室的选址方式一致，讲究"聚气"之法。《葬经》描述了堪舆之气"遇风则散，界水则止"，这要求墓葬地上建筑群落的自然环境符合理想的堪舆之礼。因此，墓园大多坐北朝南，祠堂坐于高台之上，进入堂室需"升阶"入室；祠堂后方有高山，高山可以抵御北方的寒风；南方地势开阔，有"正弓"之河，墓园两侧收拢的河流自南方流经，这样既可提供足够的水源也可避免水患冲毁墓园。某些地区的自然环境不符合墓葬建筑的堪舆之法，则采取封土为山、开沟为河的变通办法。墓园中封土居北向高位，封土周边植有树木，汉代对于封土的大小及树木的品种有礼制的规定，《礼纬·含文嘉》引《书钞·冢墓》记载："天子坟高三仞，树以松。诸侯半之，树以柏。大夫八

尺，树以栾。士四尺，树以槐。庶人无坟，树以杨柳。"[1]祠堂作为建筑群
落的核心以及祭祀功能的核心，祠堂侧壁外侧或北向的墓垣环绕封土，其
他墓园建筑大多分布于祠堂南向的神道两侧。按照中小型墓葬较高等级的
建筑规格，祠堂南向沿神道两侧依次有石碑、石翁仲、石兽及树木，门口
立有两阙，阙身两侧有墙垣环绕整个墓园，阙外有成对的石柱或石表标识
墓园位置，神道远端可能有桥梁（图6-9）。整个地上建筑体系自汉代成
熟以来，其配置布局一直沿用至今，大部分祭祀或丧葬建筑多沿用此制。
曲阜市孔林的明清两代地上墓葬建筑群以及泰安市的明代兵刑两部尚书萧
大亨的地上墓葬建筑，基本遵从汉代的丧葬建筑规制，类别和布局基本一
致。这种丧葬规制的稳定性主要源自儒学在历代以来的统治地位，体现了
民众在婚丧嫁娶等事宜中遵循古制的心理。此外，祠堂在这个建筑体系中
的核心地位，使得建筑系统中其他设施的选择与布局必定满足祭祀这个核
心功能，各个设施的作用环环相扣，形成了祭祀这一完整叙事过程。

1.神道与桥

神道即为神行的道路，在墓前所筑的道路称为神道。神道的名称源自
都城祀庙与宗庙中间的道路，所祭祀的天地山川神灵以及历代先王从这
条神道上通过，接受祭祀之礼。而墓园中的"神"就是墓主人或家族的祖
先，这条神道从石柱起始，一直延伸至祠堂入口，经封土下的甬道进入墓
室。可见，并非墓园所有的道路都可称为神道，通往墓园大门的司马道、
修筑墓室祠堂的临时道路、连接院内其他建筑以及院寺吏舍的小路、踏
道、慢道等都不是神道。神道的名称寄托了子孙希望墓主人登仙成神的美
好祝愿，这一理念也贯穿于墓阙及祠堂的画像内容上，意义与汉代的民间

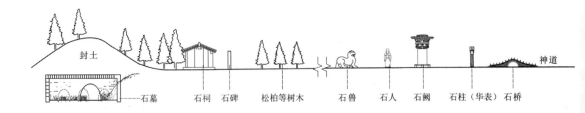

图6-9　汉代墓地设施布局示意图

---

[1]　［清］赵在翰：《七纬》，中华书局2012年版，第279页。

宗教信仰一致。《汉书·霍光传》记载："太夫人显改光时所自造茔制而侈大之。起三出阙，筑神道……"[1]《后汉书·中山简王焉传》亦记载："诏济南、东海二王皆会。大为修冢茔，开神道……"[2]铜山县张集村的永平十七年（74年）杨德安祠堂构石，右壁题记记载："……起石室立坟直万五千泉，始得神道。"汉代神道保存下来的遗迹不多，大多属于踩踏面的道路，到了明清时期如泰安萧大亨墓园的神道因为用条石修筑了台阶和路面，得以保存完好。

很多神道的起始端是石柱，柱上都刻有"神道"的题记。《金石录》中记载了多处石柱题记，如"汉故博士赵傅逢府君神道""汉蜀郡太守任君神道""汉王君神道在南阳""汉故蜀郡属国都尉王君神道封陌"[3]。《隶释》记载了"尚书侍郎河南京令豫州幽州刺史冯使君神道""广汉绵竹令王君神道""故上庸长司马君孟台神道""韦氏神道"[4]等。《隶续》亦记载"有汉征南将军刘君神道"[5]"汉杨侍中文父之神道"[6]等。

与道路有关的设施还有桥。桥在墓葬建筑中不是必需的，很多描述陵园、墓地的文献中极少提及神道起始端的桥梁，但桥对于汉代丧葬礼俗具有重要的象征意义。《水经注·卷三十一》记载："水南有汉中常待长乐太仆吉成侯州苞冢……门表墥上起石桥，历时不毁。"[7]门表在墓园中的意义与石柱等同，都起到标识墓地的作用，门表之下的石桥也是神道的起始。《水经注·卷二十二》记载了汉代宏农太守张伯雅墓园"旧引绥水南入茔域"[8]，墓园引入绥水必然会修筑桥面。神道上桥梁的出现是基于墓园功能的考虑。东汉张衡的《冢赋》中有对自己墓园中沟渠的想象，"列石系以修隧，洽以沟渎，曲折相连，迤靡相属"[9]。在画像石中桥梁在很大程度上替代了石柱、石表，成为神道起始的象征，越过桥梁的车马队伍预示着即将进入墓主人的安息之地。苍山县城前村汉墓题记中描述了送葬的车

[1] ［汉］班固：《汉》书，中华书局2015年版，第2554页。

[2] ［宋］范晔撰、［唐］李贤等注：《后汉书》，中华书局1999年版，第979页。

[3] ［宋］赵明诚撰：《历代碑志丛书·金石录三十卷》，宋龙书刊本，江苏古籍出版社1998年版，第291页。

[4] ［南宋］洪适撰：《隶释》（卷十三），清乾隆四十二年汪氏楼松书屋刊本，第四、七、九页。

[5] ［南宋］洪适撰：《隶续》（卷二），清乾隆四十二年汪氏楼松书屋刊本，第五页。

[6] ［南宋］洪适撰：《隶续》（卷二十），清乾隆四十二年汪氏楼松书屋刊本，第七页。

[7] ［北魏］郦道元著、陈桥驿校证：《水经注校证》，中华书局2017年版，第694页。

[8] ［北魏］郦道元著、陈桥驿校证：《水经注校证》，中华书局2017年版，第496页。

[9] 龚克昌：《全汉赋评注》，花山文艺出版社2003年版，第559页。

马队伍越过"卫桥"进入墓园的场景，"上卫桥，尉车马，前者功曹，后主簿，亭长骑佐，胡便弩。下有深水多鱼者，从兒剌舟渡诸母。"[1] 与题记对应的墓室门楣画像描述了送葬队伍越过桥面的场景，下方有乘舟捕鱼者（图6-10），《淮南子·原道训》也记载了"短袂攘卷，以便剌舟"[2]。值得注意的是，城前村汉墓画像中桥面内侧刻有华表，这表明桥梁修建于华表之间或华表之外，通过桥梁便进入神道，这与"门表壍上起石桥"的记载相符。苍山县兰陵镇出土墓室门楣画像（图6-11）清晰刻画了两排浩浩荡荡的送葬队伍越过桥梁，在墓园的入口有官吏躬身迎接，正如城前村墓题记所言，"驱驰相随到都亭，游徼侯见谢自便"。睢宁九女墩汉墓后室门额（图6-12）上刻有类似的车马队伍过桥的画像，长清孝堂山三角隔梁石东面也有类

似画像。汉代大兴土木之前除了占卜时日，也会依据堪舆之法择址选地，《皇帝宅经》曰："凡这阳宅，既有阳气抱阴，阴宅既有阴气抑阳。阴阳之宅者，既龙也。阳宅龙头在亥，尾在巳，阴宅龙头在巳，尾在亥。"[3] 按照堪舆之法，阴阳宅的玄武方向为环山环抱，朱雀方向有"反弓"形的

图6-10　苍山县城前村墓前室西壁门楣正面

图6-11　苍山县兰陵镇出土墓室画像

图6-12　睢宁市九女墩汉墓后室门额

[1] 张露胜：《山东苍山城前村汉墓题记与画像石考》，《大众考古》2020年第3期，第19-24页。

[2] ［西汉］刘安：《淮南子全译》，贵州人民出版社1995年版，第16页。

[3] ［清］张海鹏编：《学津讨原》（第九集·二十册），广陵书社2008年版，第8页。

池水或河流，环山与河流对墓园呈包围之势。此外，南向的河流可以替换为环绕墓园修筑的环沟，环沟可以阻碍北向较高地势形成的流水对封土及地上建筑的冲击，同时也起到阻挡野兽侵扰墓园的作用。因此，送葬和祭祀的人员及车马若要垮过河流或环沟必然要修筑桥梁，或者建以桥梁暗喻有河流经过。后世陵园很多采用桥梁的设置，昌平长寿山的七孔桥就是明十三陵神道中的桥梁，在定陵神道起始也建有一座石桥，桥后是赑屃驮的石碑，其后才是青石铺设的神道。桥梁下方的河流不再是保护墓园的环沟，而是逐步赋予了阴阳两界分隔的象征意义，桥梁与石柱、石表一样成为墓园的标示，正如东汉宗庙祭祀时要出城跨越渭河一样，墓园的石桥也有相近的意义。

2.石柱

除了桥梁，石柱（石表）也是墓园的主要标志物。《后汉书·光武十王传》中李贤注曰："墓前开道，建石柱以为标。谓之神道。"[1]很多汉代石柱的造型采用圆形多棱形式，与墓室的中雷柱一样体现了一定的域外风格。而华表在文献中有多处记载，其多为木制，顶端插有一云板，原为纳谏或指路的木柱。西晋崔豹在《占今注·问答解义》中阐述了华表的作用："程雅问曰：'尧设诽谤之木，何也？'答曰：'今之华表木也。以横木交柱头，状若花也。形似桔槔，大路交衢悉施焉。或谓之表木，以表王者纳谏也。亦以表识衢路也。秦乃除之，汉始复修焉。今西京谓之交午也。'"[2]两者均是大型建筑门前的标志物，汉代陵园的修筑按照"事死如事生"的观念，将生前府宅的建筑也移用作墓葬设施。郦道元记载了多处汉墓前的石柱，《水经注·卷九》云："县故城西有汉桂阳太守赵越墓，冢北有碑……碑东又有一碑，碑北有石柱、石牛、羊、虎俱碎，沦毁莫记。"[3]《水经注·卷二十二》记载张伯雅墓"有数石柱"[4]。《水经注·卷三十一》记载汉安邑长尹俭墓"石柱西南有两石羊"[5]。《隶续·卷五》记载了十三交趾都尉沈君神道两侧的两石柱，其题记分别为"汉谒者北屯司马左都侯沈府君神道"和"汉新丰令交趾都尉沈府君神道"，洪适描述

［1］［宋］范晔撰、［唐］李贤等注：《后汉书》，中华书局1999年版，第979页。
［2］［晋］崔豹：《古今注》（卷下），清代练江汪述古山庄刻本，第八页。
［3］［北魏］郦道元著、陈桥驿校证：《水经注校证》，中华书局2017年版，第215页。
［4］［北魏］郦道元著、陈桥驿校证：《水经注校证》，中华书局2017年版，第497页。
［5］［北魏］郦道元著、陈桥驿校证：《水经注校证》，中华书局2017年版，第694页。

它们"上有朱鸟，其旁有龙虎，又其上有双凤翔舞之状"[1]。汉三大尉刘宽神道前的二石柱刻有"汉太尉刘公讳宽字文饶""汉太尉车骑将军特进昭烈侯刘公神道"的题记，洪适描述它们"其上皆有螭，左右向其下有一兽面，两旁颇不具或打碑人所省"[2]。

《汉书·游侠·原涉传》中记载了原涉仿照尹曹氏修筑神道，立华表标示道路，并上刻题字"南阳仟"，其文曰："初，武帝时，京兆尹曹氏葬茂陵，民谓其道为京兆仟。涉慕之，乃买地开道，立表署曰南阳仟。"[3] 在已发掘的汉代建筑遗迹中出土了少量墓园石柱，证明了石柱之于神道及墓葬的作用。济南市历城出土的东汉"琅琊相刘君"石表采用束竹柱式（图6-13），属典型罗马立柱样式。上、中、下部各有一圈束带，柱上部磨平，方形，其上篆书刻字，仅残余"邪相刘"三字，另一侧有后人题记"琅琊相刘君墓表……"等字，柱身中部两侧各浮雕一螭虎。北京市石景山区老山街道出土了幽州书佐秦君神道石柱两根（图6-14），两柱柱额分别刻有"汉故幽州书佐秦君之神道"题记（图6-15），额下有神兽抱柱，下有二爬虎底座，从阙身构件题记可知此柱为"永元十七年四月"制。目前所发现的汉代石柱大多缺少顶部柱盖构件，而南朝吴平忠侯萧景的陵园中一个神道柱石（图6-16）基本保存完整，虽雕刻题材体现了一定的佛教主题，但仍可据此推知汉代石柱的结构。神道石柱总高6.5米，柱盖呈仰莲式，柱盖上有神兽，柱身有瓜棱纹二十道，上端刻有双螭纹雕刻，柱下为双螭雕刻石座。柱额右侧雕刻缠枝纹饰，左边雕刻有四躯光头僧佛像，皆赤腿执花，披衣袒肩，其上门梁左行反书

图6-13　东汉"琅琊相刘君"石柱

图6-14　东汉幽州书佐秦君神道石柱

［1］［南宋］洪适撰：《隶续》（卷五），清乾隆四十二年汪氏楼松书屋刊本，第二十二、二十三、二十四页。

［2］［南宋］洪适撰：《隶续》（卷五），清乾隆四十二年汪氏楼松书屋刊本，第二十四、二十五页。

［3］［汉］班固：《汉书》，中华书局2015年版，第3192页。

图 6-15　东汉幽州书佐秦君神道石柱题记　　　　图 6-16　1909 年—1917 年谢阁兰拍摄的
　　　　　　　　　　　　　　　　　　　　　　　　　　　　　　南朝吴平忠侯萧景墓神道柱石

雕刻"梁故侍中中抚将军开府仪同三司吴平忠侯萧公之神道"三十二字题
记[1]。石柱底座圆雕三名长发赤足肉袒仙人托举此柱，其下有绳纹和交龙
纹装饰。可见，神道石柱包括下方的底座、中间的柱身、顶部的柱盖或云
板，柱额大多刻有题记，表明神道所属墓园主人的身份。

3.墓阙

　　阙成对分布于神道两侧，位于墓园入口，是进入墓园的标志物。如果
桥梁和石柱用于标示墓园的位置，那么穿过石阙就意味着进入墓园的内
部。阙在汉代是大型建筑的入口，"阙"即为"缺"，意为墙垣的缺口，远
观可表宫门，居上可远观。《说文解字》曰："阙，门观也，从门。宫门外
两边的楼台。"[2]很多文献都著录了汉代石阙建筑，描述了冢茔、石阙及其
相连的墙垣与四角罘罳的空间关系。《水经注·卷二十二》记载了平阳侯
相的蔡昭冢，"冢有石阙，阙前有二碑"[3]《水经注·卷三十一》记载了汉

[1] 何召锋：《金陵南朝石刻遗存艺术特征分析——以萧景墓神道石刻为例》，《南京工业职业技术学院学报》2017 年第 4 期，第 41-43 页。
[2] 汤可敬译注：《说文解字》，中华书局 2020 年版，第 2489 页。
[3] ［北魏］郦道元著、陈桥驿校证：《水经注校证》，中华书局 2017 年版，第 496 页。

安邑长尹俭墓，"冢西有石庙，庙前有两石阙"[1]。《汉书·董贤传》记载："又令将作为贤起冢茔义陵旁，内为便房，刚柏题凑，外为徼道，周垣数里，门阙罘罳甚盛。"[2]《水经注·卷二十四》云："漆沟水侧有东平宪王苍冢，碑阙存焉。"[3]《水经注·卷三十一》记载了两座石楼，此石楼应为墓前双阙，且阙上刻有题记，文云："水南道侧有二石楼，相去六七丈，双峙齐竦，高可丈七八，柱圆围二丈有余，石质青绿，光可以鉴，其上栾栌承栱，雕檐四注，穷巧绮刻，妙绝人工。题言：蜀郡太守姓王字子雅，南阳西鄂人，有三女无男，而家累千金，父没当葬，女自相谓曰：先君生我姊妹，无男兄弟，今当安神玄宅，翳灵后土，冥冥绝后，何以彰吾君之德？各出钱五百万，一女筑墓，二女建楼，以表孝思。"[4]

汉阙造型变化多样，有莒南元和二年（85年）孙氏阙类型的小型碑阙（图6-17），由阙顶、阙身、基座组成，造型似碑，有的中心有"穿"；大部分汉阙属于单阙，如渠县北土溪赵家坪的永兴二年（121年）冯焕阙（图6-18）；以嘉祥建和元年（147年）武氏阙（图6-19）为代表的双阙数量较少，《后汉书·侯览传》就记载了高达百尺的侯览双阙，"又豫作寿冢，石椁双阙，高庑百尺"[5]；三重阙未见遗存，但《汉书·霍光传》中有相关记载："太夫人显改光时所自造茔制而侈大之。起三出阙，筑神道……"[6]

现存石阙大约57处，主要分布于四川省、山东省、江苏省、重庆市、河南省等地，除了嵩山的元初五年（118年）太室阙、少室阙属祭祀天地山川的庙阙，嵩山的延光二年（123年）启母阙（图6-20）属祭祀先祖神灵的庙阙，其余都属于墓阙。嵩山是历代统治者朝拜和祭祀的神山，嵩山有两座主峰，东为太室，西为少室。《汉书·郊祀志》记载："及秦并天下，令祀官所常奉天地名山大川鬼神可得而序也。于是自崤以东，名山五，大川祠二。曰太室。"[7]《汉书·地理志》曰："郾，郏，舞阳，颍

[1] [北魏] 郦道元著、陈桥驿校证：《水经注校证》，中华书局2017年版，第693页。
[2] [汉] 班固：《汉书》，中华书局2015年版，第3207页。
[3] [北魏] 郦道元著、陈桥驿校证：《水经注校证》，中华书局2017年版，第560页。
[4] [北魏] 郦道元著、陈桥驿校证：《水经注校证》，中华书局2017年版，第696页。
[5] [宋] 范晔撰、[唐] 李贤等注：《后汉书》，中华书局1999年版，第1704页。
[6] [汉] 班固：《汉书》，中华书局2015年版，第2554页。
[7] [汉] 班固：《汉书》，中华书局2015年版，第1100页。

图 6-17　莒南县元和二年孙氏阙阙身

图 6-18　1909 年—1917 年谢阁兰拍摄的
永兴二年冯焕阙

图 6-19　嘉祥县建和元年武氏阙

阴，崇高，武帝置以奉太室山，是为中岳。有太室、少室山庙。"[1]启母阙位于启母庙的神道前，启母就是涂山氏，是夏朝的始祖神，《史记索隐》引《世本》曰："涂山氏女名女娲，是禹娶涂山氏女号为女娇也。"[2]"女娇"即为"女娲"。

汉阙因地域的差别也形成了不同的建筑风格。山东地区具有较早建造石阙的传统，目前保存下来的早期石阙很多分布于此，约 14 处。山东地区保存下来的石阙具备明显的早期特征，大部分建造于西汉晚期至东汉早期，属于石阙形成的初始阶段。早期石阙没有模仿木制建筑结构，多采用柱形或碑形，是石柱和石碑到石阙演变的过渡阶段。滕州汉画像艺术馆收藏的

[1]　[汉]班固：《汉书》，中华书局 2015 年版，第 1402 页。
[2]　[汉]司马迁：《史记》（夏纪），南宋建安黄善夫家塾刊本，第十九页。

一对无铭阙整体呈石柱状，顶部为圆首式，无檐顶，两面有阴线刻画像，属于典型的柱型阙。泰安岱庙的"师旷墓"无铭阙阙身为柱形，四面雕刻画像，顶部有四阿式阙檐。曲阜孔庙神庖殿藏有三座石阙，属东汉早期，分别为阙里阙、鲁贤阙、鲁灵阙，均为多石叠垒，呈柱形，四面雕刻画像，唯鲁贤阙保存阙顶。碑型阙阙身呈碑状，结构大多上有阙檐、下有基座。早期碑型阙阙身采用了有穿汉碑的造型，如临沂市博物馆和沂南诸葛亮祠藏两座"有穿碑阙"，其与临近的苏北地区的碑阙造型风格相似，造型轻巧。

图 6-20　1907 年沙畹拍摄的太室阙、少室阙、启母阙

莒南元和二年孙氏阙阙身为碑形，三面雕刻，正面和左侧刻画像，右侧刻有题记，为"元和二年正月六日，孙仲阳□升父物故，行□□礼□，作石阙，贾值万五千"，顶部有榫槽，上插重檐阙顶。文登市图书馆藏有一对登州建初六年（81 年）司马长元石门阙，属碑型阙，两石分别刻有"□□武威西狄道司马长元石门""建初六年十月三日成"的阙铭[1]。临近的荣成市荫子镇三冢泊村的汉代墓冢旁也发现了"昌阳严"石阙，也属于早期碑型阙[2]。莒县博物馆藏的一对光和元年（178 年）孙熹阙建造时间较晚，也属于碑型阙，两阙身中央各有一圆一方穿孔。此外，山东的平邑博物馆藏有平邑元和三年（86 年）皇圣卿阙、平邑章和元年（87 年）功曹阙，两石阙造型较为成熟，顶部结构明显模仿了木构建筑，造型挺拔干练，有蜀阙之风。此时山东地区石阙建造进入了成熟期。以嘉祥建和元年武氏阙为代表的子母阙与嵩山三阙风格相似，造型雄厚敦实，

［1］张云涛：《文登司马长元石门及相关问题》，《汉代石刻研究——首届济宁汉代石刻国际研讨会论文集》，中国书画出版社：香港，2010 年，第 240-245 页。
［2］"昌阳严"石阙现藏于荣成博物馆，发现于荣成市荫子镇三冢泊村的汉代墓冢旁。石阙高约 2 米、宽约 0.5 米、厚约 0.2 米到 0.3 米，碑形，无画像，阙正面刻"昌阳严"三字隶书，背面刻"严掾高"三字隶书。"昌阳"为西汉昌阳县，治所在文登宋村镇。"掾"为副官佐一类小吏。石阙题记表明墓主人是昌阳县名为严高的佐官。

属东汉晚期石阙的代表。

四川、重庆地区保存的墓阙最多，包括建武十二年（36年）李业阙、永元六年（94年）王文康阙、永兴二年（121年）冯焕阙、建安十年（209年）高颐阙等保存基本完好的双阙共计30处。这一地区的汉阙造型高大挺拔、阙身纤长。江苏省墓阙大都分布于苏北地区，有2004年徐州汉画像石艺术馆征集的一对"有穿碑阙"（图6-21）、铜山区江庄镇征集的梯形阙、永宁元年（120年）圆首碑阙、2000年和2013年徐州汉画像石艺术馆征集的两块碑阙、两座永元元年（89年）方形阙，共7处。河南省正阳县有贾氏阙。北京市石景山发现了元兴元年（105年）秦君阙。甘肃酒泉瓜州县1990年发现了踏实阙（图6-22）。此阙在现存汉阙中最为高大雄伟，其子母阙为土坯砌成，整个墓园的神道、墙垣、封土虽风化严重，但墓园结构布局清晰可见。

图6-21　徐州汉画像石艺术馆藏"有穿碑阙"

汉代画像不仅雕刻于墓室、祠堂，具有重要标识意义的石阙也大多装饰有画像和题记。有些墓阙在整个墓园体系中兼具了祠堂和石碑的作用，有些小型墓葬没有建造专门的祠堂，封土前仅设祭台，入口墓阙的画像就暗喻了对祖先的祭祀；而有些碑阙，尤其是鲁西、苏北一带的"有穿碑阙"基本模仿了汉碑的形制，上方记述的题记表明了石碑在祭祀礼制中的作用。郦道元记载了几处汉阙上的雕刻内容，《水经注·卷二十三》云："城南有曹嵩冢，冢北有碑，碑北有庙堂，馀基尚存，柱础仍在。庙北有二石阙双峙，高一丈六尺，椽栌及柱皆雕镂云矩，上罩盖已碎，阙北有圭碑，题云：汉故中常侍长乐大仆特进费亭侯曹君之碑，延熹三年立。"[1]《水经注·卷二十八》云："县南有黄家墓，墓前有双石阙，雕制甚工，俗谓之黄公阙。"[2]

北京石景山的东汉幽州书佐秦君墓园中与石阙一块出土的还有一根

[1]　［北魏］郦道元著、陈桥驿校证：《水经注校证》，中华书局2017年版，第530页。
[2]　［北魏］郦道元著、陈桥驿校证：《水经注校证》，中华书局2017年版，第639页。

石柱，此柱或为墓阙的一部分，上刻题记两则，正面为"永元十七年四月，板令改为元兴元年。其十月，鲁工石巨宜造"，侧面刻有长篇阙铭

图 6-22　甘肃省酒泉瓜州县的踏实阙

"乌还哺母"（图 6-23）。题记借"慈乌反哺"的典故赞扬秦君侍亲的孝举和俭德，题记内容、韵文形式与永兴二年（154 年）芗他君祠堂石柱、永寿三年（157 年）许安国祠堂、永和二年（136 年）临为父刻石上的题记如出一辙，皆为祭祀仪式中诵唱之辞，其文曰："维乌维乌，尚怀反报，何况于人，号治四灵，君臣父子，顺孙弟弟。二亲薨没，孤悲恻怛，鸣号正月，旦夕思慕洆心，长网五内。力求天命，年寿非永，百身莫赎。欲广庙祠，尚无余日。呜呼，匪爱力财，迫于制度，盖欲章明孔子葬母四尺之裔行上德。比承前圣岁少，以降昭皆，永为德俭。人且记入于礼。秦仙爰敢宣情，征之斯石，示有表仪。孝弟之志，通于神明。子孙奉祠，欣肃慎焉。"[1]嘉祥武氏祠入口双阙也刻有长篇阙铭，其中西阙第五层刻有"建和元年，大岁在丁亥，三月庚戌朔，四日癸丑，孝子武始公、弟绥宗、景兴、开明，使石工孟孚、李弟卯造此阙，直钱十五万：孙宗作师子，直四万。开明子宣张仕济阴，年廿五，曹府君察举孝廉，除敦煌长史，被病天殁，苗秀不遂。呜呼哀哉，士女痛伤。"[2]此外，成都永和元年（97 年）王君平阙也刻有长篇阙铭，石阙正面刻有"永元九年七月己丑，犍为江阳长王君平君，字伯鱼"，侧面刻有"永寿元年，孟秋中旬，已酉之日，王

［1］郭沫若：《"乌还哺母"石刻的补充考释》，《文物》1965 年第 4 期，第 3 页。
［2］蒋英炬、吴文琪：《汉代武氏墓群石刻研究》，人民出版社 2014 年版，第 9 页。

求人进赵，率孝子孟恩、仲恩、叔廉，忉惶悔厉，□□消荆，斯志颠仆，心怀不宁，发愤修立，以显光荣。惟乾动运，川道静贞，大人淑□，□川之灵，十六适配，教诲有成，来□□瑛，束修舅姑，洁以不顾，年逾七十，如□如□，阴阳丧度，三纲离道，明星陨落，□□□表，寝疾固绔，大命催□，魂灵归□□□。"[1]

上述三篇题记可知，阙铭兼具了神道柱石上的墓主人的标示信息、类似祠堂题记的造价信息以及祠堂题记中常见的诵唱祭文。可见，神道石、墓阙、祠堂上的文本具有一定的通用性，每种文本都可以起到辅助祭祀礼仪的作用。对于汉代墓葬规制而言，这三种建筑并不是墓园修筑的必选项，可以根据墓主家族的财力，地方的丧葬风俗选择适当的建筑群落，任意地选择和组合都可以完成祭祀流程和墓园系统构建，而对于列侯及以上等级的陵园，三者在功能上区分才会明显。

图6-23 东汉幽州书佐秦君石阙阙铭

4.石人

阙内神道两侧常立有石人。目前已发现的汉代石人大多属于地上丧葬建筑的一部分，除如都江堰出土的建宁元年(168)蜀郡李冰一类石人具有镇水的作用外，大部分石人体型高大不应出自墓室，而是属于墓园设施的一部分。因为石人可能由于地表径流冲瘀或人为的挪动，发现地周边大多没有相关建筑遗迹，它与周边墓葬及环境的关系无法确定，这就给了解石人的作用带来了一定的困难。同时，目前已知的汉代中小型墓葬地上建筑中均没有发现石人，仅有能确定与墓葬关系的石人有两处，一处为藏于曲阜汉魏碑刻陈列馆的"汉故乐安太守麃君亭长"及"府门之卒"石人，阮元《山左金石志》、牛运震《金石图》、洪颐煊《平津馆读碑记》等对此石人均有著录，墓主乃东汉桓帝时期任乐安国相的廲季公；一处为藏于山东博物馆的一对捧盾拥彗石人（图6-24），其1957年发现于曲阜陶洛村南，同时出土的还有断为数块的有穿石碑，推测为某太守墓园的镇墓石人。邹城博物馆藏有1965年西关村出土的执物石人（图6-25），高160厘米。另有一个北京市丰台区永定河床出土的捧盾石人（图6-26），身高150厘米，应为墓园镇墓石人。两汉帝陵也没有使用石人的传统，可能使用了等级更高"金人"。

历史文献中石人有"翁仲"和"石像生"之称。翁仲一词最早见于《淮南子·氾论训》，云："秦之时，高为台榭，大为苑囿，远为驰道，铸金人……"[1]东汉高诱在其后注曰："秦皇帝二十六年，初兼天下，有长人见于临洮，其高五丈，足迹六尺。放写其形，铸金人以象之，翁仲、君何是也。"[2]阮翁仲在秦时镇守甘肃一带，被匈奴人所畏惧，死后形象被筑为金人立于城门上，起到镇守威慑的作用。这里的金人应为汉代的铜人，《汉书·匈奴传上》记载了公元前121年春，霍去病击败匈奴后"得休屠王祭天金人"[3]，这里的金人亦为铜人。翁仲本为抗击匈奴的将军，死后被筑铜身塑像用于镇守都城，按照汉人"事死如事生"的信仰，可以想象汉代帝陵神道两侧也会立有翁仲的铜像镇墓，而级别更低的列侯可能会使用石像翁仲置于墓园。为了在神道两侧对称布置石像，汉人想象出文武两种翁仲，一位执盾，一位执彗。同时神道两侧还置有各类石兽，石人和石兽统称为石像生，即为"如生前仪卫之石像"。唐代封演的《封氏闻见记·卷六》记载："秦汉以来，帝王陵前有石麒麟、石辟邪、石象、石马之属；人臣墓前有石羊、石虎、石人、石柱之属；皆所以

图6-24　曲阜市陶洛村东汉石人

［1］　［西汉］刘安：《淮南子全译》，贵州人民出版社1995年版，第775页。
［2］　刘康德：《淮南子直解》，复旦大学出版社2001年版，第682页。
［3］　［汉］班固：《汉书》，中华书局2015年版，第3236页。

The Age of the Immortals

图 6-25　邹城市西关执物石人俑　　　图 6-26　北京市丰台区永定河床出土的捧盾石人

表饰坟垄，如生前之像仪卫耳。"[1]其他文献也有石人的记载，《风俗通义·怪神》记载："汝南汝阳彭氏墓，路头立一石人，在石兽后。"[2]《水经注·卷二十二》描述了弘农太守张伯雅墓前的"碑侧树两石人"[3]。因此，陵墓前面及神道两侧的文武官员石像，成为中国两千年来上层社会墓葬及祭祀活动的重要组成部分。

　　在山东及周边地区发现了一批汉代胡人石像，常为头戴尖帽、手置胸前、跽坐的形象，与汉人头戴帽冠、身穿长袍的装束差异较大。这些胡人石像多为单独出现，与其他石像没有明确的联系。汉墓和祠堂中胡人画像较为常见，有"胡汉交兵""献俘图"等主题，可见胡人像与汉代丧葬有密切关系。目前已知的胡人石像有青州瀑水涧胡人石雕像（图 6-27）、临淄徐家庄胡人石雕像（图 6-28）、临淄左家庄胡人石雕像、临淄徐姚村胡人石雕像、兖州尧祠胡人石雕像等多处，主要发现于山东地区。都江堰李冰石人像与北京永定河石人像均出土于河岸及河床，兖州尧祠胡人石像发现于兖州城东泗河金口坝附近。此外，泗河滩金口坝还出土二尊延

[1]　[唐]封寅：《封氏闻见记》，学苑出版社 2001 年版，第 143 页。
[2]　[东汉]应劭：《风俗通义》（卷九），上海涵芬楼借常熟瞿氏铁琴铜剑楼藏本。
[3]　[北魏]郦道元著、陈桥驿校证：《水经注校证》，中华书局 2017 年版，第 496 页。

昌三年（514 年）无头石人像，石像的背部及臀下都刻有铭文，臀部刻有"此石人令守桥堰人蛟不得毁坏有辄毁坏殃及万世"，背部铭文漫漶严重，其中有"大魏延昌三年……将军兖州刺史河南元匡咨洙川不浚……于洙水之南，起石门人于泗津之下……纪时事书于四石人背而已……"[1] 青州胡人石像出土于青州瀑水涧一条古河道边，瀑水涧临驼山与云门

图 6-27　青州市瀑水涧　　图 6-28　淄博市临淄徐家庄胡人石像
　　　　　胡人石像

山；临淄徐家庄、徐姚村胡人石像出土于临淄大道中段北侧，毗邻淄河及太公湖；临淄左家庄石人立于金山上，可远望淄河。从出土地的规律可以推测这些单独出现的胡人石像可能具有典型的祭祀自然神祇及镇水作用，而原本位于神道两侧的石翁仲，如永定河捧盾石人，也像胡人石像一样被后人赋予了镇水的意义，移至岸边。

　　胡人石像源自匈奴的祭天神像，霍去病带回的"祭天金人"即是如此，新疆及中亚草原上广泛分布着众多石堆墓和石人像，如甘见库热庙内的石人就是亚欧草原游牧民族典型的丧葬祭祀之物。这种尖帽、高鼻、深目的胡人石像借鉴了西域民族的天神形象，在秦汉之际被汉人引入关内，当作宫殿的装饰物，目的是借西域之天神震慑与两汉连年交战的匈奴军，祈求国泰民安。位于宫殿外侧的"金狄"铜象也被用于王侯的墓葬装饰，并将这种葬俗下沉至民间。在临沂吴白庄东汉墓中的过梁立柱（图 6-29）上就出现了大量立体雕刻的胡人形象，宋山再建墓出土第二批画像石第二石中的"胡王献俘图"，以及广泛出现于祠堂壁面及墓室横梁石上的"胡汉交兵"画像等都体现了西域神祇在辟邪、镇墓中的作用。而石翁仲与胡人石像在汉代丧葬礼俗中作用有所不同。石翁仲成对出现于神道两侧，

[1]　徐龙国：《山东发现的汉代大型胡人石雕像再研究》，《美术研究》2017 年第 3 期，第 32+41-46 页。

图6-29　临沂市吴白庄东汉墓前室中过梁北立柱、
　　　　前室西过梁南立柱

或执笏板，或执彗，或执盾，或执剑，以武士或官吏的形象为墓主人守门，而胡人像较少发现成对出现的，踞坐的石像象征着西域的神祇，镇守陵园所在的山川河流。由于与北方匈奴的连年战事，双方不断有人员的徙动，更多异域文化被带到中原，胡人形象开始在民间广为流行。因为山东地处黄河及其他河流泛滥的冲瘀区，人们将对洪水等自然灾害的恐惧寄托于各类神灵的保护，这一时期掌握天地山川的自然神借鉴了胡人的形象被创造出来，同时山东及其周边地区又有大型石刻的建造传统，使得这一带发现较多的胡人石像。原本祭祀的胡人石像被后人移至河边，赋予其镇水的作用，同为石人的翁仲亦是如此，所以大部分石人的发现地远离墓葬却近水边。汉人对洪水的恐惧从雕凿李冰石像可见一斑，《华阳国志·蜀志》称赞李冰治理岷江的功绩，"灌溉三郡，开稻田，于是蜀沃野千里，号为陆海，旱则引水浸润，雨则杜塞水门。"[1]不过，三百余年后的建宁元年立像时，李冰早已成仙，化身为镇水之神，李冰石像也成为一尊神像，其左臂刻有题记可证："尹龙长陈壹造三神石人珍水万世焉"[2]（图6-30）。

中原与西域交流频繁，除了西来的胡人神像，还有佛教中的某些神祇。与胡人石像同时期出现的神祇有江苏省徐州市、安徽省淮北市一带发现的尖齿、持剑的阴线刻道士石人，有山东省临沂市沂南北寨汉墓立柱上的项光佛像以及四川省乐山市麻壕崖墓的享堂顾枋上的项光浮雕佛像。此外，江苏省连云港市孔望山东汉摩崖石刻造像集中体现了西来佛教与本土道教融合的过渡阶段。此处原建有木柱瓦顶结构的宗教祭祀建筑，建筑后壁与摩崖相接，壁面东西长18米、高8米，雕刻摩崖造像89尊，其中有老子及供养人、黄帝及关令尹喜四尊道教造像，其余均为佛教造像，表

[1]　［晋］常璩著、陈晓东校点：《二十五别史（华阳国志）》，齐鲁书社2000年版，第30页。
[2]　四川省博物馆：《都江堰又出土一躯汉代石像》，《文物》1975年第8期，第89~90页。

现了"俘图涅槃"变相图。建筑南侧有汉代石象及石蟾蜍，北侧有祭祀用的"石承露盘"和"杯盘刻石"。除此之外，邹城市唐村镇前葛村西发现了一尊四面胡人踞坐石像，头戴尖帽、深目、高鼻，现藏于邹城博物馆（图6-31）；临沂市博物馆藏有一四面胡人全身立像，单手执物，似邹城西关执物人石俑；烟台市牟平汉墓中也发现了三尊多面胡人石像，其中一尊上刻"急急如律令"等常见的随葬文书语句。战国《尸子》中经子贡提及"古者黄帝四面"，这三例四面胡人石像可能表现了黄帝"使治四方"的功绩，但造像形式本身并不是中原本土的造像方式，而是杂糅了多种异域宗教元素，塑造了这一特殊时期的神祇形象。

东汉是多种宗教思想混杂并融合发展的时期，既有两河流域的美索不达米亚文明，也有南亚次大陆的恒河文明，以及本土的儒教、道教思想的萌芽，民间的丧葬礼俗吸收了各种宗教和文化，画像和雕塑也体现了多种异域风格。

图6-30　东汉李冰石人

5. 石兽

在阙门与祠堂之间的神道两侧，除了分布有石人，还有种类丰富的石兽，如辟邪、天禄、石狮、石虎、石羊、石马、石象、石驼等。这些秦汉之际的瑞兽"翼列"在神道两侧，既守护墓园不受侵扰，又可以护送墓主人升仙。历史文献中对这类象征永恒的石雕作品有丰富的著录。石兽中最常见的是狮子，《水经注·卷二十三》记载："汉熹平中某君所立。死因葬之，其弟刻

图6-31　邹城市前葛村四面胡人踞坐石像

石树碑，以旌厥德。隧前有狮子、天鹿，累砖作百达柱八所，荒芜颓毁，凋落略尽矣。"[1]《水经注·卷三十一》记载汉安邑长尹俭墓的"阙东有碑，阙南有二狮子相对"[2]。嘉祥武氏家族墓园有两只东汉石狮相对而坐，武氏阙铭云："孙宗作师子，直四万。"[3]1907年沙畹考察武梁祠时，下部淤积于地下的石阙前并没有石狮的迹象，可能由于黄河泛滥冲移了原本位置，也可能人为挪为它用，石狮发现于石阙一侧的坑中。1964年在建造保护室时将石阙原址整体提升，石狮移至阙前方，类似明清府宅大门石狮的摆放方式。对于整个墓葬建筑系统而言，汉代石狮是否有不同于其他石兽的特殊地位，目前没有明确的考古材料支持，但它确实与翼虎、麒麟等石兽延续下来成为府院大门的镇宅神兽。山东博物馆也藏有两只东汉石狮（图6-32），一只较为完整，颈部刻隶书铭文一行："雒阳中东门外刘汉所作师子一双"。

　　"辟邪"与"天禄"是汉人结合现实动物创造出来的神兽，似鹿而长尾，头长一角者为"天禄"，二角者为"辟邪"。皇象的《急就章》曰："射魃辟邪除群凶"，颜师古注《急就篇》云："射魃、辟邪，皆神兽名"。《水经注·卷三十一》记载："水南有汉中常侍长乐太仆吉成侯州苞冢，冢前有碑，基西枕冈城，开四门，门有两石兽，坟倾墓毁，碑兽沦移，人有掘出一兽，犹全不破，甚高壮，头去地减一丈许，作制甚工，左膊上刻作'辟邪'字。"[4]《金石录》亦记有一文，曰："汉州辅墓石兽膊字……其一辟邪，郦道元所见也。其一乃天禄，字差大，皆完好可喜之，铭文云：天禄。近岁为村民所毁。辟邪虽存，字画已残缺难辨。此盖十年前邑人所藏，今不可复得矣。"[5]河南省和四川省发现的石刻"辟邪""天禄"数量较多，且身体修长，昂首挺胸，保存较好。河南南阳汝南太守宗资墓前出土二只翼兽，膊上刻篆书铭文，一曰"天禄"，一曰"辟邪"。洛阳博物馆藏有孙旗屯村出土的东汉石"辟邪""天禄"一对（图6-33），颈刻铭文"缑氏蒿聚成奴作"。陕西省咸阳市沈家桥发现一对东汉辟邪、天禄（图6-34），现藏于西安碑林博物馆。四川省雅安市的东汉益州太守高颐墓阙

[1]　[北魏]郦道元著、陈桥驿校证：《水经注校证》，中华书局2017年版，第534页。

[2]　[北魏]郦道元著、陈桥驿校证：《水经注校证》，中华书局2017年版，第693-694页。

[3]　蒋英炬、吴文琪：《汉代武氏墓群石刻研究》，人民出版社2014年版，第10页。

[4]　[北魏]郦道元著、陈桥驿校证：《水经注校证》，中华书局2017年版，第694页。

[5]　[宋]赵明诚撰：《历代碑志丛书·金石录三十卷》，宋龙书刊本，江苏古籍出版社1998年版，第268页。

前有两具有翼石兽，即为"天禄"和"辟邪"。芦山市樊敏墓前也有一对"天禄""辟邪"。

石羊也是墓园常见的石兽之一。《墨子·明鬼》记载："昔者齐庄君之臣有所谓王里国、中里徼者，此二子者，讼三年而狱不断……乃使二人共一羊，盟齐之神社……读中里徼之辞，未半也，羊起而触之，折其脚……"[1]《续汉书·舆服志》云："獬豸神羊，能别屈直。"[2]羊既是祥瑞之一，也有辩曲直的美德。山东省临沂市出土的一对东汉永和五年（140 年）孙仲乔石羊（图6-35）极具特色，羊角侧卷成"C"形，体两侧羊毛为同心圆状，一只胸刻铭文"孝子徐侯"，另一只前刻铭文"永和五年大□□□月九日西郭记子丁次渔孙仲乔所作羊"。此外，羊头的形象常出现于画像石墓墓门的门额上，也具有相同的寓意。

典型的汉代石马就是西汉霍去病墓前的"马踏匈奴"石像（图6-36），《史记·卫青霍

图 6-32　山东博物馆藏东汉石狮

图 6-33　洛阳博物馆藏东汉辟邪、天禄石兽

图 6-34　西安碑林博物馆藏东汉辟邪、天禄石兽

[1] 李小龙注译：《墨子》，中华书局 2007 年版，第 120 页。

[2] [梁]刘昭：《后汉书补志》（舆服下），南宋绍兴间刊本。

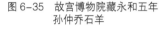

图 6-35 故宫博物院藏永和五年 孙仲乔石羊

图 6-36 1909 年—1917 年谢阁兰拍摄的霍去病墓前的 "马踏匈奴"石像

去病列传》索隐云:"师古曰:在茂陵东旁,冢上有竖石,冢前有石人马者是也。"[1]《西京杂记》也有墓前石马的记载:"入终南山采薪,还晚,趋舍未至,见张丞相墓前石马,谓为鹿也,即以斧挝之,斧缺柯折,石马不伤。"[2]此外,汉代神道两侧还是石鹿、石虎、石猪、石熊等像,也大多蕴含祥瑞之意,不再赘述。

值得注意的是,墓园中的石兽均属陆地上的四足兽,有真实的动物原型,翼虎、麒麟等神兽也是由陆地兽类神化和演变而来的,而祠堂和墓室画像石中常见的朱雀、凤凰、鹤、鱼、龟等瑞兽形象展现了汉人对神仙世界的想象,在神道两侧却不见其踪迹。可见,镇墓石兽的选择与使用不仅是神仙思想的体现,更是源自秦汉之际的宫廷建筑传统。《三辅黄图·长乐宫》记载:"苍龙、白虎、朱雀、玄武,天之四灵,以正四方,王者制宫阙殿阁取法焉。"秦汉时期,宫殿建筑的雕塑多符合"天人感应"的寓意,如汉代长安城内之仙人观、建章宫中高五十丈的神明台、甘泉宫中高三十丈的望仙台、上林苑中高四十丈的飞廉观等建筑都体现了升仙思想。宫廷的塑像大多由青铜铸造而成,这些铜像的寓意也与升仙观念密切相关,有秦始皇在咸阳宫司马门前铸造的阮翁仲铜像,有汉武帝以来铸造的通天台上铜仙人掌擎玉杯、飞廉观上神禽飞廉、神明台上铜仙人承露盘、鲁班门前的铜马、龙楼门上铜龙、建章宫阊阖门高五丈的铜凤凰、武帝庙铜飞龙等。汉画像中羽人、瑞兽的形象就源自这一类建筑之上的仙界情景的想象,而墓园神道两侧的石兽是对汉代宫廷建筑塑像的真实模仿。长

[1] [汉]班固:《汉书》,中华书局 2015 年版,第 2166 页。
[2] [晋]葛洪:《西京杂记全译》,贵州人民出版社 1993 年版,第 190 页。

清孝堂山石祠东壁描绘了西域诸国向汉朝朝拜、进贡的场景，队列当中的骆驼和大象格外引人注目，汉代陵园中也确有石驼和石象。《水经注·卷二十四》记载了汉太尉桥玄墓园中的石驼，"冢东有庙……庙南列二柱，柱东有二石羊，羊北有二石虎。庙前东北有石驼，驼西北有二石马，皆高大，亦不甚凋毁。"[1]《水经注·卷二十三》通过曹嵩墓提及刘秀墓上之石象，"夹碑东西，列对两石马，高八尺五寸，石作粗拙，不匹光武隧道所表象马也。"[2]可以想象汉代时万国来朝的壮观景象，为了长久保存这些西域的狮、虎、马、象等异兽，大多模仿兽类形象以铜铸造，并置于宫殿门口、道路两侧。帝陵前可以摆放铜兽，而列侯及以下等级的墓葬既要还原墓主人生前的仪仗和排场，又不能逾制，故多以石兽模制宫殿前的铜兽。铜兽多被后朝熔铸他用，而石兽保存至今。

三、从庙祭到墓祀的转换

汉代中小型墓葬祭祀的核心位于祠堂，对于先祖的祭祀从城中的宗庙转移到野旷的墓园也仅是在东汉才开始。先秦之际，墓室上方极少有祭祀类建筑，即便如商代帝王等级的妇好墓，其墓室上方也仅发现一块五米见方的建筑遗迹，建造目的应为地下墓葬的标识物或祭祀的功用。从城中的庙祭到野旷的墓祭，始于东汉光武帝上位。刘秀称帝建立东汉以后，面临如何进行宗庙祭祀这一"继统"合法性问题。都城洛阳的高庙中供奉着西汉的十一位皇帝的牌位，而刘秀称帝后发现其辈分与高庙中成帝平辈，高于哀帝和平帝，其身份对于高庙中的十一帝而言显得名不正而言不顺，继承汉室的合法性问题没法自圆其说。光武帝变换了祭祀的地点巧妙解决了这个问题，首先将成、哀、平三帝的牌位从洛阳移至东都长安，建立新的宗庙；其次将刘秀的直系祖先的牌位立于帝陵；第三则把重大祭祀活动的举办地点放在帝陵而不在高庙。这样，洛阳高庙被拆分为二，自光武帝伊始设立了新的祭祀场所，将公众对于先祖祭祀关注的重心由庙祭改为了墓祭。光武帝之后的明帝也立嘱将自己的牌位立于光武帝的原陵中，自此以

[1]　［北魏］郦道元著、陈桥驿校证：《水经注校证》，中华书局2017年版，第545页。
[2]　［北魏］郦道元著、陈桥驿校证：《水经注校证》，中华书局2017年版，第530页。

后的东汉十帝也都将自己的牌位立于原陵之中。这样，自三代以来形成的都城中的宗庙祭祀转到陵园之内。

帝陵的墙垣内外尚有寝殿与宗庙之分。"寝"象征着死者生前休息的场所，寝殿内存放着死者生前穿着的衣物；"庙"是家族祭祀的场所。光武帝之后寝殿建于陵园之内，宗庙建于陵园之外，行祭祀之礼时需将寝殿中的衣冠通过"衣冠道"送至宗庙，等仪式结束后再返还。"衣冠道"将陵园内外寝殿与宗庙的空间连接到一起，在很多列侯等级墓葬中的寝殿合并了宗庙的功能，这种建筑规制也流行于民间。对于中小型墓葬直接用墓园中的祠堂合并寝殿与宗庙的功能，后壁中的"楼阁拜谒图"起到了衣冠及牌位的作用，两侧壁的祭祀图像和下方摆放贡品的祭台则起到了宗庙祭祀先祖的作用。对于没有祠堂的小型墓葬，仅设一个祭台置于封土一侧。

东汉中小型墓葬的石祠大多紧靠封土，有的祠堂后半部分掩盖于封土，祠堂两侧壁外接墓垣成为坟丘的一部分。这种布局方式是因为汉代人相信人死后形成魂魄，魂属阳气，居于祠堂，上升于天，魄属阴气，居于墓室，下沉于地。为了让逝者之魂上升达祠堂，祠堂与墓室的距离大多不远，且有一条"通道"可以让魂穿越封土到达祠堂，秦陵就修有一条甬道连接墓室与寝殿。《史记》记载："二十七年，始皇巡陇西、北地，出鸡头山，过回中。焉作信宫渭南，已更命信宫为极庙，象天极。自极庙道通郦山，作甘泉前殿。筑甬道，自咸阳属之。"[1]秦始皇将自己的信宫改为极庙，且修筑了庙内通往骊山的甬道。现存的孝堂山石祠、朱鲔石室均位于地下墓室甬道的正前方，这也符合汉代陵祠相通理念。《礼记·祭义》记载了孔子答宰我的问题，解释了汉代对于魂与魄的认识，云："气也者，神之盛也。魄也者，鬼之盛也。合鬼与神，教之至也。众生必死，死必归土，此之谓鬼。骨肉毙于下，阴为野土。其气发扬于上，为昭明。焄蒿悽怆，此百物之精也，神之著也……二端既立，报以二礼：建设朝事，燔燎膻芗，见以萧光，以报气也。此教众反始也。荐黍稷、羞肝、肺、首、心，见间以侠瓶，加以郁鬯，以报魄也。"[2]孔子认为人生存之气就是神，即"魂"，人之形骸谓之鬼，即"魄"，魄随骨肉沉于阴土，魂上升于天为

---

[1]［汉］司马迁：《史记全本》，北京联合出版社 2015 年版，第 136 页。

[2] 李学勤主编：《十三经注疏·礼记正义》，北京大学出版社 1999 年版，第 1324—1328 页。

昭明。祭祀魂魄有不同的祭礼，炉炭馨香是祭魂，黍稷、羞肝、肺、首、心、酒等是祭魄。

汉代的丧葬礼俗和丧葬文书中经常出现对死者截然相反的态度，这是汉人对由尸体产生的魂和魄的不同态度造成的。汉代人对逝后产生的魂尊为"神"，"神"由尸体"发扬而上"，经甬道到达祠堂接受子孙祭祀，上天升仙与圣贤为伍，是人人向往之"昭明"。汉代人对似"昭明"一般的"神"的尊崇从自西汉流行的昭明镜中可见一斑，李学勤在《海外访古记》中记载了布里斯托市收藏的一面西汉早期昭明圈带连弧铭带镜，在已发现的昭明镜中其镜铭最为完整，"内清质以昭明，光辉象夫日月，心忽穆而愿忠，然壅塞而不彻。絜清白而事君，怨汙骧之弇明，微玄锡之流泽，恐疏远而日忘。怀糜美之穷皑，外承骧之可说，慕窈窕于灵景，愿永思而毋绝"。"镜赋"借铜镜喻人，内容充满了对"魂"的品质的赞美以及对逝者的不舍。汉代人建立石祠就是为承载亲人的"魂"，让"魂"在升仙前能有所依，永兴二年芌他君祠堂的题记云："起立石祠堂，冀二亲魂零有所依止"，亦是此意。汉人在石祠、阙、石柱等地上设施上刻写的题记是向"魂"的告辞，对于"魂"的态度是向往、尊崇和思念，而下沉于阴土之"魄"则被人们所惧怕，墓室中的解注文、镇墓文等丧葬文书是写给"魄"的，意在表明两世隔绝，勿扰生人。夏鼐在《敦煌考古漫记》中记录了一则朱书陶瓶上的解注文，曰："翟宗盈，汝自薄命早终，寿穷算尽，死见八鬼九坎。太山长阅，汝自往应之。苦莫相念，乐莫相思，从别以后，无令死者注于生人。祠腊社服，微于郊外。千年万岁，乃得复会。如律令。"[1]瓶上直书"翟宗盈"名讳，其独自前往"泰山地狱"，不要思念生者，不要将注病引于生者，且永不相见。此外，建初五年（80年）画庬奴解注文有"生死异路，千秋万岁，不得相注忤，便利生人"，建兴二年（224年）盖颜仲解注文有"生人前行，死人却步"。汉代的买地券中有一部分属于向阴官购买阴宅的宗教性文本，买地券置于墓室中，其内容也体现了厌鬼的思想。永平三年（60年）朱书陶瓶记有"除央去咎，利后子孙，令死人无适，生人无患"，光合二年（179年）王当买地券记有"生人无央咎，令死者无适负，即欲有所为，待焦大花生，铅卷华荣，鸡子

---

[1] 刘昭瑞：《考古发现与早期道教研究》，文物出版社2007年版，第15页。

之鸣，乃与诸神相听"，光合五年（182年）刘公买地券记有"生死异路，不得相妨，死人归蒿里戊己，地上地下，不得苛止……得待焦大豆生叶，段鸡子雏鸣，铅卷华荣……"光合六年（183年）戴子起买地券记有"欲责生人，待乌白头，马生角，乃与神相听"[1]。可见，置于墓室中的解注文和镇墓文的文书语气与"镜赋"完全不同，充斥着对地下死者的厌恶、恐惧，害怕"魄"从地下注于生人，希望人鬼"生死异路"不得相见，并给人鬼相妨约定了一个不可能达到的条件，待"焦豆生叶、熟蛋孵鸡、铅卷华荣"才能与神相沟通。汉代人将尸体演变出来的魂和魄，转变为宗教信仰中的神和鬼，对待神和鬼的不同方式就体现在地上祭祀建筑和地下墓室的修筑中，对鬼的恐惧令墓室深藏地下，对神的敬仰令以祠堂为中心的祭祀建筑规模宏大、气魄非凡，祠堂内部的画像也无一不体现着对神的崇敬。

中国古代神鬼的二元信仰体系割裂了人们对逝者的看法，夏商周三代将祭祀和墓葬分置于城中和郊外，并给予宗庙极高的政治地位和宗教地位；东汉时期祭祀和墓葬之间的距离更密切了，分置于陵园的内外，并由一条"衣冠道"相连；东汉的中小型墓葬则将两者完全合并，祭祀之处就在墓室的侧上方，甚至有一条甬道将两者联系到一起。这种变化体现了汉代人虽然继续信仰神鬼二元观，但会更理性地处理信仰与现实的关系，各种折中的处理办法使得神和鬼之间的距离越来越近，魂和魄的概念也逐渐混合成一个词语。汉代的这种神鬼观是一种普遍性的宗教观念，一直伴随着招魂、入殓、择茔、建祠等丧葬的全过程，哪怕再简陋的墓葬都会有完整的葬仪流程、象征性的陪葬品、地上的封土与列植的柏树。以祠堂为中心的地上建筑体系中有很多设置体现了汉代的神鬼二元观念。光合五年（182年）刘公买地券券文伊始罗列了与丧葬相关的一干阴间诸神，"光和五年二月戊子朔廿八日乙卯，直闭，天帝神师，敢告墓上、墓下……土□、主土、墓□永/□、地下二千石、墓主、墓皇、墓甾、东仟、西仟、南佰、北佰、丘丞墓伯，东……南成北□，魂□□/□、□中游徼、佰门卒史……"[2]南北为阡，东西为陌，以地平面为界限，地下世界墓园四周

［1］鲁西奇：《中国古代买地券研究》，厦门出版社2014年版，第28—39页。

［2］鲁西奇：《中国古代买地券研究》，厦门出版社2014年版，第34页。

的小路有"西仟""南佰"等阴官把守，地上世界的神道石柱上的题记不仅标明墓园主人的姓名，也刻有神道守神的名字，如《汉书》记载了原涉石柱上的"南阳仟"以及尹曹氏石柱上的"京兆仟"的名字。曲阜汉魏碑刻陈列馆馆藏的石人对立于神道两侧，题记称为"汉故乐安太守麃君亭长"及"府门之卒"，而地下世界守护阴宅的守卫在画像石题记中常被称为"魂门亭长"及"佰门卒史"。祠堂前方的石碑大多撰有墓主人官职、生平、德行、子孙的孝行，文末还有赞铭，行文如汉赋，蔚为大观；地下墓葬虽也有类似《河南梁东安乐肥君致碑》这样的道教佳文，但大部分题记和朱书都表述了辟邪、镇墓、解注等与鬼相关的丧葬文书。祠堂和墓室都有丰富的画像图案，但所展示的内容和意义也完全不同，此点前文已有论述。甚至地上与地下的整体建筑风格都完全不同。地上陵园依据府宅、宫殿的中轴对称或水平对称布置，寝殿、便殿、祠庙、阙楼等建筑按照真实建筑规制建造于陵园，建筑群落高大、开阔。虽然在东汉以后多室墓在中小型墓葬中的比例越来越高，但是地下的墓室依然是一个低矮幽暗的狭小空间，与地上建筑挺拔的气魄不可同日而语。虽然汉代丧葬建筑朝着府宅化和生活化的方向发展，但汉代人对于神与鬼的不同定位，使地上与地下两个建筑体系完全朝不同的方向演变。东汉末年，随着黄巾起义以及地方割据势力混战，中原地区也失去了修筑画像石建筑的社会和经济基础，《三国志·文帝纪》引曹丕《典论自叙》曰："黄巾盛于海岱，山寇暴于并冀，乘胜转攻，席卷而南，乡邑望烟而奔，城郭睹尘而溃。百姓死亡，暴骨如莽。"[1]三国北魏时期，随着魏文帝曹丕废除"上陵礼"，要求"无为封树、无立寝殿、造园邑、通神道"[2]，盛极一时的地上祠庙建筑风俗此时宣告终结，后朝也没有如东汉一朝这种全国性的墓园修筑风气，甚至东汉所建的祠堂等地上建筑也被后朝拆毁，构石被挪为他用，仅有少部分用于再建墓中，能够被今人所知悉。但"毁祠"现象仅仅销毁了地表的实物，神鬼二元的信仰却保存下来，在历朝历代的地上宗祠修建、地下墓室布置、撰墓志买地券等丧葬事宜均得以体现和延续。

[1] 许嘉璐编：《二十四史全译·三国志》，汉语大词典出版社2004年版，第33页。
[2] 许嘉璐编：《二十四史全译·三国志》，汉语大词典出版社2004年版，第34页。

兽首人身神怪与十二次神

汉画像石中的大量图像描绘了东西方的神仙世界，东王公、西王母、九尾狐、三足乌、蟾蜍、玉兔等形象成为汉代天空和宇宙的象征，体现了汉代人的神仙观及生命观。在众多仙境描绘中有一类画像显得与众不同。在鲁西南及苏北地区某些汉代祠堂侧壁上，西王母身边常会出现一些身着长袍的兽首人身神怪，他们或为牛首，或为鸡首，或为龙首，或为猪首，像守护神一般跪拜在西王母身边。在山西离石、陕西榆林地区，牛首人身神和鸡首人身神成对出现在墓门立柱两侧，与西王母、东王公形成阴阳呼应。此篇的研究范畴集中于汉代刻画有兽首人身神的画像石、相关的先秦文献及出土器物，在整理此类汉画像资料的基础上试图梳理出从先秦神怪形象、汉代兽首人身神到唐宋十二辰生肖俑的演变过程，论证兽首人身神的本土根源以及与西来佛教因素的演变关系，探索此类形象对于汉代丧葬的意义。

一、兽首人身画像的特点及分布特征

在先秦神话中常赋予神兽人格化的特征，既塑造出人神间形象的差异，又体现出人神之间的转化过程。汉代神兽与仙人存在着相似的形态特征。在汉画像中为了突出瑞兽的神界身份，通常会采用肩生双翼或四肢生翼的方式暗喻瑞兽与众生的不同。在《山海经》《博物志》等志怪著作中，常使用兽身人面的形象表达先秦人们对瑞兽赋予的人性特征以及其所预示的仙界背景。如"有鸟焉，其状如鸡，而白首、三足、人面，其名曰瞿如，其鸣自号也"[1]，"凡北山经之首，自单狐之山至于堤山，凡二十五山，五千四百九十里，其神皆人面蛇身"[2]，"奢比之尸在其北，兽身，人面大耳，珥两青蛇"[3]等内容均赋予了神兽以兽身人面的形象特征，这也是先秦及汉以前人们对兽类人格化的描绘方式。而兽首人身形象在先秦著作中极少出现，《山海经》中仅记载了极少对"人首蛇尾的鼓湖"之类的描述。兽首人身相比人面兽身的形象显然更具人的特征，体现了秦汉神仙系统的体系化与成熟化。汉代社会对西王母形象认知的过程与之相同，东汉画像石中的西王母形象是端坐于仙台之上的贵妇，与先秦"豹尾虎齿而善啸，蓬发戴狲"的人兽混杂形象有了巨大的变化，这是汉人将其从怪到神的地位转变，塑造为更易被普通人接受的形象，体现了原始道教从形成到成熟的发展变化。但兽首人身并非中原地区的传统神仙形象，与两汉之前的丧葬遗存中仙人和瑞兽形象具有明确区别，两者的混杂始于西汉。

　　画像石中的兽首人身形象在西汉就已经出现，山东省临沂市郯城卧虎山二号墓石椁北侧板外面描绘有此类画像。画像中心人物身着长袍，头顶青鸟，脚蹬短靴，鞋头上翘，是一位胡人形象，左侧便有身着长袍的鸡首人身神、马首人身神向其拱手行礼（图F1-1）。早期西王母的形象就是头

图F1-1　临沂市郯城卧虎山二号墓石椁侧板画像

［1］［晋］郭璞注：《山海经》，上海古籍出版社 2015 年版，第 17 页。
［2］［晋］郭璞注：《山海经》，上海古籍出版社 2015 年版，第 99 页。
［3］［晋］郭璞注：《山海经》，上海古籍出版社 2015 年版，第 272 页。

顶的青鸟的样子，《博物志》记载："王母来见武帝，有三青鸟如乌大，夹王母"[1]，描述了三青鸟与西王母之间的联系，而她脚蹬的胡靴暗示其所在的位置与西域有密切的关联。鸡首人身神、马首人身神拜谒西王母的画像石格套出现较早，二者作为昆仑山的辅神与同画面的西王母、造车的奚仲、除疫的方相士共同构成了西方的神仙世界。西王母脚蹬的胡靴暗示其处于匈奴之地，实际上汉画像中有大量与西域相关的画面，暗喻了墓主人西去昆仑、赴西王母求药成仙的美好寓意。"胡汉战争""胡王受降""狩猎图"等画面占据了墓室、祠堂主要的画像空间，其并非简单记录那些与墓主丧葬毫无关联的汉代历史或典故，而是用与西域相关的画面暗喻昆仑仙境和不死仙药，以实现墓主升仙的夙愿。此处的兽首人身神同样暗喻了西域的方位特征，借神人的形象暗示墓主人即将西去的神仙世界。

笔者共搜集兽首人身神画像76幅，其中山东省36幅（含流往日本2幅、法国2幅、德国1幅），陕西省20幅，江苏省8幅，安徽省6幅，山西省5幅，河南省1幅，在地理上形成了东西两个方向的画像风格。陕西省、山西省、河南省等地的此类画像属西方风格，以单体的画像形象居多，雕刻精细，内容单一，缺乏故事情节；山东省、江苏省、安徽省等地的画像属东方风格，此地石质细腻，有利于刻画细节丰富的叙事性情节，刻画神仙群体的画像居多。

陕西省榆林市和山西省吕梁市离石区及周边毗邻地区的画像石出现的时间较晚，大多在东汉晚期，且延续时间短暂，东汉以后画像石墓的丧葬传统基本消失。但此地较好保存了大量画像石墓，这与地处边关、人口稀少并且远离盗墓与后朝破坏有关。此地通常采用砖石混合墓，仅在墓门、横梁及立柱处使用当地出产的砂质页岩雕琢画像，页岩质地松软，易分层，其拓片体现出独特的剪影效果。吕梁市与榆林市分布在黄河两岸，属于汉朝北部边境的西河郡和并州刺史部，是抵御北方匈奴、守护边境的重镇。此处建造汉画像墓的传统是随着东汉对匈奴战事的节节胜利，大量中原汉人驻守边关所带来的丧葬习俗。东汉末年，匈奴进犯，中原失去了对此地的控制，大量汉人南迁，汉画像墓葬的营造传统戛然而止。然而，这短暂几十年留下了众多极具地方特色的画像图案。此地的兽首人身神均为

---

[1]［晋］张华撰、郑晓峰译注：《博物志》，中华书局1980年版，第97页。

鸡首和牛首形象，两者成对出现于墓室门框石之上，经常左右互换，位置并不固定。有的作为辅神戟立于西王母和东王公之下，如离石马茂庄二号墓立柱石（F1-2 左）；有的端坐于仙台之上，作为主神替代了西王母和东王公的神位，如陕西省榆林市牛家梁乡古城滩村汉墓立柱（F1-2 右）。西河郡和并州刺史部地区墓葬采用的鸡首人身和牛首人身形象较为统一，位置固定，形成了鲜明的地域风格，起到阴阳主神辟邪的作用，相较中原地区的此类画像更具威严性。对于两者身份的溯源，许多学者将其与地方祭祀风俗联系到一起，提出了类似秦人的"宝鸡神"与羌人的"大梓牛神"等多种猜测，但其形象的根源还是基于中原地区人口徙动所带来的兽首人身神的演变。

图 F1-2　左为吕梁市离石区马茂庄二号墓立柱画像
右为榆林市牛家梁乡古城滩村汉墓立柱画像

山东各地区发现的兽首人身神数量最多，共计 36 幅，绝大部分属于祠堂画像。其中济宁市发现的祠堂画像构件较多，此地的兽首人身神也最为集中。嘉祥县宋山发现的三座东汉墓中有大量祠堂建筑构件，被复原为四座样式一致的平顶式石祠，其四块西壁构石均出现了跪拜西王母的兽首人身神（图 F1-3）。山东各地区的兽首人身神画像类型相较陕西、山西更为丰富，包括牛首、鸡首、猪首、狗兽、龙首、马首、兔首等多种类型，大多形象为身着长袍持笏跪拜在西王母身边。其中 15 幅画像位于祠堂西壁上方，与西王母、九尾狐、九头人面兽等共同构成西方昆仑仙境，与东壁以东王公为代表的三山仙境形成阴阳对应之势，起到为墓主人接引升仙的作用。此外，济宁市微山县微山岛新莽时期石椁墓的西侧板刻画了鸡首人身、马首人身神与蛇尾人身的伏羲女娲共同拜谒西王母的画面

（图 F1-25）；山东省济南市长清大街汉墓墓室横梁一侧发现鸟首人身神跪坐的形象（图 F1-16）；临沂市费县墓门北立柱、墓门中立柱发现鸡首和牛首人身神形象（图 F1-38）；临沂市郯城县归义乡发现的两块墓室画像散石，上面出现了目前仅有的兔首人身形象（图 F1-37）；还有前文提到的临沂市郯城卧虎山二号墓石椁北侧板鸡首和马首人身画像。其中费县刘家疃汉墓的墓门西立柱及中柱刻有鸡首和牛首人身神，一侧榜题简要描述了二神的身份，"此下炎罗奇相也帝戴日抱月此上下皆道德圣人也"[1]。此处是目前发现的仅有的关于兽首人身神身份的两处榜题之一，另一处为徐州市铜山县村北出土的祠堂画像石第二石榜题（图 F1-75），但此处漫漶严重，不易识读。姜生先生结合两处题记将此二神考证为鸟喙之神太上老君"灵鸽"、牛首之神炎帝的"罗緷"[2]。山东各地区的兽首人身像从西汉、新莽延续到东汉时期，在早期的石椁画像、多室墓画像到地上祠堂画像上均有出现，负有明确的接引升仙的作用，体现出山东此类画像地域风格的延续性，并且兽首人身神形成以山东为核心向周边地区传播的趋势。

图 F1-3　嘉祥县宋山第一石、第四石、第六石、第七石上格画像（自上而下）

山东周边的江苏徐州市和安徽淮北市也形成了此类画像石的聚集区域，除了一例属于江苏沛县栖山一号石椁画像（图 F1-72），其余均位于祠堂侧壁，兽首类别和空间布局与济宁地区基本一致，体现出区域风格的一致性。此地的兽首人身神也具有不同特征，除了像山东地区大多位于

[1] 姜生：《汉帝国的遗产：汉鬼考》，科学出版社 2019 年版，第 176 页。
[2] 姜生：《汉代神祇考》，《江西社会科学》2015 年第 1 期，第 105-118 页。

祠堂西壁之外，徐州汉画像石艺术馆还藏有两块祠堂侧壁石（图 F1-81），鸡首人身神和牛首人身神在同一石中成对出现。河南省安阳市东汉墓中首次出现了鹿首人身神的形象（图 F1-85）。

兽首人身神虽然正史未有记载，但从西汉到东汉晚期一直属于民间丧葬中的神仙形象，主要出现于鲁西南、皖北、苏北地区，在汉代属于兖州、徐州、豫州的交界处，是儒家文化的中心，也是早期道教的发源地之一。榆林和离石地区的鸡首和牛首人身神的出现是随着汉朝疆域的扩大，大量戍边军民带去了中原地区的丧葬习俗，而随着东汉匈奴势力的扩张，此地的画像墓丧葬习俗也戛然而止。然而，同为画像墓集中区域的河南地区和四川地区较少发现兽首人身的汉画形象。两地对天界神仙的描绘以东王公西王母和伏羲女娲（或羲和常羲）为主，其他多采用翼兽与羽人的组合形式，仙人和瑞兽大多保持兽类特征，兽首人身和人面兽身都极少出现。整体而言，兽首人身神多为鸡首和牛首形象，马首出现次数也较多，多与西王母同时出现在祠堂西壁，也有个别祠堂与东王公同位于东壁，如山东省枣庄市滕州西户口祠堂（图 F1-41）及安徽省宿县宝光寺祠堂（图 F1-8、图 F1-9）等。

二、从十二次到兽首人身画像的演变

兽首人身神从西汉的石椁画像中初次展现，似乎一开始就是一个成熟的神仙体系，形成了与先秦时期人面兽身的本土神怪不同的序列，并在唐宋之际演变为镇墓的十二辰生肖俑，并流传至今。学者对于兽首人身神的身份考释较多，其中牛首和鸡首二神用功最多，有秦人的"宝鸡神"与羌人的"大梓牛神"说，有太上老君的"灵鸽"与炎帝的"罗緷"说，也有先秦出现的十二辰说。此外，山东大学的李发林教授对于每一种兽首形象都进行了文献考证[1]。但是，笔者认为西王母身边的兽首人身神是一个完整的神仙群体，并非一个个独立演变的神话人物，一组形象不能拆开在不同的文献中寻找出处和依据，来源于各类先秦文献的拼凑式考证难免有附会之嫌。

汉代墓葬有多种葬仪并存的情况，土坑竖穴木棺墓、石椁墓、砖石

---

[1] 李发林：《汉画考释和研究》，中国文联出版社 2000 年版，第 191 页。

墓、石室墓同时存在于汉代中下阶层，其中大部分是没有任何装饰的普通墓穴。而拥有雕刻精美的画像石墓和画像石祠堂的少之又少，它们大多属于相当于千石等级俸禄的官员或地方豪强，而葬仪中出现兽首人身神的祠堂或墓室的雕刻均极为精美繁复，一方面体现了墓主家族惊人的财富，另一方面其阶层地位使其能够接触或者信仰助于升仙作用的兽首人身神。"汉代人在墓室内绘制壁画，并不是汉人葬仪中必不可少的要素………墓室内绘制壁画，在汉代并不是显示死者身份地位的象征物"[1]。显然，兽首人身神并非汉代葬仪必要的元素，但是汉代社会中有一大批人相信西王母身边的这类神仙可以起到升仙的作用，于是将自己或家族的信仰刻画于祠堂之上。西王母掌握着墓主升仙的关键，其所在空间的刻画是一件严肃和慎重的事情。老子云："万民皆付西王母，唯王、圣人、真人、仙人、道人之命上属九天君耳"[2]。西王母掌握的不死药是万民升仙的重要途径之一，身边的守护神以累进的方式加入昆仑山的神仙队列之中，形成累进的关键就是信仰，这种信仰来自社会高层乃至王侯中流行的宗教信仰。

最早成组出现的兽首人身画像见于西汉中晚期的石椁墓，而此类形象在社会中流行开来一定早于西汉中期，甚至上推至战国时期。兽首人身神在东汉早期几乎同时出现于鲁西南、苏北、皖北地区的祠堂侧壁中；在东汉晚期随戍边民众出现于河套地区东侧，并随着匈奴势力扩张而迅速消失；河南在中原地区位置偏西，未出现此类画像，整体飘逸、流动、富有韵律的汉画风格与北魏及后期的石窟寺雕刻及壁画风格更接近，形成了一定的风格延续；四川北接南阳地区汉画风格，未出现此类画像，但有些崖墓中出现了带有项光和肉髻的神祇形象，体现了佛教延东南亚北上传播的早期特点。中原文化在吸收了外来宗教因素的基础上形成了本土化的神祇，山东省沂南北寨汉墓立柱上的项光神像就体现了东汉时期佛教东传后与本土道教的融合，新塑造的神祇形象不断向外传播。兽首人身神的传播则体现出从中原向四周逐步发散的状态。与西汉时期张骞凿空、班超出使西域带回佛教、祆教思想的路径相反，随着汉人与西域沟通密切，更多人首蛇身的伏羲女娲形象出现在和田、伊犁地区木椁的顶板上，体现出早期

［1］ 杨爱国：《山东枣庄渴口汉墓的启示》，《海岱考古》2011年，第540-546页。
［2］ ［晋］张华撰、郑晓峰译注：《博物志》，中华书局2021年版，第253页。

道教向外的传播路径。

中原本土神仙形象从两个方向不断演变，一个是《太平经》中所指的帝王、圣人、真人、仙人、道人等，以人身羽化成仙，表现出与生人无异的外形；另一个是原本就存在于神山、仙洞中的瑞兽和羽人，他们的形象与西王母"豹尾虎齿"的变化相似，愈加接近人形，常以人面兽身、背生羽翼或四肢生翼的方式在画像石中呈现。中原地区的兽首人身神与先秦的神仙形象缺乏中间的过渡阶段，似乎在西汉一出现就体系完整，没有像其他本土图像元素经历了从原始到成熟的过程。现藏于纽约大都会博物馆（The MetroPolitan Museum of Art）藏有战国中期长沙子弹库楚墓缯帛书（图F1-4），中间颠倒方式书写的"天人思想"和"创世神话"甲乙两篇，文章布局象征着对立的阴阳两仪，帛书四角绘有以青、赤、白、黑四色神木，象征着东、南、西、北四象，又暗合伏羲、女娲所生的青干、朱单、黄难、黑干四子掌管四方[1]，两象中间分别绘有三位神怪，四边共计十二位神怪，神怪数量与丙篇中十二篇月令文相对应，整个缯帛书暗合了两仪四象十二月令的特征。十二位神怪有两头、三头、四头、人面蛇身、牛首人身、人面鸟身等多种形象，分别代表十二个月份，掌握每个月份的

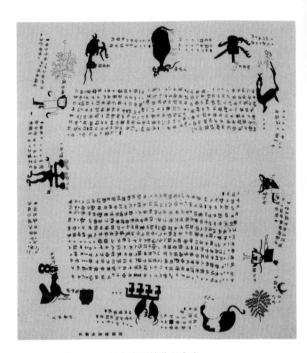

图 F1-4　长沙市子弹库战国楚墓缯帛书

营造、嫁娶、用师等诸事宜忌。十二神怪的形象在唐宋墓葬当中极为常见，多以十二辰生肖俑的形式出现，墓葬中常选择其中几个作为随葬品，它们在墓葬中的位置也具有特殊意义。唐末十二辰的概念传到日本，龟虎古坟壁画完整还原了子弹库楚墓缯帛书中的两仪四象十二辰的布局，每三位兽首生肖神掌管四象中的一方，十二辰覆盖整个宇宙空间（图F1-5）。兽首十二辰在这一时期已经成为葬仪中的重要部分，《唐会要》卷三八记

---

[1] 李零：《楚帛书与"式图"》，《江汉考古》1991年第1期，第59-62页。

载："三品以上，明器九十事，四神十二时在内……五品以上，明器六十事，四神十二时在内……九品以上，明器四十，四神十二时在内。"[1]

汉代的天文、历法、占卜当中常常将某个数量词与时空概念相关联，《周易》中两仪生四象，四象生八卦，又派生出八八六十四种卦爻。《左传·昭公二十五年》中将某些牲畜进行了归类和分组，"为六畜、五牲、三牺，以奉五味"[2]。动物与十二这个数字结合来源于十二次的概念。木星（古名岁星）十二年绕天一周，先秦人将岁星在黄道附近的一周天按照自西向东分为星纪、玄枵、诹訾等十二个等份，用以描述日月五星（金、木、水、火、土）的运行以及节气的变换，成为十二次[3]。十二次是先秦数术家对所掌握的宇宙空间的划分，在此基础上又建立起与地面对应的星宿分野的概念，由天象占卜地域吉凶。二十八星宿的占卜绘画最早可见于战国时期随州曾侯乙墓出土的二十八星宿衣箱。依据太阳在黄道（即在十二次区域）中的位置，派生出某个时间段不同的节气。当岁星经过十二次中某个区域，这段经过的时间在岁星纪年中就成为"岁在鹑首"之类的时间概念，空间概念的十二次便与时间建立了联系。与岁星反向运动的太岁星经过的十二次的空间，被人们用十二地支依次命名，成为十二辰，作为一天之中的时间记录。十二次因此兼具了空间和时间的作用。《汉书》记录了十二次与十二辰的关系，"斗纲之端连贯营室，织女之纪指牵牛之初，以纪日月，故曰星纪。五星起其初，日月起其中，凡十二次。日至其初为节，至其中斗建下为十二辰。"[4]从先秦到汉，天文、历法、占卜等领域的核心概念就是对宇宙空

图 F1-5　七世纪末期日本龟虎古坟壁画模拟图

[1]　［宋］王溥：《唐会要》，中华书局1955年版，第695页。

[2]　赵生群：《春秋左传新注》，陕西人民出版社2008年版，第892页。

[3]　王力：《中国古代文化常识》，北京联合出版社2018年版，第9页。

[4]　［东汉］班固：《汉书》，中华书局2015年版，第914页。

间的十二次划分，这个概念从春秋战国出现到《史记》《汉书》完备记录，展现出十二次从概念雏形到理论成熟的过程，是中原本土创造出来的时空概念，秦汉以前就被社会中上层广泛接受。因为只有社会上层才有机会接触并了解在当时为皇室占卜服务的天文和历法知识，以致各地汉代诸侯和官员墓中常出土应用其概念占卜吉凶的汉简，如银雀山的《视日》及孔家坡的《日书》等。

表三　十二次与星宿、节气、地支、太岁年对照表

十二次	星纪	玄枵	诹訾	降娄	大梁	实沈	鹑首	鹑火	鹑尾	寿星	大火	析木
二十八星宿	斗牛女	女虚危	危室壁奎	奎娄胃	胃昴毕	毕觜参井	井鬼柳	柳星张	张翼轸	轸角亢氐	氐房心尾	尾箕斗
二十四节气	大雪	小寒	立春	雨水	谷雨	立夏	芒种	小暑	立秋	白露	寒露	立冬
	冬至	大寒	惊蛰	春分	清明	小满	夏至	大暑	处暑	秋分	霜降	小雪
十二辰	丑	子	亥	戌	酉	申	未	午	巳	辰	卯	寅
十二太岁年	摄提格	单阏	执徐	大荒落	敦牂	协洽	涒滩	作噩	阉茂	大渊献	困敦	赤奋若

对于当时的数术家而言，十二次也是艰涩的概念，为了便于理解，或者为了更凸显占卜的神秘性，便延伸出以人格化的方式去阐释十二次。中国自古就有将自然现象人格化的习惯，并赋予名字，如风师谓之飞廉，雨师谓之萍翳，云师谓之丰隆，日御谓之羲和，月御谓之望舒。《周易》将八卦中的八个方位赋予动物的性格，"乾为马，坤为牛，震为龙，巽为鸡，坎为豕，离为雉，艮为狗，兑为羊"[1]。乾卦中"潜龙勿用、见龙在田、亢龙有悔"[2]，坤卦中"利牝马之贞"[3]等，动物的特征暗喻了卦象的象征意义。长沙子弹库楚墓帛书描绘了十二种人首蛇身、牛首人身等形象的神怪守护十二个方位，但此时的守护神形象杂糅了早期道教神怪的思想，混杂了多头神、衔蛇神等形象，并未成为唐宋时期十二辰的完备模式。公元前1世纪，印度兴起一种称为"大乘"(mahāyāna)的佛教思潮从西域悄然传入中原，拟人化的神怪形象给予正处于早期造神高峰期的道教以借

---

[1] 杨天才、张善文译著：《周易》，中华书局2017年版，第655页。

[2] 杨天才、张善文译著：《周易》，中华书局2017年版，第9页。

[3] 杨天才、张善文译著：《周易》，中华书局2017年版，第26页。

鉴。虽然佛教思想进入中原较早，但文献记载佛经正式传入中国已经是东汉永平十年（67年）的事了，汉明帝派特使到西域迎请摩腾、竺法兰两位高僧，带回了六十万言梵本经，第二年摩腾译出《四十二章经》，这是中国佛教历史上最早的佛经。显然，佛教思想在此之前早已在中原地区出现，口口相传的佛教教义已经慢慢渗入汉代人的生活，但同时也出现了传诵的讹误，这才有汉明帝派人迎取真经的故事。东汉汉献帝建安二年(197年)，康孟详、竺大力合译出最早的"降魔变"主题的佛经——《修行本起经》，将社会上已经广泛流传的释迦牟尼佛斗败兽首人身鬼的故事进行了权威性的阐释。《修行本起经》曰："……更召鬼神王。合得十八亿。皆从天来下。围绕菩萨。三十六由旬。皆使变成师子熊罴兕虎象龙牛马犬豕猴猿之形。不可称言。虫头人躯蚖蛇之身鼋龟之首。而有六目。或一颈而多头。齿牙爪距。担山吐火。雷电四绕。护持戟鈝。"法国吉美博物馆（Musée Guimet）藏源自敦煌的《绢画降魔成道图》（图F1-6）以变相画的形式描绘了这个降魔成道故事。画面中央为天

图 F1-6　法国吉美博物馆藏《绢画降魔成道图》

盖下结跏趺坐的释迦，手结降魔印，上方立于云端的是三面八臂的降三世明王，周围是牛首、蛇首、马首、猪首、象首、犬首人身的魔军恶鬼，有的在进攻佛陀，有的已被降服皈依。两条幅绘佛陀诸相，暗示佛的神通。下部绘白象宝、玉女宝、兵宝、马宝等佛教七宝。流行于东汉的兽首人身形象除了源于释迦牟尼佛的兽首人身恶鬼，还有"八部众"中的兽首人身神。公元前1500年至前600年问世的《吠陀经》（其中的《梨俱吠陀》）

描述了佛教中天帝因陀罗、水神伐楼那、死神阎摩、风神伐由等自然创世神，其中"八部众"中有牛首人身或马首人身的夜叉（Yaksa）、鸟首人身的迦楼罗（Garuda）、蛇首人身的摩侯罗伽（Mahoraga）等。而乐神乾达婆（Gandharra）在魏晋之后的壁画中与道教的羽人、西域飞天等形象融合为一。随着与西域贸易、文化交流的频繁，东汉社会民众普遍接受了佛教思想中兽首人身神的形象，并将其与西方的昆仑神界建立了联系。早期道教开始借鉴佛教的自然神形象塑造自己的自然神，大量兽首人身神形象出现在东汉祠堂、墓室画像的西王母或东王公身边。费县刘家疃汉墓中有"此下炎罗奇相也"的题记，体现了道教吸收《吠陀经》中死神阎摩罗王（Yama-raja）的形象，塑造了本土的神祇。《法苑珠林》引《大集经》言："阎浮提外，四方海中，有十二兽，并是菩萨化导，人道初生，当菩萨住窟，即属此兽护持、得益，故汉地十二辰依此行也……"[1]与占卜在社会上层流行雷同，佛教伊始也是在社会上层被融汇改造后，向社会下层延伸，这正与两汉出现兽首人身神的墓室、祠堂的墓主人身份匹配，均为官俸千石左右的官员。魏晋以后，随着佛教下沉到民间，西王母身边的十二次守护神也成为墓葬当中的十二辰守护神。

三、兽首人身画像的宗教信仰

十二次吸收佛教的神像元素，塑造了本土化的空间守护神，虽与成仙的帝王圣贤同居于西方昆仑，但两者是不同的神仙体系。先秦神话中昆仑山是诸神之居所，是凡人升仙必经之所，乘龙升仙的黄帝也居于昆仑山上。《穆天子传》记载"□吉日辛酉，天子升于昆仑之丘，以观黄帝之宫，而封丰隆之葬，以诏后世"[2]。昆仑山第三层即为黄帝之所居，"昆仑之丘，或上倍之，是谓凉风之山，登之而不死；或上倍之，是谓悬圃，登之乃灵，能使风雨；或上倍之，乃维上天，登之乃神，是谓太帝之居"[3]。舜帝与后稷的弟弟叔均成仙后也居于昆仑山上，"昆仑之虚，方圆八百里，高万仞。上有木禾，长五寻，大五围……赤水出东南隅，以行其东北"[4]，

---

［1］周叔迦、苏晋人校注：《法苑珠林》，中华书局 2003 年版，第 936 页。

［2］高永旺译著：《穆天子传》，中华书局 2020 年版，第 50 页。

［3］赵宗乙：《淮南子》，黑龙江人民出版社 2009 年版，第 68 页。

［4］［晋］郭璞注：《山海经》，上海古籍出版社 2015 年版，第 293 页。

"赤水之东，有苍梧之野，舜与叔均之所葬也"[1]。五帝之一的颛顼升仙后同样也居于昆仑，"北海之外，大荒之中，河水之间，附禺之山，帝颛顼与九嫔葬焉"[2]。"大荒之中有山名曰合虚，日月所出。有中容之国，帝俊生中容"[3]，帝俊所居的合虚山是日月之所，即是西极昆仑。先秦文献中的三皇、五帝、三王在不同史籍中有不同表述，其成仙后大多居于昆仑山，而这些帝王圣贤在画像石中的形象均为人形而非兽首人身。在武梁祠西壁第二层画像中完整刻画了从伏羲到夏桀期间的圣贤和帝王像，这组画像位于西王母所在的昆仑仙境下方，由三层边栏分割，除了伏羲女娲是人身蛇尾，其余帝王为人形，而西壁上格西王母身边的神仙均为兽形。武氏祠左石室侧壁顶部出现了鸡首人身神和马首人身神跪拜在东王公身边的画像（图 F1-34），显然不能将上古的帝王先贤依据"牛角"和"鸟喙"等文字描述与兽首人身神等同。

在将十二次的空间概念神格化之后，每一个兽首人身神都代表了一个方位空间。西王母和东王公代表阴阳，分割宇宙的西东两界，十二次的空间神成为两位主神的守护神，形成了两仪四神十二次的宇宙空间。在祠堂侧壁上格的画像不仅描绘了东西方的神山仙境，更是一种对宇宙空间的描绘，像武氏祠左石室和前石室屋顶内侧描绘天帝出行等画面一样，整个祠堂的顶部构成了汉代人的宇宙观。空间的阴阳概念在《周易》中也有体现，鸡是巽卦的象征，属风，位在东南，属阴；牛是坤卦的象征，属地，位在西南，属阳。在离石和榆林地区的汉画像墓以及费县刘家疃汉墓鸡首和牛首的形象成为阴和阳的象征，常位于墓门西东立柱两侧，西王母和东王公之下，有时甚至取代两位主神成为阴阳两仪的象征，起到镇墓、辟邪的作用。徐州汉画像馆所藏的两块小石祠侧壁，鸡首和牛首成对出现，同样取其阴阳的象征代表了十二次神所寓意的宇宙空间。

汉代的十二次神是古人对宇宙空间的人格化想象，结合星宿赋予其动物的特征，随着佛教神祇广泛传播以及十二次与地支结合形成十二辰，完备的兽首人身守护神体系也构建完毕。唐宋墓室中的十二辰生肖俑不仅代表一天中各个时间概念，同时继承了十二次的空间概念，在墓室中镇守相

[1] ［晋］郭璞注：《山海经》，上海古籍出版社 2015 年版，第 431 页。
[2] ［晋］郭璞注：《山海经》，上海古籍出版社 2015 年版，第 372 页。
[3] ［晋］郭璞注：《山海经》，上海古籍出版社 2015 年版，第 351 页。

应的方位。十二辰的丧葬习俗在唐代传到高丽和日本，居昌古坟、长端法堂坊古、恭愍王陵都发掘出兽首人身俑，日本的药师十二神完全继承唐宋遗风。十二辰像在明清时期出现在王陵大墓神道两侧，直至现代鲁西南农村依然保存生肖俑下葬的习俗。

与汉画像墓及其葬仪类似，十二次神在正史文献中并未记载，但它们的形象及所处的空间证明这一类神祇信仰在汉代社会中上层曾广泛流行，在融合东传佛教元素之后形成了中原本土的神仙体系，并从鲁西南、苏北、皖北地区逐渐向外传播。随着画像石墓葬俗的终止，逐步演变为十二辰神，以壁画和俑的形式流传至今。随着更多汉代及先秦考古发掘成果的涌现，兽首人身的十二次神的源流会更加清晰。

附：汉代兽首人身画像汇总

图 F1-7　安徽省萧县圣泉乡圣村东汉墓 M1 前室北壁立柱石（第九石）

　　萧县圣泉乡圣村东汉墓 M1 为砖石结构多室券顶墓，由墓门、甬道、前室、后室、西耳室、东耳室组成。此石高 107 厘米，宽 58 厘米。正面画像刻二层楼阁，右侧有楼梯通向二楼，一层有斗拱。柱子上装饰菱形纹和波折纹。楼上厅堂二人对坐，两人之间有一耳杯。屋外左侧有一侍者，捧樽而立；右侧立一侍者，身背囊袋。左屋脊上有一面神鸟，右脊上有一凤鸟，均作攀缘状。楼下左边刻一鸟首人身神，侧面跪坐。楼下中间一人站在羊背上，手中持物。

图 F1-8　安徽省宿县宝光寺祠堂东壁石

　　此石刻于东汉熹平三年，于 1991 年安徽省宿县褚兰镇宝光寺出土，现藏于安徽省博物馆。石高 98 厘米，宽 93 厘米，画像自上而下分四层。上层东王公凭几而坐，两侧有牛首人身神、虎、蟾蜍、玉兔为伴。第二层亭中一拄杖老者面授经书，众多求学者恭立捧简。第三层车马仪仗队伍送墓主人出行。第四层为庖厨图。

图 F1-9　安徽省宿县宝光寺祠堂西壁石

此石刻于东汉熹平三年，于 1991 年安徽省宿县褚兰镇宝光寺出土，现藏于安徽省博物馆。石高 98 厘米，宽 92 厘米，画像自上而下分四层。上层西王母凭几而坐，两侧有鸡首人身神、龙、四首凤鸟等异兽。第二层为众仙女作长袖舞场景。第三层、第四层以一座桥梁相隔，一辆轺车过桥，车后有持戟男女护卫，车前两女子挥舞兵器，奋力搏杀来犯者。两男子恭立相迎。桥下为捕鱼的场景。

图 F1-10　安徽省宿县褚兰镇"九女坟"石祠西壁残石

此石于宿县原址保存。西壁现存画像三层，上层描绘昆仑山诸神，左侧有半跪的牛首人身神及凤鸟，右侧有玉兔捣药及双首的容成公；中间层为持桨戟武士及马匹；下层残剩三位持桨戟兵吏。

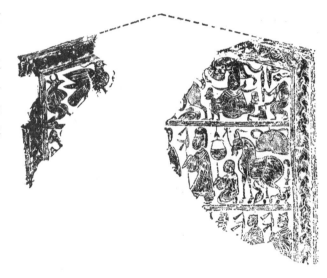

图 F1-11　安徽省淮北市萧县画像石

此石现藏于萧县博物馆。左侧有身披羽毛的鸟首人身神、捣药的仙兔及持盾持戟的武士。中间七人捧简向右侧人物求教。右侧两位背生羽翼的牛首人身神对坐，及持弓箭的武士。

图 F1-12　安徽省淮北市萧县陈沟汉墓画像石

此石为陈沟汉墓前室南耳室门楣石，现藏于萧县博物馆。高 42.5 厘米，长 180 厘米，厚 34 厘米。画像中间一人物端坐，两侧有鸟首人身神及牛首人身神背向端坐。两端的日轮和月轮中有三足乌、金蝉和捣药的玉兔形象。

图 F1-13　山东省济南市长清孝堂山石祠西壁

图 F1-14　孝堂山石祠西壁上层摹本局部

此石为济南市长清孝堂山石祠西壁，原址保存。此石宽211 厘米，高 180 厘米。西壁上层为西王母及众辅神，中间西王母正面端坐，两侧有诸神跪拜。左侧捣药的玉兔；两位鸟首人身神拜谒，一神人手持仙草；其余三人为头戴冠帽，两人手持仙草。

图 F1-15　山东省济南市长清大街汉墓横梁石

图 F1-16　长清大街汉墓横梁石局部

　　此石为济南市长清区大街村东汉墓出土，藏于山东博物馆。此石为墓室横梁石，长 220 厘米，高 45 厘米，厚 69 厘米。石左侧界格有一鸟首人身神跪坐，其余为仙界仙人、神兽场景。

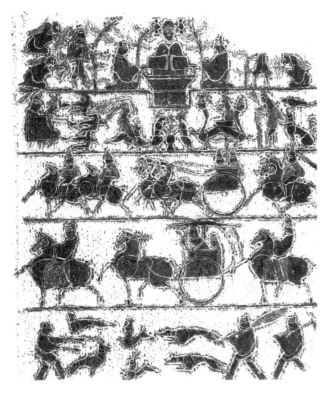

图 F1-17　山东省济宁市嘉祥村纸坊镇祠堂侧壁

　　此石为东汉祠堂西壁石，画面分五层。第一层西王母端坐于中央，两侧仙人手持仙草跪地，其中有鸡首人身神、牛首人身神。第二层中央是玉兔捣药，左侧是仙人驾车、凤鸟牵引出行，右侧是三青鸟、九尾狐、羽人和容成公。第三层和第四层是车马队伍。第五层是狩猎图。

图 F1-18　山东省济宁市嘉祥县纸坊镇祠堂侧壁

此石为东汉祠堂西壁石，画面分五层。第一层西王母端坐于中央，两侧五位仙人手持仙草跪地，左侧为鸡首人身神持仙草跪拜西王母，右侧有三青鸟和九尾狐。第二层是仙人驾车、凤鸟牵引出行，右侧是羽人御兽。第三层是公孙子都暗射颍考叔的典故。第四层是车马队伍。第五层是狩猎图。

图 F1-19　山东省济宁市祠堂侧壁

此石为东汉祠堂西壁石，画面分四层。第一层西王母端坐于中央，两侧有榜题，辨识不清，左侧为鸡首人身神持仙草跪拜西王母，左侧有三青鸟和九尾狐。第二层是仙界瑞兽。第三层是车马出行图。第四层是狩猎图。

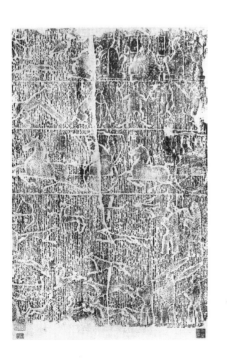

图 F1-20　山东省济宁市嘉祥县洪山村祠堂后壁

此石为东汉祠堂西壁石，民国初期在山东省嘉祥县洪山村外发现，石高 57 厘米，宽 94 厘米，现藏于中国国家博物馆。画像分三层。第一层西王母端坐于中央，左侧鸟首人身神手持仙草跪拜，右侧为蟾蜍、三青鸟、玉兔捣药和九尾狐。第二层左侧是奚仲造车的场景，右侧是酿酒场景。第三层是狩猎图。

图 F1-21　山东省嘉祥县蔡氏园画像石第二块

发现于山东省嘉祥县蔡氏园，移置济南金石保管所，后藏于山东省立图书馆。画面高61厘米，宽63.5厘米。画面分两层，上层中心端坐西王母，右侧有一鸟首人身神及三位羽人跪拜；下层为车马出行图。

图 F1-22　山东省嘉祥县蔡氏园画像石第三块

发现于山东省嘉祥县蔡氏园，移置济南金石保管所，后藏于山东省立图书馆。画面高55厘米，宽76.5厘米。画面分两层，上层中心端坐西王母，两侧有一鸡首人身神及三位羽人跪拜，右侧一羽人持杖肃立，有三足乌及九尾狐；下层为车马出行图。

图 F1-23　山东省嘉祥县蔡氏园画像石第四块

发现于山东省嘉祥县蔡氏园，移置济南金石保管所，后藏于山东省立图书馆。画面高62厘米，宽72.5厘米。画面分两层，上层中心端坐西王母，右侧有一鸡首人身神及两位仙人跪拜，右侧两位仙人跪拜；下层为狩猎图。

图 F1-24　山东省济宁市微山县微山岛石椁汉墓的西侧板

1987 年 5 月中旬，微山岛发现一单椁室墓，构件被挪为万庄北做桥板，现存于微山县文管所。长 239 厘米，宽 82 厘米，厚 15 厘米。侧壁分三格，左格刻一楼阙，楼由二柱顶起，楼内西王母凭几端坐，头戴胜，楼两侧上各有两棵神树；楼下的左侧有鸡首人身神、马首人身神各一，右侧有两位人首蛇身神及人首鱼身神，左边有一犬。

图 F1-25　山东省济宁市微山县微山岛石椁汉墓的西侧板

2003 年 12 月至 2005 年 12 月微山岛共清理 44 座汉及新莽时期墓葬，现存于微山县文管所。长 247 厘米，宽 83 厘米，厚 17.5 厘米。此石属于石椁墓西侧板。侧板左格刻一楼二阙，楼由二柱顶起，楼内西王母凭几端坐，头戴胜，右侧有二人服侍，立柱两侧有长尾神人，楼上两侧檐角上各立一鸟；楼下的中间有二人持杖站立，左侧有老人跪拜持杖老者，右侧站立鸡首人身神及马首人身神。

图 F1-26　山东省济宁市微山县微山岛 M20G2 号墓的西侧板

2003 年 12 月至 2005 年 12 月微山岛共清理 44 座汉及新莽时期墓葬，现存于微山县文管所。此石属于 M20G2 石椁墓西侧板，长 266 厘米、高 77 厘米、厚 11 厘米。石椁侧板。内侧画像。凿纹地凹面线刻。凿纹剔地形成凸起的两重边框，中间用凹面线刻表现图案。画面分三格，右格上层为西王母戴胜凭几端坐，一人跪侍，右侧放一壶，堂外一侧两兔持杵捣仙药，一侧一人跪侍；下层是五位仙人，其中两仙人为马首人身神和鸡首人身神，又有两仙人为人首蛇身，后一仙人躬身站立。

图 F1-27　山东省济宁市微山县青山村石椁西汉墓侧板

此石为西汉石椁墓侧壁，长 255 厘米，宽83 厘米，厚 17.5 厘米，微山县夏镇出土，微山县文化馆藏。凿纹地凹面线刻。侧板画面分三格，左格刻西王母、九尾狐、三青鸟、蟾蜍、白虎、玉兔捣药、鸡首人身神、马首人身神、风伯、神农等。

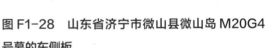

图 F1-28　山东省济宁市微山县微山岛 M20G4 号墓的东侧板

2003 年 12 月至 2005 年 12 月微山岛共清理 44 座汉及新莽时期墓葬，现存于微山县文管所。此石属于 M20G4 石椁墓西侧板，长 258 厘米、高 75 厘米、厚 13 厘米。石椁侧板。内侧画像。凿纹地凹面线刻。凿纹剔地形成凸起的三重边框，中间用凹面线刻表现图案。画面分三格，左格为西王母图。玄圃台上西王母戴胜，凭几端坐，其左边玉兔捣药，其右有一壶。台下左侧有三人，前为侍立者，中间为人首蛇身神，后为马首人身神；右侧有三人，前为鸡首人身神，中为侍立者，后为人首蛇身，双手上举。台两侧有双层阙。楼顶有双鸟驻足。

图 F1-29　山东省济宁市嘉祥县宋山再建墓第一石

1978 年秋季，济宁市满洞公社宋山大队村北宋山的斜坡上，发现一座再建墓。墓室用石块砌成，共清理出的九块画像石，为祠堂石再用为墓室。现存山东博物馆。长 73 厘米，横 68 厘米。画分四层，第一层正中端坐东王公，他的两侧各有一组肩有双翅的羽人，右侧一鸟首人身神。

图 F1-30　山东省济宁市嘉祥县宋山再建墓第四石

　　1978 年秋季，济宁市满洞公社宋山大队村北宋山的斜坡上，发现一座再建墓。为祠堂石再用为墓室。现存山东博物馆。长 69 厘米，横 87 厘米。画分三层，第一层西王母头戴华胜，凭几而坐。右方一羽人，手举曲柄伞盖，西王母左右有五个手持朱草的羽人，下方有玉兔拿杵捣臼、蟾蜍捧盒、鸡首人身神持杯进玉泉等图像。

图 F1-31　山东省济宁市嘉祥县宋山再建墓第六石

　　1978 年秋季，济宁市满洞公社宋山大队村北宋山的斜坡上，发现一座再建墓。为祠堂石再用为墓室。现存山东博物馆。长 60-70 厘米，横 64 厘米。画分三层，第一层中间东王公，双肩立两只鸟。在其两侧，各有一马首人身神和鸟首人身神相侍。左端是蟾蜍捧臼、双兔执杵像，右端是一犬首人身神。

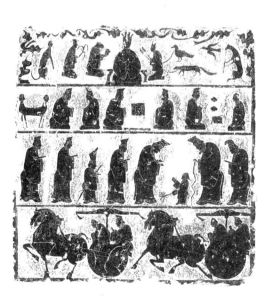

图 F1-32　山东省济宁市嘉祥县宋山再建墓第七石

　　1978 年秋季，济宁市满洞公社宋山大队村北宋山的斜坡上，发现一座再建墓。为祠堂石再用为墓室。长 70 厘米，横 66 厘米。画分四层，第一层正中西王母端坐几前，左方一个马首人身神捧杯进浆，后面有一持仙草神人和一狗身神人。西王母右方是一双手分持三珠树的仙人，又用绳分牵一鸟一狐。鸟、狐之后，又有一犬持管而吹。

图 F1-33　山东省济宁市嘉祥县南武山祠堂侧壁石

1969 年济宁市嘉祥县城南南武山出土，现藏于嘉祥武氏祠文物保管所。长 69 厘米，横 68 厘米。画分四层，第一层正中西王母端坐几前，右侧有马首人身神、鸡首人身神和犬首人身神持牍拜谒，左侧有人面鸟身及人首蛇身神。第二层为乐舞图。第三层为庖厨图。第四层为车马出行图。

图 F1-34　山东省济宁市武氏祠左石室东壁

此石为东汉桓帝建和元年 (147 年) 祠堂东壁构件，发现于嘉祥县纸坊镇武翟山村，现藏于武氏墓群石刻博物馆。高 184 厘米，宽 140 厘米，厚 16 厘米。画像上格，西王母中央端坐，左侧有马首人身神和鸡首人身神跪拜西王母，周围众多羽人环绕。

图 F1-35　山东省平阴县祠堂后壁石

此石于平阴县出土，现藏于平阴文庙，为祠堂后壁构件。高 88 厘米，宽 164 厘米。画像分三格，左上为楼阁拜谒图，右侧为西王母与东王公图，一鸟首人身神跪拜在东王公身边，下方为车马出行图。

图 F1-36　山东省临沂市墓室兔首人身神画像石

此石为山东省临沂市发现的墓室画像石散石，现藏于临沂市博物馆。高 48 厘米，宽 19 厘米，画面高 39.5 厘米，宽 15 厘米。形象为兔首人身，恭手而立。

图 F1-37　山东省临沂市墓室兔首人身神画像石

此石为山东省临沂市郯城县归义乡发现的墓室画像石散石，现藏于郯城县文物管理所。高 109 厘米，宽 33 厘米。形象为兔首人身，恭手而立。

图 F1-38　山东省临沂市费县东汉晚期汉墓墓门北立柱、前室东壁南立柱

两石为费县刘家疃村东汉墓门北立柱、墓门中立柱，现存于临沂博物馆。1966 年墓葬被发现，山东省博物馆前往费县进行了清理，之后进行了原地封存保护。2016 年 6 月，山东博物馆联合费县博物馆对该墓进行了二次清理。墓门北立柱高 120 厘米、宽 28 厘米，前室东壁南立柱高 120 厘米、宽 18 厘米。墓门北侧立柱画像分上、下两格，上格内刻鸡首人身神，尖喙高冠，身着长袍，袍袖肥大，腰束带。前室东壁南立柱画像分上下两格，下格为一牛首人身神，头上双角内有圆形太阳，内有鸟，双手抱月，月中有蟾蜍，腰束袍带。上下格之间分隔线稍宽，其上有题记。

图 F1-39　山东省临沂市郊城卧虎山二号墓石椁北侧板外面

此石为西汉晚期石椁墓侧板，于郭里镇卧虎山M2墓出土，现藏于郊城市博物馆。长280厘米，宽83厘米，厚16厘米。为石椁侧板。外侧有画像。凿纹地凹面线刻，凿纹剔地形成凸起的三重边框，中间用凹面线刻表现图案，物像内饰以细密斜线或麻点。画面分三格，中格为仙人及奚仲造车。中有一人头戴雄鸡冠，腰间有飘带，带尾系一只小猪，正面叉腿而立，应为西王母。其左侧两人皆戴高冠，一人手持斧，欲抓旁边之人；一人正身叉腿而立，瞠目露齿，双手握一长柄斧。其右侧为鸡首人身神和马首人身神，皆为西王母侍从。下面形体较小的一人着长袍，腰佩短剑，蹲坐，手持锤在制作车轮；一妇人跪坐背小孩观看；妇人身后有三人，一人长袍拖地、手持镜整容，后一人侧立，一人跪侍。

图 F1-40　山东省沂南汉墓博物馆藏画像石

2010年3月13日山东省临沂市、沂南县文物、公安部门联合执法，收缴画像石四十一石，此石为第八石，高117厘米，宽46厘米，厚35厘米。右侧刻卷云纹，左侧分四格。下层两个分别为鸟首人身神及牛首人身神，现存于沂南汉墓博物馆。

图 F1-41 山东省枣庄市滕州西户口祠堂侧壁

此石出土于滕州市西户口村，东汉祠堂构件，现存于山东博物馆。画面分八层，上层东王公端坐于双龙座上，两侧羽人及牛首、鸟首人身神侍立。

图 F1-42 山东省枣庄市滕州西户口祠堂侧壁

此石1958年出土于滕州市桑村镇西户口村，东汉早期祠堂构件，现存于上海博物馆。画面高83厘米，宽83厘米。画面分十层，上层西王母端坐于双龙座上，周围环侍羽人，左侧羽人及人首蛇身仙人侍立，右侧有牛首、马首、鸡首人身神侍立。

图 F1-43 山东省某县出土画像石

此石高69.5厘米，宽60.5厘米。画面分三层，上层西王母端坐中央，右侧一鸟首人身神及一位仙人跪拜，左侧两位仙人跪拜；第二层为车马出行图；第三层为狩猎图。

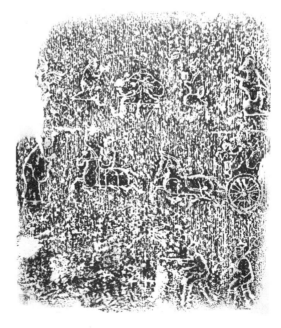

图 F1-44　沙畹获得六幅石祠拓片第五幅

　　沙畹获得了六幅尺寸一样的石祠画像拓片，雕刻技法和画像格套与嘉祥五老洼东汉墓出土的祠堂建筑构石基本一致，拓片尺寸为高57厘米，宽47厘米。画面分四层，上层描绘仙界拜谒西王母场景，西王母两侧各有一位鸟首人身神跪拜，下方有九尾狐、三足乌、玉兔捣药等各色神兽；第二层为车马出行图；第三层为狩猎图。

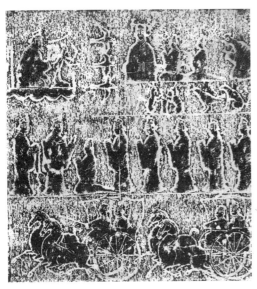

图 F1-45　阿道夫·费舍尔 1908 年所公布画像石拓片第三幅

　　阿道夫·费舍尔 1907 年获得一批山东省发现的汉化像石拓片，带到德国，并于当年在哥本哈根的东方学者大会上公布。画面属于祠堂西壁，画面分四层，上层为西王母拜谒图，右侧有一鸟首人身神跪拜，西王母周边还有三青鸟、玉兔捣药、三足乌、九尾狐等；第二层为人物历史故事；第三层为车马出行。

图 F1-46　沙畹于日本书店购得石祠画像石拓片

　　画面分三层，上层为跪拜西王母场景，左侧上方有一鸡首人身神跪拜，周边有持仙草的仙人、三足乌、九尾狐、玉兔捣药、羽人、容成公与比肩兽。

图 F1-47 山西省离石县马茂庄 M2 墓 24 石、17 石

1990 年 10 月至 12 月，在山西省离石县马茂庄村西山源上清理出三座汉代画像石墓，出土了一批画像石和少量随葬器物。M2 墓由墓门、甬道、前室附两侧耳室与后室组成，其中两石为墓室墓门立柱，长 135 厘米，宽 37 厘米，厚 12 厘米。两石均作上下分栏刻画，上层各刻肩生双翼的东王公、西王母坐悬圃；下层各刻鸡首人身神、牛首人身神执符节着襦袍。

图 F1-48 山西省离石县马茂庄 M3 墓前室东壁左右立柱石

此石为东汉晚期墓室前室东壁边框，1990 年 10 月出土于山西离石马茂庄村。现藏山西省考古研究所。左边框石长 127 厘米，宽 52 厘米，厚 12 厘米。纵向分左右栏刻画。右侧窄栏靠门道，内刻番云纹。左侧刻飞升图。自上而下为二人骑马持节，三匹天马挽云车。一个羽人乘龙，二个羽人戏龙，一位鸡首人身神持戟守护于神木旁。右边框石长 120 厘米、宽 53 厘米、厚 12 厘米。构图同左边框石，也为飞升图。自上而下刻二人骑马持节，四匹天马挽云车（上有二乘者），三骑马、二乘雁持节拥符的仙人，五匹神兽挽云车（上有二乘者），一位持笏着裾袍的牛首人身神。

图 F1-49　山西省离石县马茂庄汉墓墓门立柱石

2007 年秋出土于离石县马茂庄汉墓，为墓门边框石，现藏于离石汉画石博物馆。高 129 厘米，宽 30 厘米，厚 12 厘米。左门框左边饰为云气纹图案，上为东王公，头戴三梁冠，着红色宽袖长袍，面右踞坐在二层云柱悬圃之上；下为一面右拱手躬立的牛首人身神，身着红色长袍，携殳。右门框石与左门框石画像构图对称。右边饰为云气纹图案，画面上西王母面左踞坐在二层云柱悬圃之上，头梳高髻，面施粉彩，手举仙草，头顶华丽伞盖，身着下部施红彩宽袖长袍；下有一面左拱手躬立的鸡首人身神，其鸡首施红彩，携殳。

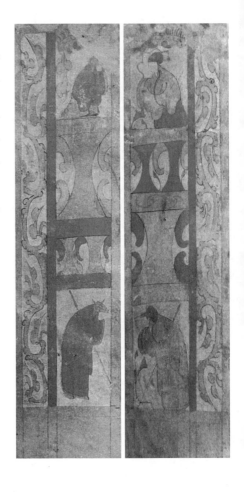

图 F1-50　山西省中阳县汉墓墓门立柱石

2010 年 10 月出土于中阳县叉上汉墓，为墓门边框石，现藏于中阳县文管所。左门框高 135 厘米，宽 30 厘米，厚 16.5 厘米；右门框高 131 厘米，宽 30 厘米，厚 18 厘米。画面分上下两层，上层分别为东王公、西王母，均着袍，坐云柱悬圃上。东王公手举高足形杯，云柱下有一条似龙的神兽；西王母前有一位躬身的侍者，后有一位牛首人身神，云柱下有一条似虎的神兽。下层分别为一位鸡首人身神、一位牛首神人和两位踞坐的门吏，均身着宽袖长袍。

图 F1-51　山西省柳林县汉墓墓门立柱石

　　1997 年出土于柳林湿城遗址 (杨家坪) 汉墓，为墓门边框石，现藏于离石汉画像石博物馆。门框高 110 厘米，宽 38 厘米，厚 17 厘米。门框石两画面分别有坐在神山仙树上的牛首人身神和鸡首人身神，树旁有九尾狐和青鸟，树下有持彗、持戟的门吏，连续卷云纹边饰中有九尾狐，下有一玄武。

图 F1-52　陕西省神木大保当 M18 墓门楣石

　　此石属门楣石，榆林汉画像石博物馆收藏。中间是神虎口吐云气，两旁是牛首人身神和鸡首人身神端坐于悬蒲之上，两端是日轮和月轮，中间有蟾蜍和金乌。

陕西神木大保当汉彩绘画像石 –M18–99、100

图 F1-53　陕西省榆林市横山孙家园子汉墓立柱石

　　此石属墓门立柱石，榆林汉画像石博物馆收藏。右侧立柱上端是牛首人身神着长袍站立。

图 F1-54　陕西省神木大保当 M16 墓立柱石

此石属墓门立柱石，榆林汉画像石博物馆收藏。门框石两画面分别有坐在神山仙树上的牛首人身神和鸡首人身神，树旁有九尾狐和鹿，树下有门吏和交谈的人物，左侧连续卷云纹边饰中有鹿、凤鸟、虎等神兽，下有一玄武和神马。

图 F1-55　陕西省榆林市牛家梁乡古城滩村汉墓墓门立柱石

出土于榆林市牛家梁乡古城滩村汉墓，左右竖石上格为牛首人身神、鸡首人身神端坐于悬圃之上，下方有九尾狐和金乌，中格为持戟门吏，下格为天马。

图 F1-56　陕西省榆林市米脂县党家沟汉墓墓门立柱石

出土于米脂县党家沟汉墓，左右竖石外栏为云气和持戟门吏，内栏上方为牛首人身神、鸡首人身神端坐于悬圃之上，悬圃下方有鹿和各色神鸟，内栏下方为阙，下格为博山炉。

图 F1-57　陕西省榆林市米脂县官庄东汉墓后室前壁立柱石

2000 年，榆林市米脂县官庄发现 27 块画像石。后室前壁左内门柱石长 124 厘米，宽 36 厘米，厚 4 厘米；画面长 108 厘米、宽 28 厘米。画面分内外两栏，外栏为云气纹。内栏分上下两格，上格上部为神架上的两个仙人博弈。神架上方和下方皆有山峰状突起。神架间有立鸟、飞鸟、狐、鹿。下格刻一牛首人身神，着长袍，荷长剑，侧面躬立。

后室前壁右内门柱石长 127 厘米，宽 36 厘米，厚 4 厘米；画面长 111 厘米，宽 28 厘米。画面分内外两栏，外栏为云气纹。内栏分上下两格，上格上部为神架上的西王母，戴胜，背生羽翼，正面端坐。她的右侧有一羽人，跪献一物，疑为瑞草。神架间有狐、仙兔捣药。下格刻一鸡首人身神，着袍，荷长剑，侧面躬立。

图 F1-58　陕西省绥德县四十里铺汉墓墓门门楣石

陕西省绥德县四十里铺出土，现藏于绥德县博物馆。长 159 厘米，高 30 厘米。门楣右侧有鸡首人身神手持仙草跪拜西王母的场景，周边有玉兔捣药、三足乌、九尾狐等。

图 F1-59　陕西省四十铺汉墓（田鲂墓）后室门楣石

图 F1-60　陕西省四十铺汉墓（田鲂墓）后室立柱石

横额石高 28 厘米，长 265 厘米。左竖石高 98 厘米，宽 28 厘米。右竖石高 98 厘米，宽 28 厘米。中柱石高 98 厘米，宽 18 厘米。横额内栏左右角为日月轮，分别刻金乌、玉兔和蟾蜍。中为倒立、抛丸、吹笙、弹等、歌舞等场景；左边是西王母，有一鸡首人身神手持便面跪拜，右边一人坐三鸟云车，在两乘鹿羽人的导引下向左行进。左右竖石上部为手拿规距的伏羲、女娲。左竖石中部为一牛首人身神，一席地踞坐者作躬拜状，下格为五枝树和犬。右竖石中部为——执仙草者、一朱雀，下格为双鹿。

图 F1-61　陕西省绥德县四十铺汉代墓门立柱石

陕西省绥德县四十铺出土，左石高 113 厘米，宽 48 厘米，右石高 109 厘米，宽 33 厘米。两石边栏为卷云纹，内栏上部为肩生羽翼的牛首人身神、鸡首人身神坐于天柱之上，下部为拥彗、持戟门吏。

图 F1-62　陕西省绥德县四十里铺出土汉墓墓门立柱石

左石为绥德县四十里铺出土，为墓门右竖石，高109厘米、宽37厘米，上格为牛首人身神坐于天柱之上，下为拥彗吏，边栏为卷云纹和珍禽瑞兽。下格为拴马图。

右石为绥德县四十里铺出土，为墓门右竖石，高147厘米，宽57厘米。外栏云纹，内栏上部为背生羽翼的西王母坐于悬圃之上，下方有一鸡首人身神站立，上有腾云的神虎。

图 F1-63　陕西省张家砭汉墓墓门立柱石

绥德县张家砭出土左石高112厘米，宽46厘米，右石高137厘米，宽35厘米。两画面外栏为羽人、神禽瑞兽、祥云组成纹饰。左内栏上格为牛首人身神和拥彗侍仆，下格为树下系马；右内栏上格为鸡首人身神和执笏侍仆，下格为玄武。

图 F1-64　陕西省绥德县四十铺汉墓墓门立柱石

绥德县四十铺出土左石高103厘米，宽33厘米，右石高105厘米，宽33厘米。画面外栏为羽人、神禽瑞兽和卷云纹；内栏上部为牛首人身神、鸡首人身神，下部为执彗、捧笏侍仆。下格为天马、独角兽。

图 F1-65　陕西省榆林市米脂县官庄 M2 汉墓墓门立柱石及横楣石

陕西省米脂县官庄出土，属于 M2 墓前室东壁左右立柱石。两石外栏为祥云纹及鹊鸟；中栏为联璧纹；内栏上层为羽葆下端坐的东王公于西王母，中层为仙界的各色瑞兽，下层为牛首人身神和鸡首人身神持枪对立。

图 F1-66　陕西省绥德县汉墓墓门立柱石

左石高 110 厘米，宽 34 厘米，右石高 72 厘米，宽 38 厘米，出土地失载。二石外栏为联璧纹，内上为羽身鸡首人身神、牛首人身神坐于神山天柱之上，下为拥彗执戟门吏。下格为博山炉。

图 F1-67　陕西省绥德县苏家起坨汉墓墓门立柱石

陕西省绥德县苏家圪坨出土，左石高 115 厘米，宽 49 厘米，右石高 112 厘米，宽 51 厘米。两石呈对称结构，外栏三格为青龙、白虎、鹿、舞伎，内栏上为华盖下人物对坐、羽人驾驭羊，下为佩剑侧身而立的鸡首人身神、牛首人身神。

图 F1-68　陕西省绥德县四十里铺汉墓墓室门楣石

四十里铺出土，长 180 厘米，高 38 厘米。画面上栏为卷云纹，下栏为车马出行图，有嘉禾相间，左右为伏羲、女娲和牛首人身神。

图 F1-69　陕西省绥德县刘家沟汉墓墓室门楣石

刘家沟出土，高 38 厘米，长 168 厘米。画面分四栏，上栏为双勾纹；二栏为 S 形纹；三栏为联璧纹；下栏左右为日月轮，月轮刻玉兔、蟾蜍，日轮刻金乌，正中为墓主人升天会见西王母的故事。西王母戴胜踞坐左边，一侧有鸟首人身神跪拜，墓主乘云车，三足鸟、玉兔、蟾蜍、九尾狐、斑豹等各行其是，侍候左右。

图 F1-70　陕西省神木县大保当 M17 墓立柱石

神木县大保当出土，石均高 118 厘米、宽 33 厘米、厚 4 厘米。上格外栏为联璧纹，内栏为鸡首人身神、牛首人身神坐于建木之巅，着袍展翅，下为执彗、执戟门吏。下格均刻博山炉。

图 F1-71　陕西省绥德县出土汉墓墓门立柱石

　　此石高 117.2 厘米、宽 35 厘米。故宫博物院所藏。立柱两侧画面有珍禽异兽穿插在蔓草纹间；上部有牛首人身神和鸡首人身神端坐在高耸入云的神山之顶；中部为拥彗的门吏。画面下部为玄武和天马。

图 F1-72　江苏省沛县栖山一号石椁墓中椁东壁内侧

　　此石为西汉晚期（东汉永平四年）石椁墓，出土于沛县栖山，现藏于徐州汉画像石艺术馆。该墓内东西方向并置三具石椁，东椁为女墓主，中椁是男墓主，西椁是边箱，为西汉末期的夫妻合葬墓。中椁四面壁板的内外侧，计八幅画像。此石画面自左而右分为三组：第一组刻画的是神仙世界，两层楼一座，楼上西王母凭几而坐，楼下有一大鸟口衔食物，楼外有二神人捣药，上方有三足乌和九尾狐，皆口衔食物向楼而来，下刻人首蛇身神、马首人身神、鸟首人身神和一持剑的长者，正在拱揖向西王母朝拜。第二组，刻一树，树上有鸟，树下一人张弓弋射，另一人在旁观看。第三组，刻一建鼓，羽葆华盖上端立三鸟，二人持桴击鼓，右边有比武和斗鸡的场面。

图 F1-73　江苏省徐州市邳州祠堂山墙

　　江苏省徐州市出土，为祠堂山墙构件，现藏于徐州汉画像石艺术馆。画面分四层，上层西王母中央端坐，两旁两位羽人撑起华盖，两旁有鸡首人身神、牛首人身神、猪首人身神及捣药的玉兔等跪拜。

图 F1-74　江苏省徐州市铜山县村北山丘南侧出土祠堂画像石第 2 石

图 F1-75　兽首人身神拓片局部

　　此石于江苏徐州铜山县汉王镇东沿村出土，为东汉早期祠堂画像石再建墓，现藏于徐州汉画像石艺术馆。1986 年东沿村北山丘南侧出土十块汉画像石。石材及所属祠堂的时代为东汉早期偏晚阶段，这些祠堂画像石分别属于多个祠堂。此石画面分四层，最上层为鸡首人身神、牛首人身神、容成公等神仙拜谒西王母，第二层为拜谒图，第三层为抚琴及宴饮，第四层为十二位肃立的人物。

图 F1-76　江苏省徐州市汉墓祠堂西壁

图 F1-77　兽首人身神照片局部

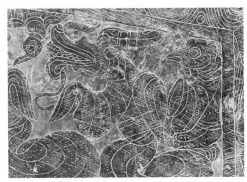

此石为平顶式祠堂侧壁用石，上层为龙首人身神跪拜西王母场景，后方有一鸡首露出。现藏于徐州汉画像石艺术馆。

图 F1-78　江苏省徐州市汉墓祠堂东壁

图 F1-79　兽首人身神照片局部

此石为平顶式祠堂侧壁用石，画像分五层，上层右侧有背生羽翼的牛首人身神跪拜东王公场景。现藏于徐州汉画像石艺术馆。

图 F1-80　江苏省徐州市汉墓祠堂侧壁

图 F1-81　兽首人身神局部

此石为祠堂侧壁用石，画像分两层，下层有鸡首人身神、牛首人身神对拜的画面。现藏于徐州汉画像石艺术馆。

图 F1-82　江苏省徐州市邳州占城汉墓祠堂侧壁

图 F1-83　兽首人身神画像局部

　　此石为邳州占城出土，为祠堂侧壁用石。高 140 厘米，宽 110 厘米。画面分五层，第一层西王母坐于悬蒲之上，周围有众多跪拜的仙人和捣药的玉兔，右侧有马首人身神和牛首人身神对拜；第二层刻二桃杀三士；第三层刻孔子见老子及孔门弟子；第四层和第五层是有关送别的故事。现藏于徐州汉画像石艺术馆。

图 F1-84　江苏省徐州市汉墓祠堂侧壁

　　此石为平顶祠堂侧壁用石，画面分两层，上层为献祭的双鱼，下层右侧为持牍的人物，下层左侧上格为四只神鸟，下格有鸡首人身神、牛首人身神对拜的画面。现藏于徐州汉画像石艺术馆。

图 F1-85　河南省南阳市梁河乡十里铺汉墓构石

此石为墓室后室门角立柱正面画像，尺寸为长 131 厘米，高 42 厘米，厚 31 厘米，画面从左往右为身着长袍的犬首人身神、鸡首人身神、犬首人身神及鹿首人身神。现藏于南阳汉画馆。

图 F1-86　日本东京国立博物馆藏汉代祠堂侧壁

发现于中国山东省晋阳山慈云寺天王殿，属于祠堂构石，现藏于日本东京国立博物馆。此石高 56.5 厘米，宽 56 厘米。画面分三层，上层为三位仙人和鸡首人身神拜谒西王母，还有玉兔捣药和比肩兽；中层为车马出行；下层为狩猎图。

图 F1-87　日本东京国立博物馆藏汉代祠堂侧壁

属于祠堂构石，现藏于日本东京国立博物馆。画面分三层，上层为三位仙人和鸡首人身神拜谒西王母；中层为周公辅成王；下层为车马出行。

图 F1-88　山东博物馆藏祠堂侧壁

　　属于祠堂用石，现藏于山东博物馆。画面分三层，上层为四位手执仙草的仙人和鸡首人身神拜谒西王母；中层为车马出行，前方两武士扛戟，后面轺车上乘二人；下层为狩猎图，一人执弩，二人扛竿。

图 F1-89　临沂博物馆藏墓室构石

　　此石属于墓门柱构石，三面刻有画像，其中两面分别为"四结龙"和人面兽身神怪；第三面分二层，上层为蛇龟对首的玄武形象，下层为一身着袍服的牛首人身神。

个案二

搂抱伏羲女娲的『诸神之神』：帝俊

伏羲女娲是汉代石祠、墓室及石阙中常见的画像题材，形象为人首蛇身，交尾，手持规矩或手托日轮、月轮。其所处的空间位置具有一定的规律性，常出现在祠堂侧壁石顶端、墓室门楣立柱石两侧或石阙上，有的与西王母和东王公一起暗喻仙界场景，也有的"伏羲女娲交尾图"与日轮、月轮、星相一起出现于祠堂或墓室顶盖石上，表现汉代人想象中的宇宙空间。此外，在山东、河南、江苏三省交界地区的几处东汉墓葬遗址中出现了一位双手搂抱伏羲女娲的神人画像，此类画像与伏羲女娲常见的画像格套不同。对于中间神人的身份众说纷纭，目前有东王公说、高禖神说、太一说、盘古说等，笔者推测其身份是中国古代的"诸神之神"帝俊。虽然目前尚未发现明确的榜题指明神人身份，但可以从汉画像石、汉墓壁画、汉代神鬼信仰、丧葬习俗等方面去推演他的身份。

表四　帝俊搂抱伏羲女娲画像汇总

序号	出土地点	属性	描述	出处
1	山东省嘉祥县	祠堂	东壁石	原石下落不明，收于《汉代画像全集·初编》，拓片收藏于山东博物馆
2	山东省嘉祥县华林村	祠堂	侧壁石	嘉祥县武氏祠文物保管所
3	山东省平邑县平邑镇八埠顶	墓阙	东阙南面	平邑县文物保管所

（续表）

序号	出土地点	属性	描述	出处
4	山东省滕州市龙阳店镇	祠堂	东壁石	滕州汉画像艺术馆
5	山东省嘉祥县纸坊镇养老院	祠堂	东壁石	嘉祥县武氏祠文物保管所
6	山东省沂南县北寨村	墓室	墓门东立柱	原址保存
7	山东省微山县南阳镇	不明	位置不清	微山县文物保管所
8	山东省邹城市郭里乡黄路屯村	不明	位置不清	邹城市博物馆
9	安徽省萧县	墓室	墓室门楣石	萧县博物馆
10	河南省唐河县针织厂	墓室	位置不清	河南省南阳汉画馆
11	河南省南阳市魏公桥	墓室	位置不清	河南省南阳汉画馆
12	河南省安阳市	墓室	位置不清	河南省南阳汉画馆
13	河南省洛阳市偃师高龙乡辛村	墓室壁画	前室与中室上门额处	洛阳古墓博物馆
14	河南省洛阳市偃师邙山	墓室壁画	位置不清	中国农业博物馆
15	江苏省徐州市	不明	位置不清	徐州汉化像石艺术馆
16	江苏省徐州市铜山区蔡丘村	墓室	位置不清	徐州汉化像石艺术馆
17	江苏省徐州市	祠堂	右侧壁	徐州汉化像石艺术馆

　　山东省、河南省、安徽省的交界处在汉代属徐州和豫州管辖，此地共发现神人双臂搂抱伏羲女娲的画像石十五处，汉墓壁画二处，如表四所示。山东省发现此类画像最多，其中四处属于祠堂侧壁构石、一处为平邑墓阙、一处为沂南北寨汉墓墓室横额石，其余两处位置不明；河南省均出自墓室，其中二处为画像石墓，二处为壁画墓；江苏省发现三处，一处为祠堂侧壁石，均藏于徐州汉化像石艺术馆；安徽省萧县有一处墓室横额构石。这十七幅画像具备两种方位性特征。对祠堂和墓阙等地上丧葬建筑而言，"帝俊搂抱伏羲女娲图"（下简称为"帝俊图"）均位于相关建筑的东侧，如纸坊镇养老院祠堂东壁石及黄圣卿阙东阙画像；对于地下墓室建筑，"帝俊图"均位于横额石中心处。从图像学角度来看，"帝俊图"拥有共同的视觉元素。东汉辞赋家王延寿在《鲁灵光殿赋》称灵光殿墙壁彩绘

有"伏羲鳞身，女娲蛇躯"[1]，伏羲女娲在汉画像中具有人首蛇身或龙身的特征，而帝俊在不同的地区演变为不同的形象。河南南阳唐河针织厂1号汉墓（图F2-1）中的"帝俊图"位于北主室北壁西端下部，其与持斧的方相氏、

图 F2-1　南阳市唐河县针织厂1号汉墓北主室北壁西端下部画像

鹿、翼龙、虎处于同一画面，伏羲女娲具有人形四肢和蛇尾下身，二神手持仙草，与常见画像石中形象一致，中间帝俊双臂搂抱伏羲女娲，身着长袍、头戴发髻具备典型的男性特征。河南省南阳市魏公桥汉墓（图F2-2）帝俊形象亦头戴发髻，未着长袍，但脚蹬一双翘头胡靴暗示其与西方方位的联系。河南省南阳市出土的一块墓室构石（图F2-3），左侧是容成公，中间是搂抱伏羲女娲的帝俊，右侧为四星连珠及螺身人首神。安徽萧县圣泉乡圣村M1墓的前室北壁门楣石正面刻有"帝俊图"，两侧是辅首衔环，中间刻有帝俊（图F2-4），其未戴帽冠、发髻，身穿短衣，画像中突出刻画了双乳及肚脐的特征。山东省嘉祥纸坊镇祠堂（图F2-5）、花林村祠堂画像石（图F2-6）及《汉代画像全集·初编》收录的祠堂画像（图F2-7），其人物特征刻画基本一致，伏羲女娲手执规矩，帝俊头戴山形冠，嘴露尖齿，眼呈三角形，身着长袍，身后有仙尾，如早期西王母一样体现了明显神怪的特征。平邑县八埠顶黄圣卿阙（F2-8）虽为墓阙，其"帝俊图"的刻画与山东地区的祠堂基本一致，画面分五层，下面四层为车马出行、乐舞、官吏恭迎的画像，上层中帝俊身着长袍，伏羲女

图 F2-2　南阳市魏公桥汉墓画像

---

[1] 龚克昌：《全汉赋评注》，花山文艺出版社2003年版，第717页。

图 F2-3　安阳市墓室画像

图 F2-4　淮北市萧县圣泉乡圣村 M1 墓门楣石画像

图 F2-5　嘉祥县纸坊镇养老院
祠堂画像

娲手持规矩，两侧还有玄武和朱雀。微山县南阳镇"帝俊图"（F2-9）的画像风格与南阳市唐河及魏公桥类似，头有二角，脚蹬胡靴，因为此石被后人再利用而截去一段，石左侧的伏羲像不全，其出土地点及所在墓祠位置不明。徐州汉画像石艺术馆征集

图 F2-6　嘉祥县华林村祠堂画像

的永初二年（108 年）平顶祠堂的西壁上也有此类"帝俊图"（图 F2-10），外立面有题记五行，为"永初二年□月□日，□□都乡□□慈孝子后山都弟伯为母行丧如礼，共作□坟费直五万七千，时太岁在戊申，五月廿日天

 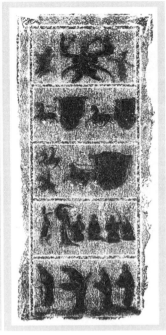 

图 F2-7　《汉代画像全集·初编》　图 F2-8　平邑县八埠顶黄圣卿阙　图 F2-9　微山县南阳镇画像
　　　　收录的祠堂画像　　　　　　　　画像

大□昏暗，有五百民大□工师众刊亭部，北临洛周都乡，后世□乃孝学毋
随于先。"[1]内侧画像上方有一翼龙，下方画像为头戴三山冠、身着袍服的
帝俊搂抱手持仙草的伏羲女娲（图 F2-11）。

　　2008 年，洛阳市偃师邙山新莽时期墓葬中发现十块模印空心砖，现
收藏于中国农业博物馆。其中一砖绘有彩色壁画，左侧绘二女"梳妆图"，
右侧绘二人"六博图"，中间绘有一帝俊的形象（图 F2-12），其为猪首，
长有长耳，嘴露獠牙，眼睛圆睁，身躯巨大，上半身赤裸，下身着短裤，
而他双臂正搂着伏羲女娲二人，二人身着袍服，手执日轮、月轮，下身蛇
尾被巨人踩于脚下。1992 年，洛阳市偃师高龙乡辛村西南约半公里处的
新莽壁画墓中也有"帝俊图"（图 F2-13）。此墓壁画计有八幅，前室与中
室勾栏上梯形门额壁画一幅，中央人物为帝俊，其为虎首，双耳竖立，二
目圆睁，盆口利齿，脖后鬃毛如翼，其状凶猛。其左绘常羲托月，月中有
桂树。常羲头戴黑冠，红色领衣，下部蛇躯，尾部有爪。其右绘羲和擎
日，日中绘金乌。羲和束发，着短领上衣，下部蛇躯，技法为白底上涂紫

[1]　朱存明：《徐州汉碑刻石通论》，文化艺术出版社 2019 年版，第 134 页。

图 F2-10　徐州市"永初二年"祠
堂侧壁石

图 F2-11　徐州市"永初二年"祠堂侧壁内侧
画像

图 F2-12　洛阳市偃师邙山汉墓壁画

蓝色。洛阳汉墓壁画中的帝俊形象酷似猪首和虎首人身，与山东、河南、江苏交界处画像石中的"戴冠着袍"的官员形象略有不同，两组形象虽地处京都、东夷两地，但时代接近，在一定程度上形成了相互印证。建筑壁画出现的时代要远远早于画像石，汉代的王室及宗教建筑内部多有彩绘壁画，而画像石椁墓出现于西汉，东汉才出现石制多室墓，在内容题材上画像石也是因袭壁画，在表现手法上壁画较画像石展示出更多的细节。因此，可以认为在丧葬建筑中"帝俊图"存在着从壁画墓向画像石墓演变的趋势，且帝俊形象存在着不同的地域特征。

图 F2-13　洛阳市偃师辛村新莽墓壁画

滕州市龙阳店镇附近出土祠堂构石中的"帝俊图"颇有特色，似乎处于向辅首衔环图像演变的中间阶段。画像中两侧有人首蛇身的人物，一位头戴进贤冠，一位头戴三山冠，应为伏羲女娲，二人未托日轮月轮，未执规矩，而是一手握住帝俊头上类似帽翅之物。这个帽翅的样子与微山县南阳镇帝俊头上的双角类似。帝俊居于中间，头戴变形的三山冠，两腿叉开，脚分四趾，似兽形，其下身似有一兽尾或身前置一器物（图 F2-14）。这幅龙阳店镇祠堂画像与其他的"帝俊图"格套截然不同，帝俊的形象不易识别，而伏羲女娲的形态颇为典型。

图 F2-14　滕州市龙阳店镇祠堂画像

这种帝俊的形象可以在滕州的其他祠堂画像中找到变体。在同时期的另一祠堂构石中（图 F2-15），伏羲女娲戴有同样的帽冠，二尾缠绕在一起，中间的帝俊变成了辅首衔环的样子，原来头上的三山冠变成了辅首的头冠，帝俊的双臂变成了辅首的胡须，依然搂抱着伏羲女娲，原来身前所置的器物变成了门环。徐州汉化像石艺术馆藏有二石同样的画像，一石（图 F2-16）

图 F2-15　滕州市辅首衔环画像

图 F2-16　徐州汉化像石艺术馆藏画像石

图 F2-17　徐州市铜山区蔡丘村汉墓出土画像石

刻画出辅首清晰的帽冠和面部，两侧的伏羲女娲尾部缠绕圆环；铜山区蔡丘村汉墓画像石横向分三格，中间为"楼阁拜谒图"，两侧为伏羲女娲缠绕辅首衔环的画像，左侧的伏羲女娲形象模糊不清，有演变成圆环上绸带形象的趋势，右侧的伏羲女娲形象（图 F2-17）较为明确。以滕州龙阳店镇祠堂画像为代表的这一类图像可以认为是"帝俊图"向"辅首衔环"演变的过渡阶段，汉代墓门上辅首的原型可以推测为"诸神之神"帝俊。

　　山东省沂南北寨汉墓中发现了一块"帝俊图"墓室画像。当时，沂南城西汶河东岸北寨村口的平川上共发现六座东汉墓，其中此画像出自一号墓。墓室坐北朝南，由前、中、后三个主室、四个耳室及一个东后侧室组成，各室间皆有门相通，以条石叠涩收顶。前、中室由八棱金柱、斗栱、过梁分隔为东西两间；后室由过仙桥分隔为东西两间，盛放夫妻二人棺椁；东后侧室居东北角，其北端设隔墙，内设厕所。在墓室大门东侧立柱上方有一幅"帝俊图"（图 F2-18），女娲居左，头束发髻，身着汉服，人首蛇身，有鳞纹；伏羲居右，头戴帽冠，身着汉服，人首蛇身，亦有鳞纹；二神身后两侧分别有规矩二器，在伏羲女娲的头顶各有一鸟型纹饰分居两侧；在二神身后的帝俊头戴方巾，面留胡须，将伏羲与女娲抱住，此人下身被伏羲女娲遮挡。

　　这幅"帝俊图"对于墓葬的意义需要将其置于墓室的整体去考量（图 F2-19）。墓门横梁为一整幅"胡汉交战"的画面，车马士兵从左向右跨过桥梁，去迎击从山地冲来的匈奴骑兵部队，汉军已经跨过石桥，在河对岸与胡兵交战在一起。画像中的胡兵暗示为阻隔在昆仑神山前方的鬼怪妖兽。"胡汉交战"在门楣画像的作用在于借胡汉战争的胜利暗喻对西方鬼怪的震慑，以汉军之军威起到镇墓辟邪作用。墓室两门中间的立柱刻有蹶张、翼虎、羽人、兽人的形象。蹶张是以脚踏强弩使之张开的力士，图像意在驱鬼辟邪。道士成仙后幻化为羽人，具有能够引导逝人飞升的能力，是仙班之中级别较低的仙人。左侧立柱下方为东王公端坐于三山状的宝座，下有翼龙穿梭于三山之间，宝座两侧有两羽人捣药；右侧立柱画像与之对应，立柱下方有西王母端坐于三山宝座之上，下方一翼虎于山间游走，宝座两侧有两玉兔捣药的情景。东王公、西王母分居立柱东西两侧，呈对称布局，由羽人引领逝者之"魂"完成西去升仙的过程。同样，立柱上方的图像也应为对称构图，左侧是"帝俊图"，右侧是方相氏脚踏翼虎的图案。方相氏较早拥有神祇身份，在周礼中就被规定为司马的下属，在国家祭祀中身蒙熊皮，戴黄金四目面具，着玄衣朱裳、执戈扬盾执行驱疫的仪式。在古代葬仪中，方相氏会率领十二神兽去驱赶墓室中名为"方良"（魍魉）的"好食人肝脑"的厉鬼。在《春秋左传正义·卷十一》中描述有方相氏的装扮和作用，"方相之士蒙玄衣朱裳，主索室中殴疫，号之为狂夫"[1]。画像石中常有表现方相氏的图像，多为人形兽皮，嘴露獠牙，腹有鳞甲，在墓室中起到驱鬼辟邪的作用。可见，沂南北寨汉墓墓室入口的图像意义分为两种：一种是以东王公、西王母、羽人为代表的众仙人，他们起到引领"魂"升仙的吉祥意义；另一类以蹶张、方相氏为代表的形象恐怖的异人，他们起到了驱鬼辟邪的目的。汉代墓葬布局和画像内容有确定的粉本和严格的规制，这事关逝者之"魂"升仙和"魄"安宁。按照墓室门楣画像的对称布局，"帝俊图"的意义一定与方相氏脚踏翼虎意义相似，均为镇墓、辟邪之意。

　　此外，汉画像石中还有大量"帝俊图"图像，只不过它们没有采用

图 F2-18　沂南县北寨汉墓墓门东立柱画像

---

[1] 李学勤：《十三经注疏·春秋左传正义》，北京大学出版社 2019 年版，第 302—307 页。

图 F2-19　沂南县北寨汉墓墓室大门结构图

搂抱伏羲女娲的格套形式，而是采取了更自由的表现方式，如铜山利国汉墓门楣石的"侍立人物图"刻画了十三位正面站立的人物，右侧第四位人物头戴三山冠，体形硕大，身着长袍，两侧衣角飘起（图 F2-20），像华林村祠堂画像一样具备帝俊形象的典型特征。邹城市博物馆所藏画像石（图 F2-21），伏羲女娲手托日轮，日轮中有一只三足乌，日轮下方有一人物头戴三山冠，身着长袍，虽未搂抱伏羲女娲，但画像整体与"帝俊图"格套类似。实际上，还有很多的画像将帝俊刻画的与普通人物无异，若没有榜题文字则难以辨认。

　　当然，对于"帝俊图"中伏羲女娲之间人物的身份也有不同的观点。有学者认为是东王公。记载西王母最早的文献见于西周，而东王公的形象于汉代开始出现，与西王母分别象征阳阴。西王母居于西域昆仑山掌管不死仙药，东王公居于东海三神山，沟通人、神、鬼三界。东汉时期，东王公常见于画像石，他与西王母的搭配较为固定，多为身着长袍的官员形象，与河南魏公桥汉墓画像的短衣襟打扮不同，更未出现过嘉祥纸坊镇祠堂和滕州龙阳店镇祠堂的利爪、仙尾形象。在沂南北寨汉墓中，他搂抱伏羲女娲的图像出现于墓室大门东侧立柱上，而该立柱的下方正有一幅东王公坐于三神山神座之上的图像，在同一石画像中有两个不同模样的东王公出现，显然不合情理。

图 F2-20　徐州市铜山区利国汉墓门楣石画像局部

有学者认为其是高禖神。高禖古称句芒，是东方之神和治春之神，后演化为掌管婚姻和生育之神。司马相如的《大人赋》中曰："句芒，东方青帝之佐也，鸟身人面，乘两龙。"[1]《淮南子·时则训》曰："东方之极，自碣石山过朝鲜，贯大人之国，东至日出之次，扶木之地，青丘树木之野，大白皋、句芒之所司者，万二千里。"[2]高禖神鸟身人面，出现的时期与伏羲女娲相近。由于早期神话中有女娲造人说，汉代多以女娲形象代表祭祀生育的高禖神，伏羲也曾成为高禖神的形象之一。后期西王母由于其女性身份和在道教的地位则成为高禖神的固定形象，宁津的高禖庙就祭祀着西王母。从古至今高禖神多为女性，在文献中其鸟身人面的形象也与画像中兽首、人身、仙尾的样子不同。

有学者认为是炎帝。《三字经》中有"三才者，天地人"之说，"天、地、人"对应着上古的天皇、地皇和人皇，秦时将人皇定位太一，汉武帝于长安东南郊立太一坛。《帝王世纪》曰："天皇大帝，耀魄宝。地皇为天一，人皇为太一。"[3]"天、地、人"三皇的指代在不同时期、不同地域有不同的观点。同时期的东汉嘉祥武梁祠画像石采纳了《礼号谥记》的说法，伏羲、祝融、神农为"天、地、人"三皇。神农氏即炎帝，是中国上古时期姜姓部落的首领尊称，在神话中为伏羲女娲的子嗣，地位与天皇伏羲相差甚远，故而不符。

［1］［晋］郭璞注：《山海经》，上海古籍出版社 2017 年版，第 279 页。

［2］陈广忠：《淮南子》，中华书局 2011 年版，第 834 页。

［3］［晋］皇甫谧：《帝王世纪山第经逸周》，齐鲁书社 2010 年版，第 1 页。

盘古在中国神话中出现的时间较晚，三国时期徐整的《五运历年纪》中首次记载了盘古开天辟地的传说，"天地混沌如鸡子，盘古生其中，万八千岁。天地开辟，阳清为天，阴浊为地，盘古在其中，一日九变，神于天，圣于地。天日高一丈，地日厚一丈，盘古日长一丈。如此万八千岁，天数极高，地数极深，盘古极长"[1]。其中，明朝董斯张的《广博物志·卷九》最早描述了盘古的形象，"盘古之君，龙首蛇身"[2]。古代文献对于盘古的记载最早考证至三国。传东汉献帝兴平元年（194 年），益州学堂周公礼殿的壁画中就已经出现盘古神像，但此盘古是否与开天辟地一说中的形象一致，尚难确认。吕思勉等学者认为盘古是东汉时期印度佛教中巨人形象本土化的产物。即便将盘古形象上推至周公礼殿的壁画，他出现的时间与伏羲女娲大量出现于先秦文献的时代不可同日而语。三者在神话中出现的时间差距过大，当伏羲女娲在东汉宗教中作为普世神仙为广大信众所接受时，盘古大神才刚刚完成由印度吠陀神话中原始巨人布路沙的本土化，尚未被大众所了解。因此，将三国之后演变的创始神话强加到东汉的宗教观念中是不合适的。

以上几种观点有不合情理之处，而搂抱伏羲女娲的"帝俊图"可以从画像和文献中清楚梳理出其演变的过程。已发现的"帝俊图"最典型的特征就是相对于伏羲女娲的庞大身形。在东汉祠堂后壁的"楼阁拜谒图"中，为了突出墓主人的核心地位而将其刻画的身形巨大，远超过周边的侍卫和女眷。此处为了突

图 F2-21　邹城市孟庙藏画像

［1］［宋］李昉：《太平御览》，河北教育出版社 1994 年版，第 15 页。
［2］［明］董斯张撰：《广博物志·卷九》，浙江汪启淑家藏本。

出帝俊在丧葬中的意义而放大了他的体型，与伏羲女娲相比，似巨人一般。上古神话中有"女娲造人""伏羲八卦"之说，两者贵为上古创世天神，巨大的形体反差以及将两者搂于双臂的样子，表现出甚于伏羲女娲二神的地位。画像石中的搂抱动作常见于四川地区的崖墓画像及画像砖中，夫妻二人的亲密动作揭示了东汉人对房中术的崇拜。秘戏属汉人升仙的一种方式，从"帝俊图"搂抱之态可见帝俊与二人的亲密关系。在上古神话中，帝俊与生育日月的羲和与常羲是夫妻，她们在画像中的形象与伏羲女娲似乎存在着一定的演变关系。

　　帝俊的记载常见于先秦古籍《山海经》，在子弹库楚墓帛书中也记载过帝俊的故事。据《山海经》记载，帝俊属于东部古氏族部落始祖，随着子孙后代在四方建国，关于帝俊的传说也在各地传播开来。帝俊在《山海经》中有三位妻子：羲和、常羲和娥皇。《山海经·大荒南经》曰："东南海之外，甘水之间，有羲和之国，有女子名曰羲和，方日浴于甘渊。羲和者，帝俊之妻，生十日。"[1]《山海经·大荒西经》曰："有女子方浴月。帝俊妻常羲，生月十有二，此始浴之。"[2]《山海经·大荒西经》曰："大荒之中，有不庭之山，荣水穷焉。有人三身，帝俊妻娥皇，生此三身之国，姚姓，黍食，使四鸟。"[3]帝俊在天上之妻有二人，与妻羲和生十日，十日轮流于东海扶桑树之上升起，后被其子嗣羿射下九颗；与妻常羲生下十二月，代表着十二个月相；与地上之妻娥皇生三身之国，国人能使四鸟"豹虎熊罴"，这四兽也成为以兽命名的四支氏族，分散到华夏各地。帝俊生育十日和十二月，日轮和月轮的画像在汉墓中成为宇宙天界的象征，由此衍生的反映万物变化的天干地支概念成为中国古代时间和空间的统一体。美国华盛顿赛克勒美术馆 (The Arthur M.Sackler Gallery) 收藏的子弹库楚墓帛书，乙篇记载了帝俊与日月、九州的关系，"千又百岁，日月夋生，九州不坪，山陵备□，四神乃乍，□至于覆……帝夋乃为日月之行。"[4]在中原地区伏羲女娲象征着阴阳两气，与日月所代表的阴阳意义相同，在画像石中常出现伏羲女娲手举日轮月轮的形象，东汉后期二人的画像表现为

［１］　［晋］郭璞注：《山海经》，上海古籍出版社 2017 年版，第 352 页。

［２］　［晋］郭璞注：《山海经》，上海古籍出版社 2017 年版，第 363 页。

［３］　［晋］郭璞注：《山海经》，上海古籍出版社 2017 年版，第 345 页。

［４］　李零：《中国方术考》，中华书局 2019 年版，第 153 页。

交尾而手执规矩，象征着阴阳。伏羲女娲在《山海经》《楚辞》等先秦文献中有多处记载，其中大部分渲染其异于常人的形象及才能。《帝王世纪》曰："女娲氏，亦风姓也。承庖牺制度。亦蛇身人首，一号女希，是为女皇。"[1]《帝王世纪》曰："太昊帝庖牺氏，风姓也。蛇身人首，有圣德，都陈。"[2]《春秋内事》曰："伏牺氏以木德王天下……於是乃仰观天文，俯察地理，始画八卦，定天地之位，分陰阳之数，推列三光，建分八节，以爻应气，凡二十四气，消息祸福，以制吉凶。"[3]原本帝俊搂抱着为他孕育日月的羲和与常羲（在四川画像砖中多有羲和、常羲腹怀日轮月轮的形象），而随着汉代人对日月与阴阳概念的混杂，腹怀日轮月轮的羲和常羲与托举日轮月轮的伏羲女娲混为一谈。帝俊搂抱妻子象征阴阳天象的画像演变为搂抱伏羲女娲的"帝俊图"，原本二人所托举的日月也演变为手执的规矩。

　　在汉代已降的墓室壁画、画像石等艺术题材中，伏羲女娲多以蛇身交尾形象共同出现，表现古人的生殖崇拜，甚至远在新疆阿斯塔纳也发现了大量东汉时期的绢制二人交尾星相图，置于棺椁内壁的顶面。如上文讨论的，伏羲女娲替代了羲和与常羲，象征着以日月为代表的宇宙空间，墓室中的"帝俊图"不仅具有子孙繁衍的寓意，还描述了古代朴素的宇宙观，将帝俊转喻为孕育阴阳天地的符号。他通过两位妻子繁衍出信仰日月的两大部族，从这个意义上讲，帝俊可以称为日月之父，也就是日月之神。"帝俊图"一定程度上符合神话中对他的描述。

　　帝俊"诸神之神"的称号也源自神话中他的后世子孙对于社会文明的贡献。《山海经·海内经》曰："黄帝生骆明，骆明生白马，白马是为鲧。帝俊生禹号，禹号生淫梁，淫梁生番禺，是始为舟。番禺生奚仲，奚仲生吉光，吉光是始以木为车。少皞生般，般是始为弓矢。帝俊赐羿彤弓素矰，以扶下国，羿是始去恤下地之百艰。帝俊生晏龙，晏龙始为琴瑟。帝俊有子八人，是始为歌舞。帝俊生三身，三身生义均，义均是始为朽倕，是始作下民百朽。后稷是播百谷。稷之孙曰叔均，是始作牛耕。大比赤阴是始为国。禹、鲧是始布土，均定九州。帝乃命禹卒布土，以定九州。"[4]

[1]　[晋]皇甫谧：《帝王世纪山第经逸周》，齐鲁书社 2010 年版，第 3 页。
[2]　[晋]皇甫谧：《帝王世纪山第经逸周》，齐鲁书社 2010 年版，第 2 页。
[3]　[宋]李昉：《太平御览》，河北教育出版社 1994 年版，第 671 页。
[4]　[晋]郭璞注：《山海经》，上海古籍出版社 2017 年版，第 400-401 页。

《海内经》清楚梳理了帝俊子嗣分支对华夏文明产生的贡献，其八子始为舟、车、弓、琴、歌舞、谷物、种植，在各个领域引领着社会文明的进步，并通过氏族迁徙将不同文明带到了华夏各地，奠定了中国的版图。《大荒东经》和《大荒西经》记载了帝俊子孙所创天下诸国的概况。"有中荣之国。帝俊生中荣，中容人食兽，木实，使四鸟：豹、虎、熊、罴。""有司幽之国。帝俊生晏龙，晏龙生司幽，司幽生思士，不妻；思女，不夫。食黍，食兽，是使四鸟。""有黑齿之国。帝俊生黑齿，姜姓，黍食，使四鸟。""帝俊生季釐，故曰季釐之国。""帝俊生后稷，稷降以百谷。"[1]可见，帝俊不仅在天上创育天地星辰，在地上能够建立八方诸国，大部分事关国计民生的发明创造均源自帝俊的子孙，作为天地万物之主可称之为"诸神之神"。

在后世传说中，帝俊及其子孙给古代中国带来的贡献又被赋予了帝喾及帝尧，原本《海内经》记载"帝俊赐羿彤弓素矰"[2]，而到了《淮南子·本经训》中帝俊的贡献转予了帝尧，"尧乃使羿诛凿齿于畴华之野，杀九婴于凶水之上，缴大风于青丘之泽，上射十日而下杀猰貐……"[3]《吕氏春秋·求人篇》也如是记载："昔者尧朝许由于沛泽之中，曰：十日出而焦火不息。"[4]先秦神化中对于创世天神帝俊的记载似乎存在着有意模糊与淡化的倾向，很多创世贡献分给了儒家经典中的三皇五帝，连妻子羲和常羲也变成了伏羲女娲，这使得原本的"诸神之神"在后世中变得默默无闻了。

帝俊孕育了上天的星辰日月，其后代创造了地上的农耕文明，后世也将其奉为始祖，称为上古天帝。帝俊在神话中的崇高地位使得相比同为创世神的伏羲女娲，身形理应更为硕大。这位古代神话中地位最高的神祇在汉墓中起到辟邪的作用，而在石祠和石阙中则暗喻上天神界及宇宙。《山海经》对帝俊的记载较为详细，后世神话用帝喾及帝尧取代了帝俊的地位，使得《山海经》之后帝俊之名少有出现，但是他的形象和故事在东汉墓葬中得以保存，以画像石和壁画的方式流传至今。随着未来更多汉画像石的出土，对于帝俊在古代丧葬及宗教中的意义会有更深入地了解。

[1] ［晋］郭璞注：《山海经》，上海古籍出版社 2017 年版，第 333—356 页。
[2] ［晋］郭璞注：《山海经》，上海古籍出版社 2017 年版，第 434 页。
[3] 陈广忠译著：《淮南子》，中华书局 2014 年版，第 393 页。
[4] 李学勤：《十三经注疏·吕氏春秋全译义》，北京大学出版社 2017 年版，第 846 页。

参考书目

一、参考著作

1.Edouard Chavannes：《*Mission archéologique dans la Chine septentrionale*》，Paris Ernest Leroux：Paris，1915 年。

2.Victor Segalen：《谢阁兰的中国考古摄影集》，1917 年。

3. 王明：《太平经合校》，中华书局：北京，1960 年。

4. 杨伯峻译注：《孟子译注》，中华书局：北京，1960 年。

5. 唐圭璋：《全宋词》，中华书局：北京，1965 年。

6. ［汉］司马迁：《史记》，中华书局：北京，1974 年。

7. ［东汉］桓宽：《盐铁论》，上海人民出版社：上海，1974 年。

8. ［东汉］王充：《论衡》，上海人民出版社：上海，1974 年。

9. 王琦：《李太白全集》，中华书局：北京，1977 年。

10. 山东省博物馆、山东省文物考古研究所编：《山东汉画像石选集》，齐鲁书社：济南，1982 年。

11. 逯钦立：《先秦汉魏晋南北朝诗》，中华书局：北京，1983 年。

12. ［汉］班固：《白虎通》，中华书局：北京，1985 年。

13. 朱锡禄：《武氏祠汉画像石论》，山东美术出版社：济南，1986 年。

14. 徐州博物馆：《徐州汉画像石》，江苏美术出版社：南京，1987 年。

15. 湖北省博物馆：《曾侯乙墓》，文物出版社：北京，1989 年。

16. ［清］顾炎武、［清］黄汝威集释：《日知录集释》，花山文艺出版社：石家庄，1990 年。

17. 王守谦、金秀珍、王凤春译著：《左传全译》，贵州人民出版社：贵阳，1990 年。

18. ［汉］东方朔：《山海经（外二十六种）》，上海古籍出版社：上海，1991 年。

19. 朱锡禄：《嘉祥汉画像石》，山东美术出版社：济南，1992 年。

20. ［法］马克·布洛赫、张和声、程郁译：《历史学家的技艺》，上海科学院出版社：上海，1992 年。

21. ［晋］葛洪：《西京杂记全译》，贵州人民出版社：贵阳，1993 年。

22. 甘肃省文物考古研究所、甘肃省博物馆、中国文物研究所、中国社会科学院历史研究所：《居延新简》，中华书局：北京，1994 年。

23. 高文编著：《中国汉阙》，文物出版社：北京，1994 年。

24. 朱锡禄：《武氏祠汉画像石中的故事》，山东美术出版社：济南，1996 年。

25. 顾颉刚：《顾颉刚古史论文集》，中华书局：北京，1996 年。

26. 河南省文物考古研究所：《永城西汉梁国王陵与寝园》，中州古籍出版社：郑州，1996 年。

27. 洛阳市第二文物工作队：《洛阳汉墓壁画》，文物出版社：北京，1996 年。

28. ［宋］张君房：《云笈七签》，华夏出版社：北京，1996 年。

29. 钟肇鹏：《谶纬论略》，辽宁教育出版社：辽宁，1997 年。

30. ［刘宋］范晔撰、［唐］李贤等注：《后汉书》，中华书局：北京，1999 年。

31. 李学勤主编：《十三经注疏·礼记正义》，北京大学出版社：北京，1999 年。

32. 李学勤主编：《十三经注疏·孝经注疏》，北京大学出版社：北京，1999 年。

33. ［汉］郑玄注：《周礼注疏》，北京大学出版社：北京，1999 年。

34. ［宋］李昉：《太平御览》，河北教育出版社：石家庄，2000 年。

35. 赖非主编：《中国汉画像石全集》，山东美术出版社：济南，

2000 年。

36. 信立祥：《汉代画像石综合研究》，文物出版社：北京，2000 年。

37. 刘康德：《淮南子直解》，复旦大学出版社：北京，2001 年。

38. 敦煌研究院：《敦煌石窟全集》，上海人民出版社：上海，2001 年。

39. 蒋英炬、杨爱国：《汉代石与画像砖》，文物出版社：北京，2001 年。

40. ［唐］封寅：《封氏闻见记》，学苑出版社：北京，2001 年。

41. 王建中：《汉画像石通论》，紫禁城出版社：北京，2001 年。

42. 李贵龙、王建勤：《绥德汉代画像石》，陕西人民美术出版社：西安，2001 年。

43. 高书林：《淮北汉画像石》，天津人民美术出版社：天津，2002 年。

44. 临沂市博物馆：《临沂汉画像石》，山东美术出版社：济南，2002 年。

45. 马汉国主编：《微山汉画像石选集》，文物出版社：北京，2003 年。

46. 李如森：《汉代丧葬礼俗》，沈阳出版社：沈阳，2003 年。

47. 龚克昌：《全汉赋评注》，花山文艺出版社：石家庄，2003 年。

48. 杨天宇撰：《周礼译注》，上海古籍出版社：上海，2004 年。

49. 许嘉璐编：《二十四史全译——三国志》，汉语大词典出版社：上海，2004 年。

50. 张从军：《黄河下游的汉画像石艺术》，齐鲁书社：济南，2004 年。

51. ［美］斯塔夫里珂诺斯：《全球通史》，北京大学出版社：北京，2005 年。

52. 杨爱国：《幽明两界——纪年汉代画像石研究》，陕西人民美术出版社：西安，2006 年。

53. 孙机：《中国汉画研究·卷二》，广西师范大学出版社：桂林，2006 年。

54. 刘敦愿：《美术考古与古代文明》，人民美术出版社：北京，

2007 年。

55. 李小龙译著：《墨子》，中华书局：北京，2007 年。

56. ［清］纪昀：《四库全书》第七卷，线装书局：北京，2007 年。

57. 刘昭瑞：《考古发现与早期道教研究》，文物出版社：北京，2007 年。

58. ［北宋］沈括著、张富祥译注：《梦溪笔谈》，中华书局：北京，2009 年。

59. ［美］海登·怀特：《元史学：十九世纪欧洲的历史想象》，译林出版社：北京，2009 年。

60. 王国轩、王秀梅译注：《孔子家语》，中华书局：北京，2009 年。

61. 慕平译著：《尚书》，中华书局：北京，2009 年。

62. ［意］莫米利亚诺著、冯洁音译：《现代史学的古典基础》，生活·读书·新知三联书店：北京，2009 年。

63. 山东省文物考古研究所、东平县文物管理所：《东平后屯汉代壁画墓》，文物出版社：北京，2010 年。

64. 滕州汉画像石馆编：《滕州汉画像石精品集》，齐鲁书社：济南，2011 年。

65. 山东省文物考古研究所：《海岱考古》，科学出版社：北京，2011 年。

66. 徐光冀编：《中国出土壁画全集》，科学出版社：北京，2011 年。

67. ［清］赵在翰辑，钟肇鹏、肖文郁点校：《七纬》，中华书局：北京，2012 年。

68. 傅惜华、陈志农：《山东汉代画像石选编》，山东画报出版社：济南，2012 年。

69. 顾迁译注：《淮南子》，中华书局：北京，2012 年。

70. 章启群：《星空与帝国——秦汉思想史与占星学》，商务印书馆：北京，2013 年。

71. 蒋英炬、吴文琪：《汉代武氏墓群石刻研究》，人民出版社：北京，2014 年。

72. 鲁西奇：《中国古代买地券研究》，厦门出版社：厦门，2014 年。

73. ［汉］班固，《汉书》：中华书局：北京，2015 年。

74. 龙迪勇：《空间叙事学》，生活·读书·新知三联书店：北京，2015 年。

75. 蒋英炬、杨爱国：《朱鲔石室》，文物出版社：北京，2015 年。

76. ［美］巫鸿：《武梁祠：中国古代画像艺术的思想性》，生活·读者·新知 三联书店：北京，2016 年。

77. 张松辉译注：《抱朴子内篇》，中华书局：北京，2016 年。

78. 杨天才、张善文译注：《周易》，中华书局：北京，2017 年。

79. ［北魏］郦道元、陈桥驿校证：《水经注校证》，中华书局：北京，2017 年。

80. 山东博物馆：《书于竹帛》，上海书画出版社：上海，2017 年。

81. ［晋］郭璞：《山海经》，上海古籍出版社：上海，2017 年。

82. ［战国］屈原：《楚辞》，中国文联出版社：北京，2017 年。

83. 武利华：《徐州汉画像石通论》，文化艺术出版社：北京，2017 年。

84. 杨天才、张善文译著：《周易》，中华书局：北京，2017 年。

85. 蒋英炬、杨爱国：《孝堂山石祠》，文物出版社：北京，2017 年。

86. 黄景春：《中国宗教性随葬文书研究：以买地券、镇墓文、衣物疏为例》，上海人民出版社：上海，2018 年。

87. ［美］巫鸿：《礼仪中的美术》，生活·读者·新知 三联书店：北京，2018 年。

88. 王秀梅译著：《诗经》，中华书局：北京，2019 年。

89. 山东博物馆：《费县刘家疃汉画像石墓》，文物出版社：北京，2019 年。

90. ［美］巫鸿：《黄泉下的美术》，生活·读者·新知 三联书店：北京，2019 年。

91. 杨树达：《汉代婚丧礼俗考》，江西教育出版社：南昌，2019 年。

92. 朱存明：《徐州汉碑刻石通论》，文化艺术出版社：北京，2019 年。

93. 李零：《中国方术考》，中华书局：北京，2019 年。

94. 姜生：《汉帝国的遗产：汉鬼考》，科学出版社：北京，2019 年。

95. 高永旺译著：《穆天子传》，中华书局：北京，2020 年。

96. 邢义田：《画外之意——汉代孔子见老子画像研究》，生活·读书·新知三联书店：北京，2020 年。

97. ［法］沙畹：《华北考古记》，中国画报出版社：北京，2020 年。

98. 汤可敬译注：《说文解字》，中华书局：北京，2020 年。

99. 郑晓峰译注：《博物志》，中华书局：北京，2021 年。

100. 叶蓓卿译注：《列子》，中华书局：北京，2021 年。

101. 缪哲：《从灵光殿到武梁祠——两汉之交帝国艺术的遗影》，生活·读者·新知 三联书店：北京，2021 年。

102. 刘尊志：《汉代墓外设施研究：以王侯墓葬与中小型墓葬为参考》，科学出版社：北京，2021 年。

103. 济南市考古研究院：《济南镜鉴》，文物出版社：北京，2021 年。

104. 余冠英：《汉魏六朝诗选》，中华书局：北京，2022 年。

二、参考文章

1. 关野贞：《中国山东省汉代坟墓表饰》，《東京帝国大学工科大学纪要第八册第一号》：东京，1915 年。

2. 关天相：《梁山汉墓》，《文物参考资料》，1955 年 5 期。

3. 王德庆：《江苏铜山东汉墓清理简报》，《考古通讯》，1957 年 4 期。

4. 王思礼：《山东肥城汉画像石墓调查》，《文物参考资料》，1958 年 4 期。

5. 王德庆：《江苏发现的一批汉代画像石》，《文物参考资料》，1958 年 4 期。

6. 罗福颐：《芗他君石祠堂题字解释》，《故宫博物院院刊》，1960 年。

7. 邵茗生：《汉幽州书佐秦君石阙释文》，《文物》，1964 年 11 期。

8. 甘肃省博物馆：《武威磨咀子三座汉墓发掘简报》，《文物》，1972 年 12 期。

9. 谢雁翔：《四川郫县犀浦出土东汉残碑》，《文物刊》，1974 年 4 期。

10. 长江流域第二期文物考古工作人员训练班：《湖北江陵凤凰山西汉墓发掘简报》，《文物》，1974 年 6 期。

11. 马王堆汉墓帛书整理小组：《〈五星占〉附表释文》，《文物》，1974

年 11 期。

12. 四川省博物馆：《都江堰又出土一躯汉代石像》，《文物》，1975 年8 期。

13. 陕西省文管会、博物馆咸阳市博物馆杨家湾汉墓发掘小组：《咸阳杨家湾汉墓发掘简报》，《文物》，1977 年 10 期。

14. 王襄天、韩自强：《阜阳双古堆西汉汝阴侯墓发掘简报》，《文物》，1978 年 8 期。

15. 李发林：《苍山元嘉元年墓画像石的年代问题》，《山东大学文科论文集刊》，1979 年 1 期。

16. 朱锡禄：《山东嘉祥宋山发现汉画像石》，《文物》，1979 年 9 期。

17. 王黎琳、武利华：《江苏铜山县青山泉的纺织画像石》，《文物》，1980 年 2 期。

18. 尤振尧：《徐州茅村画象石墓》，《考古》，1980 年 4 期。

19. 蒋英炬、吴文祺：《武氏祠画象石建筑配置考》，《考古学报》，1981 年 2 期。

20. 尤振尧：《徐州青山泉白集东汉画象石墓》，《考古》，1981 年2 期。

21. 朱锡禄：《山东嘉祥宋山 1980 年出土的汉画像石》，《文物》，1982 年 5 期。

22. 朱锡禄：《嘉祥五老洼发现一批汉画像石》，《文物》，1982 年5 期。

23. 蒋英炬：《汉代的小祠堂——嘉祥宋山汉画像石的建筑复原》，《考古》，1983 年 8 期。

24. 程少奎：《山东肥城发现"永平"纪年画像石》，《文物》，1990 年2 期。

25. 燕林、国光：《徐州发现东汉元和三年画像石》，《文物》，1990 年 9 期。

26. 王化民：《宿县出土汉熹平三年画像石》，《中国文物报》，1991 年12 月 1 日。

27. 王步毅：《安徽宿县褚兰汉画像石墓》，《考古学报》，1993 年4 期。

28. 徐建国：《徐州汉画像石室祠建筑》，《中原文物》，1993 年 2 期。

29. 段鹏琦、林玉生、肖淮雁、钱国祥：《汉魏洛阳城西东汉墓园遗址》，《考古学报》，1993 年 3 期。

30. 王黎琳、李银德：《徐州发现东汉画像石》，《文物》，1996 年 4 期。

31. 何双全：《汉简〈日书〉丛释》，《简牍学研究》，1998 年。

32. 杨建东：《微山出土东汉永和元年画像石》，《中国文物报》，1998 年 5 月 27 日。

33. 山东省考古研究院：《山东临淄金岭镇一号东汉墓》，《考古学报》，1999 年 1 期。

34. 曾蓝莹：《尹湾汉墓〈博局占〉木牍试解》，《文物》，1999 年 8 期。

35. 工培新：《乐浪遗迹的考古发掘与研究》，《北方文物》，2001 年 1 期。

36. 孟强、李祥：《江苏徐州大庙晋汉画像石墓》，《文物》，2003 年 4 期。

37. 高继习、刘剑、马前伟：《济南市长清区大觉寺村一、二号汉墓清理简报》，《考古》，2004 年 8 期。

38. 杨孝军、郝利荣：《徐州新发现的汉画像石》，《文物》，2007 年 2 期。

39. 张志清：《河南永城市芒砀山汉代礼制建筑基址》，《考古》，2007 年 7 期。

40. 杨建华：《关于淮北新出土石祠画像石的认识》，《东南文化》，2007 年 6 期。

41. 严辉、李继鹏：《偃师阎楼东汉陪葬墓园》，《文物》，2007 年 10 期。

42. 乔修罡、王丽芬、万良：《山东平阴县实验中学出土汉画像石》，《华夏考古》，2008 年 3 期。

43. 刘金华：《汉代西北边地物价述略——以汉简为中心》，《中国农史》，2008 年 3 期。

44. 郑岩：《山东临淄东汉王阿命刻石的形制及其他》，《艺术史研究》，

2008 年 10 期。

45. 白彬、龚扬民、于孟洲、付兵兵、党志豪、王占魁：《河南卫辉市大司马村一号汉墓及墓前建筑》，《考古》，2008 年 11 期。

46. 郑立君：《论汉代画像石的装饰图案设计》，《东南文化》，2010 年 2 期。

47. 黄剑华：《汉代画像中的门吏与持械人物探讨》，《中原文物》，2012 年 1 期。

48. 孔珂：《皖北汉画像石综合研究》，安徽大学，2012 年。

49. 周北南：《习水三岔河崖墓题记性质考》，《克拉玛依学刊》，2012 年 5 期。

50. 殷宪、董其高：《北魏司马金龙墓屏风漆画题记》，《中国书法》，2014 年 7 期。

51. 王意乐、徐长青、杨军、管理：《海昏侯刘贺墓出土孔子衣镜》，《南方文物》，2016 年 3 期。

52. 杨军、徐长青：《南昌市西汉海昏侯墓》，《考古》，2016 年 7 期。

53. 徐龙国：《山东发现的汉代大型胡人石雕像再研究》，《美术研究》，2017 年 3 期。

54. 河南省文物考古研究院、安阳市文物考古研究所、曹操高陵管理委员会：《安阳高陵陵园遗址 2016-2017 年度考古发掘简报》，《华夏考古》，2018 年 1 期。

55. 刘尊志：《江苏徐州东沿村出土东汉祠堂画像石浅析》，《中原文物》，2018 年 1 期。

56. 朱永德、解华顶、李玲、马胜、马峰、顾芳、闫艳妮：《安徽省淮北市发现汉代画像石祠》，《东南文化》，2019 年 6 期。

57. 朱存明、窦萌：《汉画像〈力士图〉的文化解读——以徐州汉画像〈力士图〉为中心》，《荣宝斋》，2019 年 11 期。

58. 张露胜：《山东苍山城前村汉墓题记与画像石考》，《大众考古》，2020 年 3 期。

59. 朱永德、解华顶：《安徽省淮北市相山发现"永元八年"汉代画像石祠堂》，《东南文化》，2021 年 4 期。

60. 张洁：《淮北地区汉画像石综合研究》，淮北师范大学，2022 年。

61. 宋爱平：《东汉临为父作封刻石考述》,《文物春秋》, 2022 年 3 期。

三、图片出处

图 1-1《谢阁兰的中国考古摄影集》15 页。

图 2-1 拍摄于山东博物馆。

图 2-2《艺术史研究》2008 年总第 10 期。

图 2-3 绘制。

图 2-4 绘制。

图 2-5《徐州汉画像石通论》59 页。

图 2-6 绘制。

图 2-7 拍摄于山东博物馆

图 2-8 日本东京国立博物馆网站数据库。

图 2-9 日本东京国立博物馆网站数据库。

图 2-10《东南文化》2019 年第 6 期 24 页。

图 2-11《东南文化》2021 年第 4 期彩插四。

图 2-12 绘制。

图 2-13 绘制。

图 2-14 绘制。

图 2-15 绘制。

图 2-16 绘制。

图 2-17 绘制。

图 2-18 绘制。

图 2-19《Mission archéologique dans la Chine septentrionale》828 图。

图 2-20 拍摄于孝堂山。

图 2-21 绘制。

图 2-22 绘制。

图 2-23 绘制。

图 2-24 绘制。

图 2-25 绘制。

图 2-26 拍摄于齐文化博物馆。

图 2-27《中国美术全集・画像石》图 127。

图 2-28 采自汉兴网《芒砀山：墓址古风展汉礼》。

图 3-1《嘉祥汉画像石》图 43。

图 3-2《嘉祥汉画像石》图 80。

图 3-3《微山汉画像石选集》33 页。

图 3-4《山东汉画像石全集》图 126。

图 3-5《山东汉画像石全集》图 219。

图 3-6《嘉祥汉画像石》图 44。

图 3-7《嘉祥汉画像石》图 93。

图 3-8《中国画像石全集・第一卷》图 50。

图 3-9《中国画像石全集・第四卷》图 196。

图 3-10《嘉祥汉画像石》图 62。

图 3-11 周坤拍摄于山东博物馆。

图 3-12《中国画像石全集・第二卷》图 53。

图 3-13《中国画像石全集・第二卷》图 43。

图 3-14《中国画像石全集・第二卷》图 165、图 80、图 194。

图 3-15《中国画像石全集・第一卷》图 87。

图 3-16《中国画像石全集・第一卷》图 88。

图 3-17《文物》1972 年第 12 期 15 页。

图 3-18《书于竹帛》123 页。

图 3-19 上海博物馆网站数据库。

图 3-20 周坤拍摄于山东博物馆。

图 3-21《徐州汉画像石》图 80、图 82。

图 3-22《孝堂山石祠》图 25、图 27、图 29。

图 3-23《中国画像石全集・第一卷》图 85、图 86。

图 3-24《孝堂山石祠》图 30。

图 3-25《徐州地区汉画像石墓柱分类研究》33 页。

图 3-26《沂南北寨汉墓画像》图 7。

图 3-27《中国画像石全集・第五卷》图 14、图 15。

图 3-28《中国画像石全集・第四卷》图 20、图 21。

图 3-29《中国画像石全集・第一卷》图 59、图 60、图 68、图 69。

图 3-30《孝堂山石祠》图 31、图 32。

图 3-31《朱鲔石室》图 45。

图 3-32 周坤拍摄于山东博物馆。

图 3-33《东平后屯汉代壁画墓》彩图。

图 3-34 上海博物馆网站数据库。

图 3-35 徐州博物院网站数据库。

图 3-36《Mission archéologique dans la Chine septentrionale》图 44。

图 3-37 故宫博物院网站数据库。

图 3-38 采自《识古寻踪》(王磊摄于 2011 年 4 月 27 日)。

图 3-39 拍摄整理。

图 3-40《中国画像石全集·第二卷》图 178。

图 3-41《中国画像石全集·第四卷》图 93。

图 3-42 拍摄于平阴文庙。

图 3-43《淮北汉画像石》272 页。

图 3-44《中国画像石全集·第二卷》图 150。

图 3-45《徐州汉画像石通论》90 页。

图 3-46《画外之意：汉代孔子见老子画像研究》402 页。

图 4-1《东南文化》2021 年第 4 期 54 页。

图 4-2《马王堆汉墓文物》156-157 页。

图 4-3《西域研究》1997 年第 1 期封皮。

图 4-4《中国书法》2021 年第 1 期 101 页。

图 4-5《汉碑全集》672 页。

图 4-6《汉碑全集》103 页。

图 4-7 周坤拍摄于山东博物馆。

图 4-8《汉碑全集》2120 页。

图 4-9《汉碑全集》547 页。

图 4-10 故宫博物院网站数据库。

图 4-11《中国画像石全集·第二卷》图 108。

图 4-12 周坤拍摄于邹城博物馆。

图 4-13 拍摄于定陶博物馆。

图 4-14 周坤拍摄于山东博物馆。

图 4-15 绘制。

图 4-16《汉碑全集》2114 页。

图 4-17《汉碑全集》2117 页。

图 4-18 拍摄于孝堂山。

图 4-19 周坤拍摄于山东博物馆。

图 4-20 周坤拍摄于山东博物馆。

图 4-21《山东汉画像石汇编》236 页。

图 4-22《嘉祥汉画像石》图 27。

图 4-23 拍摄于徐州汉画像石艺术馆。

图 4-24 故宫博物院网站数据库。

图 4-25 日本东京国立博物馆网站数据库。

图 4-26《续修四库全书·史部 金石类·0894 卷》426-431 页。

图 4-27 故宫博物院网站数据库。

图 4-28 故宫博物院网站数据库。

图 4-29 故宫博物院网站数据库。

图 4-30 故宫博物院网站数据库。

图 4-31 故宫博物院网站数据库。

图 4-32 故宫博物院网站数据库。

图 4-33 拍摄于南昌汉代海昏侯国遗址博物馆。

图 4-34 拍摄于南昌汉代海昏侯国遗址博物馆。

图 4-35《中国书法》2014 年第 7 期 129 页。

图 4-36《中国书法》2014 年第 7 期 134 页。

图 4-37《济南镜鉴》68 页。

图 4-38《空间的敦煌：走进莫高窟》278 页。

图 5-1《中国画像石全集·第一卷》图 90、图 91、图 92。

图 5-2《中国画像石全集·第二卷》图 23。

图 5-3《中国美术全集·画像石》图 87。

图 5-4《中国画像石全集·第二卷》图 52。

图 5-5《微山汉画像石选集》35 页。

图 5-6《平天下——秦的统一》289 页。

图 5-7《绥德汉画像石》10 页。

图 5-8《孝堂山石祠》图 21。

图 5-9 西安博物院网站及故宫博物院网站。

图 5-10 甘肃博物馆网站、个人拍摄。

图 5-11《谢阁兰的中国考古摄影集》655 页。

图 5-12《中国出土壁画全集·山东卷》34-35 页。

图 5-13《中国画像石全集·第一卷》图 49。

图 5-14《嘉祥汉画像石》图 47。

图 5-15《嘉祥汉画像石》图 48。

图 5-16《嘉祥汉画像石》图 49。

图 5-17《山东汉画像石全集》图 257。

图 5-18《山东汉画像石萃编》SD-T-68 图。

图 5-19《沂南北寨汉墓画像》图 19。

图 5-20《中国画像石全集·第一卷》图 125。

图 5-21 拍摄于巨野县文庙西廊。

图 5-22 绘制。

图 5-23 周坤拍摄于山东博物馆。

图 5-24 故宫博物院网站数据库。

图 5-25《嘉祥汉画像石》图 91。

图 5-26《微山汉画像石选集》207 页。

图 5-27《淮北汉画像石》209 页。

图 5-28《山东汉画像石全集》图 169。

图 6-1 依郑玄绘制《周礼》王宫城图。

图 6-2《孝堂山石祠》图 4。

图 6-3《Mission archéologique dans la Chine septentrionale》图 911。

图 6-4《朱鲔石室》图 4。

图 6-5《考古学报》1993 年第 3 期 353 页。

图 6-6《考古学报》1993 年第 4 期 522 页。

图 6-7《文物》2007 年第 10 期 76 页。

图 6-8《考古》2008 年第 11 期 35 页。

图 6-9 绘制。

图 6-10《中国画像石全集·第三卷》图 103。

图 6-11《中国画像石全集·第三卷》图 115。

图 6-12《中国美术全集·画像石》图 66。

图 6-13 周坤拍摄于山东博物馆。

图 6-14 拍摄于北京石刻艺术博物馆。

图 6-15 拍摄于北京石刻艺术博物馆。

图 6-16《谢阁兰的中国考古摄影集》1409 页。

图 6-17 周坤拍摄于山东博物馆。

图 6-18《谢阁兰的中国考古摄影集》185 页。

图 6-19 蒲柏林拍摄于武氏墓群石刻博物馆。

图 6-20《Mission archéologique dans la Chine septentrionale》29 页、39 页、57 页。

图 6-21《文物》2007 年第 2 期 84 页。

图 6-22 采自遗产君的《甘肃酒泉瓜州县的踏实汉墓和汉阙》。

图 6-23 拍摄于北京石刻艺术博物馆。

图 6-24 周坤拍摄于山东博物馆。

图 6-25 周坤拍摄于邹城博物馆。

图 6-26 拍摄于北京石刻艺术博物馆。

图 6-27 周坤拍摄于山东博物馆。

图 6-28 拍摄于齐文化博物馆。

图 6-29《临沂吴白庄汉画像石墓》图 216、图 217。

图 6-30《中华文化论坛》2019 年第 1 期 135 页。

图 6-31 周坤拍摄于邹城博物馆。

图 6-32 周坤拍摄于山东博物馆。

图 6-33 拍摄于洛阳博物馆。

图 6-34《汉风：中国汉代文物展》14 页、15 页。

图 6-35 故宫博物院网站数据库。

图 6-36《谢阁兰的中国考古摄影集》792 页。

图 F1-1《邹城汉画像石》图 16。

图 F1-2《中国画像石全集·第四卷》图 245、图 248、图 4、图 5。

图 F1-3《嘉祥汉画像石》图 36、图 38、图 39、图 41、图 42。

图 F1-4《中国古代文化常识》43-44 页。

图 F1-5《考古学报》2013 年第 03 期 329 页。

图 F1-6《敦煌石窟全集·藏经洞珍品卷》77 页。

图 F1-7《文物》2010 年 06 期 62 页。

图 F1-8《中国画像石全集·第四卷》130 页。

图 F1-9《中国画像石全集·第四卷》131 页。

图 F1-10《考古学报》1993 年 04 期 534 页。

图 F1-11《汉画像石选》78-79 页。

图 F1-12《汉画总录》41 卷 198 页。

图 F1-13《孝堂山石祠》40 页。

图 F1-14《孝堂山石祠》41 页。

图 F1-15 拍摄于山东博物馆。

图 F1-16 拍摄于山东博物馆。

图 F1-17《中国画像石全集·第二卷》117 页。

图 F1-18《中国画像石全集·第二卷》111 页。

图 F1-19《汉代画像全集·初编二编》166 页。

图 F1-20《中国画像石全集·第二卷》87 页。

图 F1-21《山东汉画像石汇编》168 页。

图 F1-22《山东汉画像石汇编》169 页。

图 F1-23《山东汉画像石汇编》170 页。

图 F1-24《微山汉画像石选集》81 页。

图 F1-25《微山汉画像石选集》69 页。

图 F1-26《考古》2009 年 10 期 44 页。

图 F1-27《微山汉画像石选集》55 页。

图 F1-28《考古》2009 年 10 期 46 页。

图 F1-29《嘉祥汉画像石》36 页。

图 F1-30《嘉祥汉画像石》39 页。

图 F1-31《嘉祥汉画像石》41 页。

图 F1-32《嘉祥汉画像石》42 页。

图 F1-33《中国画像石全集·第二卷》图 134。

图 F1-34《中国画像石全集·第二卷》32-33 页。

图 F1-35《中国画像石全集·第三卷》图 205。

图 F1-36《临沂汉画像石》70 页。

图 F1-37《临沂汉画像石》143 页。

图 F1-38《费县刘家疃汉画像石墓》46 页。

图 F1-39《临沂汉画像石》143 页。

图 F1-40《中国汉画研究》第五卷 71 页。

图 F1-41 周坤拍摄于山东博物馆。

图 F1-42《滕州汉画像石精品集》53 页。

图 F1-43《山东汉画像石汇编》277 页。

图 F1-44《华北考古记·第一卷》132 页。

图 F1-45《华北考古记·第一卷》145 页。

图 F1-46《华北考古记·第一卷》1480 页。

图 F1-47《文物》1992 年第 04 期 31-32 页。

图 F1-48《文物》1992 年第 04 期 36-37 页。

图 F1-49《吕梁汉代画像石选》22 页。

图 F1-50《吕梁汉代画像石选》48 页。

图 F1-51《吕梁汉代画像石选》79 页。

图 F1-52《陕西神木大保当汉彩绘画像石》99 页、100 页。

图 F1-53 拍摄于榆林汉画像石博物馆。

图 F1-54《陕西神木大保当汉彩绘画像石》79 页、83 页。

图 F1-55《中国画像石全集·第五卷》3 页。

图 F1-56《中国画像石全集·第五卷》37 页。

图 F1-57《西部考古》2012 年第 01 期 105 页。

图 F1-58《绥德汉代画像石》11 页。

图 F1-59《绥德汉代画像石》18 页。

图 F1-60《绥德汉代画像石》18 页。

图 F1-61《绥德汉代画像石》150 页。

图 F1-62《绥德汉代画像石》155 页、181 页。

图 F1-63《绥德汉代画像石》168 页。

图 F1-64《绥德汉代画像石》169 页。

图 F1-65《米脂官庄画像石墓》彩图 35. 彩图 36。

图 F1-66《绥德汉代画像石》179 页。

图 F1-67《绥德汉代画像石》193 页。

图 F1-68《绥德汉代画像石》117 页。

图 F1-69《绥德汉代画像石》138 页。

图 F1-70《陕西神木大保当汉彩绘画像石》90 页、92 页。

图 F1-71 故宫博物院网站数据库。

图 F1-72《考古学集刊》1982 年第二辑《江苏沛县栖山汉画像石墓清理简报》。

图 F1-73《汉帝国的遗产：汉鬼考》190 页。

图 F1-74 拍摄于徐州汉画像石艺术馆。

图 F1-75《汉帝国的遗产：汉鬼考》161 页。

图 F1-76 拍摄于徐州汉画像石艺术馆。

图 F1-77 拍摄于徐州汉画像石艺术馆。

图 F1-78 拍摄于徐州汉画像石艺术馆。

图 F1-79 拍摄于徐州汉画像石艺术馆。

图 F1-80 拍摄于徐州汉画像石艺术馆。

图 F1-81 拍摄于徐州汉画像石艺术馆。

图 F1-82 拍摄于徐州汉画像石艺术馆。

图 F1-83 拍摄于徐州汉画像石艺术馆。

图 F1-84 拍摄于徐州汉画像石艺术馆。

图 F1-85《汉画总录》第 16 卷 46 页。

图 F1-86 日本东京国立博物馆网站数据库。

图 F1-87 日本东京国立博物馆网站数据库。

图 F1-88 拍摄于山东博物馆。

图 F1-89 拍摄于临沂博物馆。

图 F2-1《中国画像石全集·第六卷》图 128。

图 F2-2《中国画像石全集·第六卷》图 207。

图 F2-3《汉画总录》第 281 卷 148 页。

图 F2-4《汉画总录》第 41 卷 40-41 页。

图 F2-5《中国画像石全集·第二卷》图 115。

图 F2-6《中国画像石全集·第二卷》图 124。

图 F2-7《汉代画像全集·初编二编》图 127。

图 F2-8《中国画像石全集·第一卷》图 8。

图 F2-9《微山汉画像石选集》图 24。

图 F2-10 拍摄于徐州汉画像石艺术馆。

图 F2-11 拍摄于徐州汉画像石艺术馆。

图 F2-12《文博》2009 年第 04 期 15 页。

图 F2-13《洛阳汉墓壁画》121 页。

图 F2-14《中国画像石全集·第二卷》图 153。

图 F2-15《中国画像石全集·第二卷》图 181。

图 F2-16 拍摄于徐州汉画像石艺术馆。

图 F2-17 拍摄于徐州汉画像石艺术馆。

图 F2-18《中国画像石全集·第一卷》图 82。

图 F2-19《沂南北寨汉墓画像》2-8 页。

图 F2-20 拍摄于徐州汉画像石艺术馆。

图 F2-21《中国画像石全集·第二卷》图 84。

后记

　　书稿的撰写过程也是我对汉画像再认识的过程，如何从新的角度认识汉画像是此次撰文的一大收获。我国有金石学研究的传统，《金石录》《隶释》《山左金石志》《金石索》等著作从金石角度考察了汉画像的榜题与图案。拓片是这些著作研究汉画的主要载体和工具，拓片具有识读清晰的特点，但也有一些缺点给汉画研究带来诸多不便。拓片拓制的水准依赖于拓工对汉画的理解程度，体现了一定的主观性。绝大部分拓片都会如实反映出画像石中重要的图案纹样，而有些边栏纹饰、残损严重的图像或意义不明确的简单图像容易被拓工遗漏，如果不校对原石很容易忽略那些对某些研究很重要的内容。同时，拓片对于浅浮雕有较好的呈现效果，而对于平面阴线刻及一些深浮雕或透雕则显得不那么友好，原本立体感十足的浮雕造型，在拓片上连造型的轮廓都显示不清，即便是全形拓也难以反映其透视效果。线描图是表现阴线刻的方式，而深浮雕画像则需要原石照片与拓片未揭离原石时的照片结合观察，才能更好地呈现画像石的原貌。汉画拓片在平面上与魏晋的文人画一脉相承，是一种平面化的艺术呈现方式，但是原石又另具三维雕塑特点。拓工在专注于拓制主要图像时容易忽略原石侧面、顶面或背面的图案，对于石祠画像和石椁画像而言，存在一石雕刻多面的情况，而那些不太为人注意的侧面图案、其他无画像仅着凿纹的各面以及未雕琢的糙面却能够提供画像石在建筑中的位置及结构等重要信息。我们对于零散发现以及再建墓中画像石的建筑复原主要依据这些不为人关注的细节。目前绝大多数发掘报告及出版的图录均缺乏这一类信息，而对这一类信息忽视的原因是由于北宋以来金石学的研究惯性。此外，石祠的复原不仅需要画像图案的尺寸，也需要原石中无画像部分的尺寸，那些石祠构石上的榫卯、沟槽、糙面等结构也是复原汉代建筑的重要因素。朱青生教授敏锐认识到平面化的拓片对于汉画研究的局限性，在其编纂的《汉画总录》及中国汉代图像数据库中补充了相关信息，如果不具备观察原石的研究条件，将画像石进行三维数据扫描也是我们全面认识汉画的重要手段。我认为汉画应该突破拓片式的平面认知，而将一块块原石看作立体的器物去全面认识。

数年前与巫鸿和朱青生教授在京的一面之缘，萌生了我进行汉画像研究的想法。在京学习时，中央文干院的王聪聪老师也支持我的决定，并给予我极大地鼓励。恰巧我工作的山东博物馆收藏有本省大量经典的画像石，也为我的研究提供了资源。近些年随着对汉画认识的深入以及资料的积累，整理著书的工作逐渐提上日程。书稿的撰写阶段适逢新冠疫情肆虐的三年，珍贵的居家办公机会给了我更多的时间去思考祠堂及其"神"对于汉代人的意义。这也算因祸得福吧。感谢我馆的杨爱国馆长，工作中常常向他讨教关于汉画像的问题，他的见解常常令人茅塞顿开，受益良多。感谢我馆的宋爱平女士和王海玉女士，她们无私提供了大量一手研究资料，丰富了本书的例证。感谢我馆的周坤同志，多次请他拍摄画像石，他都欣然答应，并提供了高质量的文物照片。感谢山东人民出版社编辑隋小山先生，联系伊始就为本书的出版事宜出谋划策，为编辑书稿付出辛勤的劳动。最后感谢近些年前去考察的诸多博物馆的同仁，他们热情的接待和翔实的讲解让我获益匪浅，尤其是汉画像背后的故事更增添了研究的乐趣。同时，在本书的撰写过程中我也认识到汉画研究内容的庞杂，如墓室、石阙、石人、石兽等内容碍于文章主题及篇幅不能展开叙述，希望今后能有更多的朋友加入汉画研究中，推出更多汉画像的研究成果。

本书汇集了近些年我对于汉画像尤其是汉代石祠研究的一些思考，希望能给相关研究者带来一点启发。此外，文中有些内容撰写仓促、考虑尚不成熟，很多发掘材料没有充分利用，也不免有些讹误，请读者朋友们不吝赐教。

二〇二三年一月廿七日于徐州云龙湖畔

图书在版编目（CIP）数据

诸神的时代：汉代石祠画像叙事 / 张露胜著. --济
南：山东人民出版社，2024.4
ISBN 978-7-209-14717-0

Ⅰ.①诸… Ⅱ.①张… Ⅲ.①祠堂—画像石—研究—中
国—汉代 Ⅳ.①K879.424

中国国家版本馆CIP数据核字(2023)第142528号

责任编辑　隋小山
装帧设计　武　斌

诸神的时代
ZHUSHEN DE SHIDAI

张露胜　著

主管单位　山东出版传媒股份有限公司
出版发行　山东人民出版社
出 版 人　胡长青
社　　址　济南市市中区舜耕路517号
邮　　编　250003
电　　话　总编室（0531）82098914
　　　　　市场部（0531）82098027
网　　址　http://www.sd-book.com.cn
印　　装　山东临沂新华印刷物流集团有限责任公司
经　　销　新华书店

规　　格　16开（180mm×260mm）
印　　张　20.25
字　　数　259千字
版　　次　2024年4月第1版
印　　次　2024年4月第1次
ISBN 978-7-209-14717-0
定　　价　68.00元
　　　　　如有印装质量问题，请与出版社总编室联系调换。

徐州汉画像石艺术馆藏『有穿碑阙』

邹城"汉安元年"文通食堂后壁

神木大保当 M18 墓门楣石

徐州东汉祠堂侧壁

日本东京国立博物馆藏山东汉代祠堂侧壁

嘉祥五老洼出土画像石第五石

嘉祥"建和元年"武氏阙

东汉"刘汉造"石狮

西安碑林博物馆藏东汉辟邪、天禄石兽

故宫博物院藏"永和五年"孙仲乔石羊

城前葛村四面胡人石像

临沂吴白庄东汉墓前室中过梁北立柱、前室西过梁南立柱